Gabriele Junkers (Hg.)
Vorstoß ins Sprachlose

D1668885

Ausgewählte Beiträge aus dem
International Journal of Psychoanalysis

Herausgegeben von
Gabriele Junkers

Band 3

Redaktion:
Angela Mauss-Hanke (Wolfratshausen)

Beirat und Übersetzer:
Michael Diercks (Wien)
Markus Fäh (Zürich)
Christine Gerstenfeld (Berlin)
Angela Mauss-Hanke (Wolfratshausen)
Gabriele Junkers (Bremen)
Torsten Siol (Bremen)
Helga Skogstad (London)
Barbara Strehlow (Berlin)
Antje Vaihinger (Gießen)

Gabriele Junkers (Hg.)

Vorstoß ins Sprachlose

Ausgewählte Beiträge aus dem
International Journal of Psychoanalysis

Band 3

edition diskord

Ausgewählte Beiträge des Jahres 2007 aus
The International Journal of Psychoanalysis,
gegründet von Ernest Jones unter der Leitung von Sigmund Freud
Herausgeber:
Band 1–2: Glen O. Gabbard & Paul Williams
Band 3–6: Dana Birksted-Breen & Robert Michels

Bibliographische Information Der Deutschen Bibliothek
Die Deutsche Bibliothek verzeichnet diese Publikation
in der Deutschen Nationalbibliographie; detaillierte
bibliographische Daten sind im Internet über
http://dnb.ddb.de abrufbar.

© 2008 edition diskord
www.edition-diskord.de
Satz: psb, Berlin
Umschlaggestaltung: Uli Gleis, Tübingen
Druck: Stückle, Ettenheim
Gedruckt auf alterungsbeständigem Papier
(holzfrei, chlor- und säurefrei)
ISBN 978-3-89295-784-3

Inhalt

III Aus der Forschung/Kinderperspektiven

Einführung

Die psychoanalytische Kur ist an Sprache gebunden. Psychodynamische Phänomene, die keinen sprachlichen Ausdruck finden können, stellen für uns Psychoanalytiker eine besondere Herausforderung dar. Als Themenschwerpunkt für den vorliegenden dritten Band der Reihe »Ausgewählte Beiträge aus dem International Journal of Psychoanalysis« aus dem Jahr 2007 haben wir Arbeiten zusammengefasst, die »Besonderheiten psychoanalytischer Technik« in den Blick nehmen und psychoanalytische Kollegen anregen können, in ihrer täglichen Praxis neue Perspektiven für den besonderen methodischen Zugang zu diesen klinischen Phänomenen zu entdecken.

Als Psychoanalytiker sind wir überzeugt, dass die Geschichte eines Patienten für das Verständnis seiner seelischen Dynamik eine entscheidende Rolle spielt. Ganz unterschiedlich wird jedoch beurteilt, auf welche Weise wir von der persönlichen Vorgeschichte erfahren und wie wir sie verstehen, um sie behandlungstechnisch zu verwenden. Aber entscheidend ist die Frage, was letztlich zu Veränderungen führt: Ist es die historische Rekonstruktion, die wir dem Patienten nahe bringen sollten, oder geht es vielmehr um das Verständnis des durch die Geschichte geprägten Erlebens in der aktuellen Situation? *Michael Feldman* (Britische Psychoanalytische Gesellschaft, London) legt mit beeindruckender Klarheit seine Überzeugung dar, dass sich die Geschichte eines Patienten immer in der Übertragungs-Gegenübertragungsbeziehung manifestiert, da sie in die inneren Objektbeziehungen eingebettet ist. Wenn der Analytiker in der analytischen Stunde der Dynamik der inneren Objektbeziehungen seines Patienten folgt und erfassen kann, wie diese durch die individuelle Vorgeschichte gefärbt ist und in der Sitzung wieder auflebt, so kann er sie im Hier und Jetzt der Stunde deuten. Auf beeindruckende Weise illustriert Feldman an klinischen Beispielen, wie sich durch dieses technische Vorgehen die zugrunde liegenden Ängste mildern lassen, so dass der Patient in die Lage versetzt wird, die vielfältigen Verbindungen zu den mit seiner Geschichte verwobenen Gefühlen wieder herzustellen. Bewegungen in Richtung auf psychische Veränderungen werden auf diese Weise initiiert.

Judith Mitrani (Vorsitzende des Frances-Tustin-Trusts, Los Angeles) interessiert sich besonders für frühe seelische Zustände und hat u. a. über autistische Phänomene publiziert. In der hier ausgewählten Arbeit untersucht sie das Problem der sogenannten »zu frühen Ich-Entwicklung«. Sie bezieht sich dabei auf Melanie Klein, die diesen Begriff 1930 erstmals verwendete. Mitrani spürt in ihrer Arbeit den verschiedenen Entwicklungslinien nach, die das postkleinianische Denken inzwischen genommen hat und die sie als Ergänzungen der Überlegungen Melanie Kleins verstanden wissen möchte. Sie untersucht darüber hinaus den Zusammenhang zwischen einer frühreifen Entwicklung und dem, was Bion als ›containendes Objekt‹ bezeichnet. Vor diesem Hintergrund formuliert sie eine Reihe von technischen Überlegungen, die bei Patienten mit frühen Störungen und entsprechenden Beeinträchtigungen ihrer Entwicklung hilfreich sein können. Wir haben uns für die Auswahl dieser Arbeit entschieden, weil sie gewissermaßen das von ihr selbst noch weiterentwickelte Konzept in überzeugender Weise mit exzellenten und klinisch fruchtbaren Fallbeispielen illustriert und zeigt, wie die ausgeführten Überlegungen im klinischen Setting Gestalt annehmen können. Leider geht sie nicht darauf ein, dass Freud als ›Erfinder‹ des Konzepts einer ›zu frühen Ich-Entwicklung‹ zu gelten hätte, auch wenn er das Phänomen auf einer anderen theoretischen entwicklungspsychologischen Ebene angesiedelt hat.

Michael Parsons (Britische Psychoanalytische Gesellschaft) zeigt einen Weg auf, wie wir vom Nicht-Sprechen des Patienten, also dem Unausgesprochenen, technisch profitieren können. Da wir in unserer gegenwärtigen klinischen Praxis immer häufiger auf frühe psychische Störungen treffen, sehen wir in Parsons Überlegungen zum »analytischen Setting als innere mentale Struktur des Analytikers« ein hilfreiches Konstrukt für die Deutungsarbeit. Der Autor versteht das innere analytische Setting als einen Bereich im Denken und Fühlen des Analytikers, in dem die Realität durch ihre unbewusste und symbolische Bedeutung definiert wird. Anhand von Beispielen aus seiner klinischen Praxis illustriert er, wie erst ein sicheres *inneres* Setting eine flexible Handhabung des *äußeren* Settings ermöglicht, die keineswegs die Qualität der analytischen Arbeit beeinträchtigen muss. Erst die Zuwendung zum inneren Setting ermöglicht es dem Analytiker, den Vorgängen in seinem eigenen Inneren gewissermaßen mit gleichschwebender Aufmerksamkeit nachspüren zu können. Mit der hier beschriebenen analytischen Haltung nach innen ist mehr als das herkömmliche Verständnis der Gegenübertragung gemeint.

Zwischen dem, was ein Patient vermittelt und ausdrückt und der Antwort, die der Analytiker aufgrund seiner inneren Arbeit findet, entstehen spezifische Dimensionen von Zeit und Raum im Kontext der Beziehung. Indem wir den Patienten in das analytische Setting hineinführen und begleiten, wird die Beziehung zum ursprünglichen Objekt wiederbelebt. In der hier ausgewählten Arbeit untersucht *Rosine Perelberg* (Britische Psychoanalytische Gesellschaft) die Assoziationskette zwischen dem Zustand von Hilflosigkeit, dem Wiederholungszwang, dem Trauma, der infantilen Sexualität und der Lust und Unlust. Es geht der Autorin um Phänomene, die das A und O der Übertragungssituation ausmachen und ihren entscheidenden Ausdruck im Zuhören des Analytikers finden. Sie versteht die analytische Situation per se als traumatisch, da sie Hilflosigkeit weckt und den hilflosen Zustand des Neugeborenen reaktiviert. In ihren klinischen Vignetten definiert sie den psychoanalytischen Prozess durch das Primat der Sexualität und die erotische Passivierung in der Übertragung, welche die traumatische infantile sexuelle Szene wiederauftauchen lässt. Sexualität und sexuelle Phantasien stehen nach Überzeugung der Autorin im Mittelpunkt der Erarbeitung von Bedeutung.

Unter der Rubrik *Psychoanalytische Kontroversen und theoretische Beiträge* haben wir in diesem Band sehr unterschiedliche Beiträge zusammengestellt.

In jüngster Zeit zeugen zahlreiche Artikel – auch im *International Journal* – von der Faszination, die von dem Versuch ausgeht, Psychoanalyse und Neurologie zu verbinden. Der unseres Erachtens aufschlussreiche Artikel von *Rachel Blass* (Israelische und Britische Psychoanalytische Gesellschaft) und *Zvi Carmeli* (beide Hebrew University, Tel Aviv) untersucht, welche Folgen die bisherige Rezeption der Neurowissenschaften in der Psychoanalyse hat. Die Autoren warnen eindringlich davor, die Schlussfolgerungen dieser neuen Disziplinen allzu schnell auf die Theorie und die Praxis der Psychoanalyse zu übertragen. Sie zeigen in ihrer bereits viel beachteten Arbeit anhand von vier ausgesuchten Forschungsfeldern, dass die Neurowissenschaften aus dem Wunsch heraus, ihre Forschungsergebnisse im psychoanalytischen Theoriekorpus unterbringen zu können, die Psychoanalyse simplifizieren und verzerren. Ihre scharfsinnige konzeptuelle und epistemologische Analyse versucht, den einzigartigen und komplexen Standpunkt der Psychoanalyse zu bewahren, um einen echten Dialog mit den Neurowissenschaften erst möglich zu machen – einen Dialog, der es sich vorbehält, die Unterschiede zu beachten und nicht versucht, sie unkritisch und einseitig einzuebnen.

Um das Diskussionsspektrum auf eine breitere Basis zu stellen, haben wir die diesem Beitrag geltenden Briefe von *Mauro Mancia* (Italienische Psychoanalytische Gesellschaft) und *Gilbert Pugh* (London) an die Herausgeber des Journals sowie die Erwiderung der Autorinnen mit einbezogen. *Mauro Mancia* (Psychoanalytiker und Neurophysiologe, †) hat sich sehr für die Verbindung von Neurowissenschaften und Psychoanalyse eingesetzt und mehrere Arbeiten dazu veröffentlicht, wie aus der Literaturliste seines Briefes hervorgeht. *Gilbert Pugh* arbeitete eng mit ihm zusammen. Die ›English Speaking Conference‹ im Herbst 2008 in London wird eben diese Auseinandersetzung in einer Debatte zwischen Marc Solms (London / Frenshoek) und Rachel Blass weiter ausführen.

Der Begriff der »Projektiven Identifzierung« wird inzwischen häufig, aber oft sehr unterschiedlich verwandt. Ausgehend von Kleins »Bemerkungen über einige schizoide Mechanismen« (1946) untersucht *Giovanna Regazzoni Goretti* (Italienische Psychoanalytische Gesellschaft) die theoretischen Voraussetzungen dieser Entwicklung. Ihre Arbeit bildet eine wichtige und hilfreiche Ergänzung zu den klinischen Herausforderungen wie auch den Methoden der Behandlung, die in diesem und dem vorigen, zweiten Band die Themenschwerpunkte bildeten. Die römische Autorin formuliert die These, dass der Prozess der projektiven Identifizierung als Möglichkeit dient, die Andersartigkeit und Getrenntheit des Objekts (sei sie nun äußerlich oder innerlich, real oder imaginär) zu handhaben. Außerdem beschäftigt sie sich mit der heute oft kontrovers diskutierten Frage, ob die projektive Identifizierung ein rein intrapsychischer Vorgang ist, der sich lediglich auf die innere Welt dessen auswirkt, der sie anwendet, oder ob sie bis zu einem gewissen Grad dadurch modifiziert wird, dass das Objekt in die projektive Identifizierung involviert ist. Der Begriff wird heute auf zahlreiche Phänomene angewandt, so dass sich auch die Frage stellt, ob er in dieser Form beibehalten werden sollte, wofür Goretti wegen seines großen semantischen Reichtums plädiert. Sie schließt ihre Arbeit mit der Frage: Wie viel kann man eigentlich von der Realität erkennen, ohne auf *projektive Identifizierung* zurückzugreifen?

Auch hier erscheint uns der sich aus diesem Beitrag entwickelnde Briefwechsel zwischen der Autorin und *James Grotstein* (Amerikanische Psychoanalytische Vereinigung) hilfreich, einige Fragen zu erhellen, die sich aus der Lektüre ergeben.

Wie wir von *Thomas Ogden* (Amerikanische Psychoanalytische

Vereinigung) wissen, hat er sein Ohr immer ›an der Musik, die gespielt wird‹. Sein besonderes Interesse gilt dem analytischen Dritten, worunter er einen Gefühlszustand versteht, der durch Analytiker wie Analysand gleichermaßen kreiert wird und in welchem beide auf einer nahezu unbewussten Ebene miteinander kommunizieren.

Mit dieser Arbeit stellt der Autor einen Zugang zu denjenigen Patienten vor, die noch nicht zu einem freien Assoziieren im analytischen Prozess fähig scheinen. Ihre Kommunikation besteht in einer locker strukturierten Form des Gesprächs zwischen Patient und Analytiker, die oft durch primärprozesshaftes Denken und anscheinende Gedankensprünge gekennzeichnet ist. Er nennt diese besondere Form des Sprechens »träumerisches Sprechen« und beschreibt, wie es hier als eine Art von Tagträumen fungiert. Dadurch wird dem Patienten erst möglich, eine bis dahin ›nicht träumbare Erfahrung‹ zu träumen. Oberflächlich betrachtet erscheint träumerisches Sprechen als ›unanalytisch‹, da es in den Gesprächen um konkrete Dinge wie Bücher, Filme, Fußball usw. geht. Verstehen wir eine Analyse als ein »Unternehmen im Fluss«, so bewegt sich das träumerische Sprechen unauffällig in das Sprechen über Träume hinein und wieder heraus. Ogden illustriert diese Konzeptualisierung anhand von detaillierten klinischen Beispielen aus seiner analytischen Praxis. In seinem ersten Beispiel diente das träumerische Sprechen als eine bestimmte Form des Nachdenkens und Sich-Auseinandersetzens, wodurch die Patientin zum ersten Mal in der Lage war, ihre eigene vormals undenkbare und unträumbare Erfahrung zu träumen. Im zweiten klinischen Beispiel verweist er auf den Gebrauch von träumerischem Sprechen als einer emotionalen Erfahrung, die einem zuvor ›unsichtbaren‹ Patienten ermöglicht, sich in sein Dasein hineinzuträumen. Der Autor gibt zu bedenken, dass ein Analytiker, der sich mit einem Patienten auf träumerisches Sprechen einlässt, sehr darauf achten muss, dass die Rollendifferenz zwischen Patient und Analytiker immer fühlbar präsent bleibt, damit der Patient sich sein eigenes Dasein ›erträumt‹ und nicht vom Analytiker und dessen Wahrnehmung, Bewertung und Verständnis in etwas nicht Eigenes ›hineingeträumt‹ wird.

Der dritte Abschnitt des Readers ist einem Spezialfall des »Vorstoßes ins Sprachlose« gewidmet, nämlich der psychoanalytischen Arbeit mit Babys vor dem Erwerb der Sprachfähigkeit und deren Müttern. Die kreative Arbeit von *Björn Salomonsson* (Psychoanalytiker für Erwachsene und Kinder, Schwedische Psychoanalytische Gesellschaft) gibt Einblick in sein umfangreiches IPA-Forschungsprojekt. Er führt darin eine klinische Methode weiter, die vom verstorbenen Johan Norman entwickelt wurde, und untermauert sie anhand linguistischer und entwicklungspsychologischer Forschungsergebnisse. Ihn leiten dabei die Fragen nach dem, was Baby und deutender Analytiker auf welchen Wegen voneinander »verstehen« und verarbeiten können und letztlich, wie das Unglück der »Sprach«-losigkeit und des Missverstehens zwischen Mutter und Kind überwunden werden kann. Das zeigt er eindrücklich an Vignetten aus der Behandlung eines 8-monatigen Mädchens im Beisein seiner Mutter.

Ich hoffe, lieber Leser, Sie sind nach dieser Einführung neugierig geworden.

Der vorliegende Band ist durch die intensive und engagierte Zusammenarbeit aller Beiratsmitglieder entstanden. Für die sorgfältige Lektüre der Originalbeiträge möchte ich mich bei Michael Diercks, Markus Fäh, Christine Gerstenfeld, Angela Mauss-Hanke, Torsten Siol, Helga Skogstad, Barbara Strehlow und Antje Vaihinger sehr herzlich bedanken. Eine Einigung auf die ausgewählten Arbeiten war oft erst nach langen, interessanten, zum Teil auch heftig und kontrovers verlaufenden Auswahldiskussionen möglich. Die dann folgende Übersetzungsarbeit erforderte nicht nur ein intensives Durchdringen der einzelnen Aufsätze, sondern auch eine Auseinandersetzung mit der Eigenart der psychoanalytischen Sprache des jeweiligen Autors. Jeder Übersetzer verleiht dann seinem Text durch die Wiedergabe des erfassten und in eigener Sprache ausgedrückten Inhalts seine individuelle Prägung.

Als Herausgeberin dieser Reihe möchte ich mich nach mehrjähriger Vorbereitungsarbeit und der Publikation der drei ersten Bände nun verabschieden. Ich freue mich sehr, dass Angela Mauss-Hanke, die bisher die Redaktion innehatte, sich bereit erklärt hat, dieses Projekt als Herausgeberin fortzuführen. Mein Dank gilt auch der »edition diskord«, dem Ehepaar Dagmar und Gerd Kimmerle, die es uns ermöglicht haben, diese Reihe ins Leben zu rufen.

Gabriele Junkers

I
Themenschwerpunkt:
Besonderheiten psychoanalytischer
Technik

Michael Feldman
Licht in die Geschichte bringen

Es liegt in der Natur unserer Arbeit, dass wir darum bemüht sind, ein kohärentes Bild von der Geschichte unseres Patienten zu erstellen. Natürlich bleibt es immer *unser eigenes* Bild, das sich im Laufe einer Analyse herausschält. In dieser Arbeit möchte ich über einige Schwierigkeiten nachdenken, auf die wir bei unserer Deutungsarbeit und unserem Versuch treffen, die bruchstückhafte und vergessene Geschichte des Patienten wiederherzustellen, um sie mit den Mechanismen psychischer Veränderung in Verbindung zu bringen.

Ich glaube, wir stehen – in größerem oder geringeren Ausmaß – immer noch unter dem Einfluss der Vorstellung, dass es die Wiederentdeckung der verdrängten Erinnerungen selbst ist, die den therapeutischen Effekt bewirkt. Die Analyse der Übertragung wird diesem Modell zufolge vorwiegend als ein Weg verwendet, über den wir einen Zugang zur Geschichte bekommen.

Weit weniger Aufmerksamkeit wird der Erforschung des *Prozesses* zwischen dem Patienten und dem Analytiker gewidmet, aus der sich eine ganz andere historische Perspektive ergeben könnte. In dieser Arbeit möchte ich ausführen, dass die Geschichte des Patienten in seinen inneren Objektbeziehungen Gestalt gewonnen hat und sich in der Übertragungs-Gegenübertragungs-Beziehung ausdrückt und manifestiert. Vor allem durch das Erleben und Verstehen eben dieser Beziehung können wir darauf hoffen, innere Veränderungen zu bewirken. Diese beinhalten die Besonderheiten der und die Beziehung zwischen den inneren Objekten des Patienten, die sich aus den dynamischen Veränderungen der Verwendung von projektiven und introjektiven Mechanismen durch den Patienten ergeben.

1912 beschäftigte sich Freud mit der schwierigen Aufgabe, vor die sich der Analytiker gestellt sieht, wenn er »alle die unzähligen Namen, Daten, Einzelheiten der Erinnerung, Einfälle und Krankheitsproduktionen während der Kur, die ein Patient im Laufe von Monaten und Jahren vorbringt, im Gedächtnis« behalten soll (GW VIII, S. 376). Tatsächlich vermutet er: konzentriere man sich als Analytiker in seiner Aufmerksamkeit bewusst auf ein spezielles Thema,

»beginnt man auch unter dem dargebotenen Materiale auszuwählen; man fixiert das eine Stück besonders scharf, eliminiert dafür ein anderes, und folgt bei dieser Auswahl seinen Erwartungen oder seinen Neigungen« (GW VIII, S. 377).

Er sagt, es bestehe die Gefahr »niemals etwas anderes zu finden, als was man bereits weiß« (ebd., S. 377).

Er fährt fort, indem er dem Analytiker empfiehlt, er solle alle bewussten Einflüsse von seiner Fähigkeit, aufmerksam zu sein, zurückhalten und sich selbst ganz und gar dem »unbewußten Gedächtnisse« überlassen. »Man höre zu und kümmere sich nicht darum, ob man sich etwas merke« (ebd., S. 378). Später rät er, der Analytiker verhalte sich am ›zweckmäßigsten‹, wenn er

»... Nachdenken und Bildung bewußter Erwartungen möglichst vermeide, nichts von dem Gehörten sich besonders im Gedächtnis fixieren wolle, und solcher Art das Unbewußte des Patienten mit seinem eigenen Unbewußten auffange« (GW XIII, S. 215).

Etwa 50 Jahre später kam Bion in seinen ›Anmerkungen zu Erinnerung und Wunsch‹ (1967) auf diese Frage zurück: »Die Erinnerung ist als Tatsachenprotokoll immer irreführend, da sie durch die Einwirkung unbewußter Kräfte verzerrt wird« (1967, S. 22). Dagegen gehe es der »psychoanalytischen ›Beobachtung‹ [...] weder um das, was geschehen ist, noch um das, was geschehen wird, sondern um das, was tatsächlich *geschieht*« (S. 22). Er legt die Betonung auf den Prozess, der gerade in der Sitzung stattfindet, bei dem – wie er sich ausdrückt –, »etwas aus dem Dunkel und der Formlosigkeit« auftauche (S. 23). Es ist eben *dieses*, demgegenüber sich der Analytiker rezeptiv und bereit halten sollte, um es zu deuten.

Hier scheint Bion vor allem den geistig seelischen inneren Zustand des Analytikers im Sinn zu haben – sein Bedürfnis, eine besondere Rezeptivität aufrechtzuerhalten, so schwierig und ängstigend dies auch sein mag. Ich möchte aus seiner interessanten und anregenden Arbeit einen Punkt herausgreifen, der sich auch bei Freud findet, dass nämlich die Offenheit des Analytikers für die unbewussten Mitteilungen des Patienten durch Erinnerungen, Vermutungen und Präkonzepte, die ihn innerlich beschäftigen, gestört werden kann. Bion meint, der Analytiker solle ›Erinnerung und Wunsch‹ kontinuierlich ausschließen, dann werde er offener für die Mitteilungen des Patienten und könne während jeder Sitzung eine größere Vielfalt an »Stimmungen, Gedanken und Einstellungen« (S. 24) entdecken. Wenn der Analytiker intuitiv der Evolution des inneren Zustands des Patienten während der Sitzung folge, würden seine Deutungen an »Nachdruck und Überzeugungskraft« (S. 25) – sowohl für ihn selbst wie für seinen Patienten – gewinnen, weil sie sich aus der erlebten Erfahrung mit einem einzigartigen Individuum herleiten und »nicht aus verallgemeinerten, unvollständig ›erinnerten‹ Theorien« (S. 25).

Ich glaube, dass diese von mir zitierten und allgemein bekannten Empfehlungen Freuds und Bions wichtige Fragen aufwerfen. Die erste hat mit dem inneren Zustand des Analytikers zu tun – wie ist seine Aufmerksamkeit beschaffen, wie stark wird sein Denken von seinen theoretischen Vorannahmen beherrscht, was weiß er über den Patienten und seine Geschichte, usw. Die zweite, sich unmittelbar anknüpfende Frage hängt mit den verschiedenen Theorien über psychische Veränderung zusammen: worauf sollte der Analytiker seine Wahrnehmung vor allem richten, was sollte er deuten, um nicht nur besser verstehen zu können, sondern auch um psychische Veränderung zu unterstützen?

Es ist nicht immer einfach, eine Übereinstimmung zwischen den von Freud und Bion formulierten Empfehlungen und einer offensichtlich anderen Theorie psychischer Veränderung herbeizuführen, die ebenfalls durch das Werk Freuds zu verfolgen ist. Noch 1937 schrieb er, dass es das Ziel der Analyse sei, den Patienten in die Lage zu versetzen, bestimmte Erlebnisse einschließlich der mit ihnen einhergehenden affektiven Impulse wieder zu erinnern, die bis dahin vergessen waren.

Er fährt fort: »Das Gewünschte ist ein zuverlässiges und in allen wesentlichen Stücken vollständiges Bild der vergessenen Lebensjahre des Patienten« (1937, S. 44). Zusätzlich zu den »verdrängten Erlebnisse[n] und Abkömmlinge[n] der unterdrückten Affektregungen sowie der Reaktionen gegen sie« (GW XVI S. 44), die in freien Assoziationen, der Traumanalyse usw. auftauchen, entdeckte Freud in der Übertragungsbeziehung den wahrscheinlich besten Zugang zu frühen Erinnerungen und frühen emotionalen Verbindungen. Nach meinem Eindruck ging es Freud allerdings vorrangig darum, die Übertragung als Hilfe bei der Rekonstruktion zu nutzen, um so die offenen Punkte füllen und schließlich ein vollständiges Bild erhalten zu können. Er schien nicht davon auszugehen, dass bereits das Verstehen und die

Deutung der Interaktion zwischen Analytiker und Patient *für sich genommen* wichtig war und seelische Veränderung erleichtern könnte, worauf ich später noch eingehen werde. Spillius (2003) hebt hervor, dass Klein in ihren Vorträgen und Seminaren in den 30er und 40er Jahren klar zum Ausdruck brachte, dass der Analytiker die Übertragung mit früheren Erlebnissen und Phantasien in Verbindung bringen sollte. In ihren unveröffentlichten Aufzeichnungen schreibt Klein:

»Wir müssen uns dessen bewusst sein, dass wir die Beziehungen von Patienten zum Analytiker sowohl im Hinblick auf bewusstes wie unbewusstes Material nicht analysieren können, wenn wir es nicht Schritt für Schritt mit den frühesten Gefühlen und Beziehungen in Verbindung setzen können« (Klein 1945, zitiert nach Spillius, 2004).

Mit anderen Worten entwickelt Klein hier eine Theorie psychischer Veränderung, die auf detaillierten (und ich denke, expliziten) Verbindungen mit den frühen Erlebnissen des Patienten beruht und sich Freuds Auffassung anschließt.

In seiner wichtigen Arbeit zur Rekonstruktion scheint Kris (1956) sich vorwiegend mit der Frage zu beschäftigen, wie sich Kindheitserlebnisse aufdecken lassen und in welchem dynamischen Zusammenhang sie auftauchen. Außerdem meint er, dass sich die therapeutische Technik vor allem mit der Korrektur der Verzerrungen der Lebensgeschichte befassen sollte. Er beschreibt die Art und Weise, in der einige Patienten ein ›autobiographisches Selbstbild‹, eine Art ›persönlichen Mythos‹ entwickelt haben, der ein Erbe bedeutsamer früher Phantasien geworden ist, die in diesem Bild aufbewahrt werden, an dem sie sehr hängen. Diese autobiographische Leinwand fungiert als eine Abwehrstruktur, als ein geheimer Kern der Persönlichkeit, der nicht nur der Abwehr dient, sondern auch das ganze Lebensmuster charakterisiert. Bei diesen Patienten beobachtet er eine »Gewissheit, dass die Dinge nicht anders hätten sein können, dass ihre Erinnerung sowohl vollständig wie auch verlässlich war ... omnipräsent« (1956, S. 654). Die Aufgabe des Analytikers besteht in seinen Augen darin, diese autobiographische Leinwand zu ›durchstechen‹ und ›Gegensätze, Verdrehungen und Auslassungen‹ zu entdecken. »Erst wenn diese Auslassungen ergänzt und die Verzerrungen korrigiert worden sind, ist der Zugang zu verdrängtem Material möglich« (S. 653).

Kris interessiert sich jedoch noch umfassender für das Thema psychische Veränderung und wirft die Frage auf, ob das Aufdecken von Erinnerungen eine therapeutische Wirkung habe. Er sagt: »Es ist hinreichend bekannt, dass sich unsere diesbezüglichen Ansichten deutlich verändert haben, seit das Hysteriemodell seine zentrale Bedeutung für das psychoanalytische Denken verloren hat« (S. 55). Er stellt zur Diskussion:

»Auf subtile Art und Weise hat dieses Modell den psychoanalytischen Diskurs überschattet, selbst dann noch, als es seine Bedeutung als Prototyp verloren hat, d. h. nach der Einführung des Strukturmodells Freuds. Seit wir in der Verdrängung nicht mehr den einzigen Abwehrmechanismus sehen, ist die Tendenz, das Ergebnis einer psychoanalytischen Behandlung an ›neu‹ entdeckten Erinnerungen zu bemessen … veraltet. Aber dennoch scheint sich diese Tendenz als Teil einer ungerechtfertigten Vereinfachung in unserem Denken zu halten. Doch während es relativ einfach ist, über das zu sprechen, was wir nicht länger für richtig halten, ist es eine sehr viel schwierigere Angelegenheit, über das zu sprechen, was wir für richtig halten« (S. 55).

(Ich möchte hinzufügen, dass auch der Analytiker der Gefahr unterliegt, einen ›persönlichen Mythos‹ zu entwickeln – eine Version der Geschichte des Patienten oder ein Bild der Analyse oder auch beides, das seiner eigenen Abwehr dient und sogar gelegentlich zu einer Gewissheit werden kann, dass die Dinge nicht anders hätten sein können. Dies kann den Analytiker und / oder den Patienten davor schützen, mit noch beunruhigenderen Ängsten, Phantasien und Interaktionen in Berührung zu kommen, die in der analytischen Beziehung auftauchen.)

Um den klassischen Blick auf die Rolle der Rekonstruktion darzulegen, wie Viderman ihn zusammenfasst:

»Für Freud war die Neurose eine Krankheit des Gedächtnisses. Die Aufdeckung der Geschichte des Subjekts, die Wiederherstellung eines aus Abwehrgründen zerbrochenen früheren Musters, die zu einer neuen Integration in ein Bewusstsein führt, das entscheidende traumatische Erinnerungen oder schuldbesetzte Wünsche verloren hatte, war notwendig, um zu beweisen, dass durch deutende Rekonstruktion nicht nur ein Zugang zur Gesamtheit der bedeutsamen Geschichte möglich ist, sondern dies auch durch die psychoanalytische Technik erreicht werden kann. Diese Aufgabe zu lösen und eine umfassende Wiederherstellung zu erreichen, ist das fundamentale Ziel der analytischen Behandlung« (Viderman 1974, zitiert nach Laplanche, 1992, S. 429).

Laplanche bezieht sich auch noch auf eine andere Position, die er als »kreativ hermeneutische« bezeichnet. Diese berücksichtigt, dass jedes Objekt durch die Ziele des Subjektes *konstruiert* ist und dass sich das historische Objekt dieser Relativität nicht entziehen kann: »Es gibt keine nackten Tatsachen: es gibt nur das Erleben, das untersucht wird« (1992, S. 430). Insofern spricht Viderman von der Entwicklung und Kreativität der Deutung. »Was zählt ist, dass der Analytiker ohne Rücksicht auf die Realität dieses Material sammelt und zu einem kohärenten Ganzen zusammenfügt, das nicht eine zuvor im Unbewussten des Subjekts bestehende Phantasie reproduziert, sondern sie zum Leben erweckt, indem sie erzählt wird« (Viderman 1970, zitiert nach Laplanche 1992, S. 430).

Laplanche weist auf zwei einander abwechselnde Haltungen hin, die beispielsweise hinter den verschiedenen Versionen der Fallgeschichte des ›Wolfsmannes‹ liegen. Eine Version betrifft die Suche nach einer faktischen, ausführlichen, chronologischen Wahrheit über die Urszene. Freud denke dabei allerdings an

»... eine Art Geschichte des Unbewußten [...] oder vielmehr seiner Genese; eine Geschichte mit Brüchen, in der Augenblicke des *Begrabens und des Wiederauftauchens* am allerwichtigsten sind; eine Geschichte, so könnte man sagen, der Verdrängung, deren unterirdische Strömungen so detailliert beschrieben werden, wenn nicht sogar noch detaillierter, wie die manifesten Charakterzüge« (Laplanche 1992, S. 435).

Meines Erachtens können wir in der analytischen Sitzung solche Augenblicke des Begrabens und des Wiederauftauchens beobachten und beschreiben, in denen sich die fortbestehenden Ängste und Abwehrkräfte analysieren lassen, die sich in derartigen Brüchen manifestieren.

Kris schreibt:

»Das gegenwärtige Erleben basiert nicht nur auf der Vergangenheit; es liefert sogar den Anstoß für die Sicht auf die Vergangenheit, die Gegenwart wählt, färbt und modifiziert. Das Gedächtnis, jedenfalls das autobiographische oder persönliche Gedächtnis, ... ist dynamisch und funktioniert wie ein Teleskop. Die psychoanalytische Situation mit ihrer Betonung auf partieller und kontrollierter Regression ... ist so gestaltet, dass die Grenze zwischen Vergangenheit und Gegenwart tendenziell verschwimmt« (1956b, S. 55–6).

Man könnte sagen, dass der Analytiker eine Reorganisation im Verhalten des Patienten beobachtet und diese Reorganisation durch seine Deutungen anleitet. Diese Interaktion führt zu dem, was wir gewöhnlich unter einem ›analytischen Prozess‹ verstehen (S. 58–9). Die detaillierte Analyse aktueller Konfliktsituationen und die Erinnerung der Vergangenheit sind deshalb nicht zufällig, sondern entscheidend miteinander verbunden und können ohne einander nicht existieren. Daher der Eindruck, dass Kindheitsmaterial spontan auftauchen kann, wenn die Einflüsse der Triebkräfte und der unbewussten Phantasien auf den aktuellen Konflikt analysiert sind« (S. 64).

Er fährt fort, dass wir inzwischen »detaillierter verstehen, wie *Deutungen, die auf die Aufdeckung tief verdrängter, weitgehend präverbaler Impulse im Verhalten des Patienten abzielen, durch das Wiederauftauchen von Erinnerungen bereichert und unterstützt werden können*« (S. 67, Hervorh. vom Autor). Eine wirkungsvolle Deutung, die die Abwehr vermindert, stärke dabei die integrativen Funktionen des Ichs. Dadurch könnten Erinnerungen »in den Strom des Denkens einfließen, zunächst als assoziative Verbindungen, aus denen sie zuvor ausgeschlossen waren, um dann ihren Platz im Bild der eigenen Vergangenheit einzunehmen, worauf die rekonstruktive Arbeit abzielt« (S. 82).

»Wenn wir von Einsicht sprechen, sollte die Reaktion des Analytikers von der des Patienten unterschieden werden. Die wieder aufgetauchten Erinnerungen stärken die Überzeugung des Analytikers gegen Zweifel und können ihm helfen, in weiteren Deutungen genauer anzusprechen, wo die Vergangenheit in der Gegenwart fortzuleben scheint« (S. 83).

Ich habe aus diesen Arbeiten ausführlicher zitiert, weil ich glaube, dass sie die Veränderung eines eher klassischen Blicks auf den analytischen Prozess zu einer anderen Perspektive deutlich machen, die keineswegs mehr primär auf die historische Rekonstruktion abzielt, wie mir scheint. In dieser anderen Perspektive geht es vielmehr um die *Funktionen* einer Deutung, die den analytischen Prozess durch eine Stärkung des Ich unterstützen. So kommt es zu einer weiteren Integration, die wiederum dem Patienten ein umfassenderes Erkennen und Verstehen seiner Geschichte ermöglicht. Ich werde diese Überlegungen später noch weiter ausführen.

In einer interessanten Ausarbeitung einiger dieser Themen weist Frank darauf hin, dass »Vorgeschichten, die aus diagnostischen Anamnesen stammen, deshalb für psychologische Aussagen unbrauchbar sind. Fast unvermeidlich [...] widerlegt die Übertragung diese als Märchen, so überzeugend sie auch im ersten Moment erscheinen mögen« (1991, S. 23).

Er schildert folgende klinische Vignette: Eine junge Frau führt ihre großen Schwierigkeiten auf die Verführung durch einen erwachsenen Freund der Familie in ihrer Kindheit zurück, auf dessen fast täglich stattfindende sexuelle Zärtlichkeiten sie sich im Alter von 8 bis 11 einließ und dafür kleine Geschenke annahm. Insbesondere erinnerte sie sich daran, als sie sich mit ihm versteckte, während ihr Vater sie bei ihrem Namen rief. Sie hatte Angst, fand es aber auch erregend, dass er sie zwar suchte, aber nicht finden konnte. Frank vermutet:

»Nichts im Material der Analyse widersprach dem Faktum dieses Kindheitserlebnisses oder der destruktiven, beeinträchtigenden oder traumatischen Wirkung. Aber durch die Übertragungsarbeit tauchte der bis dahin fehlende zentrale Aspekt der Kindheit der Patientin auf. Nachdem dieser wieder zugänglich war und erklärt werden konnte, kam es zu einer Auflösung der unglücklichen Auswirkungen ihrer Verführung. Es ging um ihre frustrierten passiven Sehnsüchte nach einer nährenden Mutter. Insbesondere konnte sie ihre getriebenen, fast süchtigen Bedürfnisse nach chaotischer Erregung erst aufgeben, als sie etwas über ihre depressive, einsame innere Leere erfuhr, der sie durch ihr verzweifeltes Verhalten zu entkommen versucht hatte. Ihr trauriges Schreien in einer Deckerinnerung war eine Verschiebung und Verkehrung, das ihre unerfüllte Sehnsucht nach mütterlicher Unterstützung und Liebe zum Ausdruck brachte. Ihr großer Hunger nach diesem Genährtwerden hatte sie anfällig gemacht für die Verführung und war eine Erklärung für die damit verbundene perverse Befriedigung. Ihre Bedürftigkeit blieb verborgen und unterdrückt bestehen und zeigte sich in ihren Symptomen und ihrem Agieren. Diese Rekonstruktion wurde in der Übertragung erarbeitet und verstanden und von beiden, Analytiker wie Analysandin akzeptiert ...
Mit Hilfe der Analyse wurde die Autobiographie, wie sie früher konstruiert worden war, auf ihre Grundlagen zurückverfolgt und in ihrer ursprünglichen Komposition und Machart deutlich für diejenigen, die sehen wollten. Eine Rekonstruktion im Sinne einer Revision, die der Realität der Vergangenheit nahe kommt, ist also möglich. Außerdem lässt sich dabei untersuchen, warum und wie man sich selbst zu der früheren Darstellung verführt hat oder zu ihr gezwungen wurde. Diese historische Übung geht Hand in Hand mit dem therapeutischen Prozess voran, in dem sie enthalten ist« (1991, S. 23).

Die Entfaltung der Übertragungsbeziehung erlaubt einen »Verzicht auf die Verdrehungen und fixierten emotionalen Positionen. Im selben Maß wird der Analysand freier und kann authentischer und wirksamer auf die Gegenwart als Gegenwart reagieren statt seine Vergangenheit zu wiederholen« (S. 25).

Abschließend stellt Frank fest:

»Hier sind wir an den Fundamenten des schlussendlich mutativen, analytischen Heilungsprozesses angelangt. Die Entfaltung der Übertragung hat zu einer Rekapitulation und einem Wiedererleben der Vergangenheit geführt; einer Vergangenheit, an deren Unwirklichkeiten und Verdrehungen die Patientin in verschiedenen Funktionsmustern und ihrer Lebensweise immer noch gebunden war« (S. 25).

Aber auch diese komplexere Auffassung des analytischen Prozesses scheint mir in gewissem Grad noch durch Freuds Sichtweise der zentralen Funktion der Entwicklung und des Werts der biographischen Rekonstruktion ›überschattet‹, wie Kris gezeigt hat. Demnach dient die Übertragung vor allem dem Zugang zu verdrängten Erinnerungen und Erlebnissen und soll eine größere Integration ermöglichen.

Das Werk von Betty Joseph eröffnet uns eine auf subtile, aber bedeutsame Weise andere Perspektive. Obgleich Kris und Frank (um zwei Beispiele zu nennen) eindeutig von Übertragungsphänomenen ausgehen, beschreiben sie doch nicht genau, wie die Übertragung und die Interaktion zwischen Analytiker und Patient beschaffen waren. Joseph konzentriert sich vor allem auf die Art der Interaktion zwischen Patient und Analytiker und die Frage, welche wichtigen Elemente der Persönlichkeit des Patienten, seiner Geschichte und Pathologie zwischen den beiden Beteiligten in diesen »Augenblicken des Begrabens und Wiederauftauchens« ausgedrückt und inszeniert werden, die so wichtige dynamische Bewegungen enthüllen. In Josephs Theorie der psychischen Veränderung steht die Analyse dieser Prozesse an erster Stelle.

In einer unveröffentlichten Arbeit über Aspekte der Vergangenheit zeigt Joseph (1996), dass die Art und Weise, wie ein Patient seine Geschichte einbringt, welche Einstellung er zu seiner Vergangenheit hat und wie er damit in der Analyse umgeht, als ein Enactment seiner bestehenden Abwehrmuster betrachtet werden kann. Sie beschreibt einen Patienten, der »seine Geschichte, seine Gefühle gegenüber seiner Vergangenheit und deren Verknüpfung mit seinem gegenwärtigen Leben dazu benutzt, den direkten gefühlshaften Kontakt mit dem, was gerade in der Sitzung vorsichgeht, zu vermeiden«. »Daraus kann eine

Art intellektueller Übung werden, die uns beide in eine Erklärungs-
diskussion zwischen zwei nahezu Gleichen verwickelt, Patient und
Analytikerin, wobei Ersterer die Führungsposition beansprucht.«
Joseph zeigt, dass bei diesem Patienten eine Interaktion dieser Art in
der Tat ein Enactment von Aspekten seiner Geschichte darstellt. Wird
dieses Enactment nicht erkannt, können wir die Vorgeschichte des Patienten und seine Entwicklung nicht besser verstehen, ganz im Gegenteil – »es kommt zu einer Wiederholung statt Durcharbeitung«.

In ihrer Fallbeschreibung meint sie, was in den Sitzungen auftauche, sei

»... die Art und Weise, wie der Patient unbewusst die Schmerzen aus der Vergangenheit abwehrt, zeige aber ebenso, wie er die Vergangenheit einsetzt, sie
herbeigeführt und aufrechterhalten hat. All dies können wir nur dann genauer
untersuchen, wenn es in der Beziehung zum Analytiker wieder auflebt.«

Weiter schreibt sie:

»Ich rekonstruiere die Geschichte meines Patienten nicht aus dem, was ich
höre oder gehört habe, die Geschichte rekonstruiert sich von selbst. Ich soll
bestimmte Rollen bei der Rekonstruktion übernehmen, aber meine Aufgabe ist
es, wahrzunehmen, auf welche Weise mir diese Rolle zugedacht wird und dies
zu deuten, statt mich einfach in diese Rolle einzupassen.«

Joseph erkennt an, dass es Zeiten gibt, in denen es für den Patienten
und Analytiker hilfreich sein kann, sich eine in der Analyse entstande-
ne Situation genauer anzusehen und zu verstehen, um dieses Verständnis dann sowohl mit Erlebnissen in der Vergangenheit wie auch mit
der Bedeutung zu verknüpfen, die sie jetzt haben.

»Aber ich glaube, dass der Patient genügend Abstand zu der Situation haben
muss, damit dieses Vorgehen sinnvoll ist. Wenn der Patient in der Beziehung
zum Analytiker zu sehr in ein Agieren verstrickt ist, kann ein wirkliches Verstehen durch das Aufgreifen der Vergangenheit nicht erreicht werden – er ist in
diesem Moment zu sehr mit der Gegenwart verwickelt, wovon die Deutungen
dann bestimmt sind. Wenn der Patient zu sehr mit seiner Vergangenheit beschäftigt ist, kann er nicht zulassen, von der Gegenwart, der augenblicklichen
Situation, erreicht zu werden.«

Joseph fragt weiter: »Warum sind wir an der Vergangenheit des Patienten, an seiner Geschichte, interessiert? Inwieweit und warum müssen wir tatsächlich Verbindungen zu seiner Geschichte herstellen?«

Nach ihrer Meinung ist dies auf den Wunsch des Analytikers zurückzuführen, ein vollständigeres und umfassendes Bild des Patienten zu bekommen aus dem Wunsch heraus, der Patient könne so ein stärkeres Gefühl von Integration bekommen. Allerdings kann

»eine sinnvolle Integration der Vergangenheit nur erreicht werden, wenn wir von der Gegenwart ausgehen, von dem, was mit dem Analytiker wie subtil auch immer in Szene gesetzt wird. Verknüpfungen sollten wir nur dann herstellen, wenn sie in unserem eigenen Denken an Gestalt gewinnen und unmittelbar relevant erscheinen, statt in der Vergangenheit anzusetzen und die Gegenwart und die Pathologie aus dem heraus zu erklären, was man über die Vergangenheit zu wissen glaubt« (Joseph 1996).

Meines Erachtens ist diese Perspektive wegen der theoretischen Annahme so überzeugend, dass Objekte, die wir für historische Objekte halten, tatsächlich innere Objekte sind, die am ehesten durch die Art und Weise, wie sie in der Gegenwart empfunden und ausgelebt werden, auch in der Gegenwart wirklich erkannt und verstanden werden können. Aus meiner Sicht hängt psychische Veränderung entscheidend von der Modulation der inneren Kräfte ab, die für die Beschaffenheit der inneren Objekte des Patienten und die Interaktionen zwischen ihnen sorgen. Diese Veränderung lässt sich, so meine ich, nur erreichen, wenn wir verstehen und analysieren, wie diese inneren Objekte und Objektbeziehungen in der Gegenwart – in der Übertragung – ausgedrückt werden.

Es mag für den Analytiker wie auch den Patienten bereichernd sein, Verbindungen mit der Vergangenheit herzustellen, um dem Patienten so ein größeres Gefühl von Integration und bedeutungsvoller Kontinuität zu vermitteln. Allerdings glaube ich, dass psychische Veränderung vor allem durch das Erleben und Verstehen einiger der Interaktionen in der Übertragungs-Gegenübertragungsbeziehung möglich wird, wie Strachey (1934) in seiner bedeutenden Studie beschreibt. Nur durch die detaillierte Untersuchung und Deutung der Art und Weise, wie die Ängste, Bedürfnisse und die Abwehr des Patienten im jeweiligen Moment zum Ausdruck kommen, lässt sich eine Modifizierung der inneren Kräfte erreichen, die die pathologische Struktur und Beziehung aufrechterhalten. Das Verstehen des Analytikers und seine Fähigkeit, Verbindungen herzustellen, können dazu beitragen, die Art und Weise sowie die Intensität der projektiven Identifizierungen des Patienten zu verändern. Dies kann wiederum dem Patienten dazu verhelfen, *selbst* bedeutungsvolle und gefühlsmäßig wichtige Verbindungen zunächst in der Gegenwart der Stunde zu erkennen, um erst dann Teile aus der Vergangenheit hinzuzuziehen.

Klinisches Material

Ich möchte einige der oben beschriebenen Aspekte anhand von klinischem Material aus der Analyse einer jungen Frau mit einer Essstörung näher untersuchen. Ihr Vater war Vorstand einer angesehenen Firma und viel unterwegs. Ihre Mutter war eine begabte Pianistin, die enttäuscht und verbittert war, weil sie nie wirklich Karriere gemacht hatte. Frau B. wurde auf eine Schule in der Schweiz geschickt und lernte mehrere Sprachen fließend. Ihre Beziehung zu ihrer Familie, insbesondere zu ihrer Mutter, war intensiv und gestört. Sie war sehr intelligent, hatte sich aber nie für eine sie befriedigende Arbeit oder ein Studium entscheiden können. Ihre jüngere Schwester, die auch in der Schweiz studierte und in den Augen der Patientin hübscher und erfolgreicher war, hatte geheiratet und vor kurzem ein Baby bekommen.

In den Sitzungen war Frau B. oft niedergeschlagen, ärgerlich und frustriert. Sie beklagte sich oft über die Analyse und dachte über einen Abbruch nach, um sich entweder einer strukturierteren, direktiveren Behandlung zu unterziehen oder in ein anderes Land umzuziehen und ein ganz anderes Leben zu beginnen.

In der vorangehenden Woche hatte sie sich deutlich besser gefühlt und daran gedacht, eine Arbeit aufzunehmen. Sie hatte sich um eine Stelle als Assistentin des Vorstands einer großen Kunstorganisation beworben, bei einem Mann, den sie sehr bewunderte. Anders als sonst schien diese Tätigkeit gut zu ihr zu passen und im Rahmen ihrer Möglichkeiten zu sein. In der Vergangenheit waren oft ihre Ungeduld und Omnipotenz spürbar gewesen, indem sie sich zu hohe Ziele steckte.

Allerdings berichtete sie am Donnerstag der folgenden Woche unmittelbar vor einem langen Wochenende, dass sie wieder eine Fress- und Alkoholattacke gehabt hatte. In der Sitzung war sie feindselig und provokativ. Was ich auch immer sagte, wurde von ihr defensiv, kritisch und verächtlich zurückgewiesen. Ich fühlte mich zunehmend frustriert, enttäuscht und ärgerlich. Was wir bis jetzt erarbeitet hatten, schien sie entweder triumphierend mit Alkohol vergiftet oder weggeworfen zu haben. Gleichzeitig fiel mir auf, dass ich leichte Schuldgefühle bekam und mich verantwortlich fühlte, was ich mit dem bevorstehenden Wochenende in Zusammenhang brachte. Diese Kombination aus Frustration, Enttäuschung, Ärger und Schuld in Verbindung mit gegenseitiger Schuldzuweisung war mir sehr vertraut in der Arbeit mit ihr. Aber es gab daneben auch Zeiten, in denen ich jede Hoffnung verloren hatte, ihr etwas anbieten zu können, was irgendetwas hätte verändern können.

Im Verlauf der Stunde erwähnte Frau B. beiläufig, dass sie bei ihrer Bewerbung nicht in die engere Wahl gekommen sei. Da ich wusste, wie viel dies für sie bedeutete und spürte, welche Wirkung ihre Bemerkung auf mich hatte, sprach ich an, wie irritierend es für sie gewesen sein musste, nicht wie erwartet in die engere Wahl gezogen zu werden, was zu ihrem Gefühl passte, auch bei mir nicht den Platz zu haben, den sie sich eigentlich wünschte. Diese Erlebnisse schienen zu der feindseligen und ablehnenden Art beizutragen, in der ich jetzt wie die Person behandelt würde, die für diesen Job eben nicht geeignet sei. Als ich eine entsprechende Deutung gab, schwieg Frau B. eine Weile und sprach dann in bewegender Weise darüber, dass sie sich fühlte, als sei ihr eine Tür vor der Nase zugeschlagen worden. Sie erwähnte auch, wie schwierig und schmerzhaft es für sie gewesen war, ihre Schwester mit dem neuen Baby zu besuchen.

Am folgenden Tag (dem Freitag vor dem langen Wochenende) kam sie zu spät und sagte, dass sie sich sehr krank fühle. Es habe sie große Mühe gekostet, aufzustehen und zu kommen, sie wäre wohl besser nicht gekommen. Sie sagte, sie habe am Abend vorher ›gnadenlos getrunken‹ – sie ›trank und trank und trank‹. Sie blieb etwa eine halbe Stunde und sagte dann, es ginge ihr zu schlecht, sie müsse nach Hause gehen.

Um zu diskutieren, welche Rolle die Lebensgeschichte der Patientin in dieser Situation spielte, möchte ich zunächst untersuchen, woran man sich in diesem Material orientieren und wie man sich der Patientin am sinnvollsten zuwenden kann. Ihre Mitteilungen und ihr Verhalten hatten eine starke und beunruhigende Wirkung auf mich. Sie vermittelte deutlich, wie begrenzt und unangemessen war, was ich ihr anzubieten hatte, – es war einfach nicht richtig, nicht genug, und jetzt ließ ich sie auch noch wegen jemand anderem vor dem langen Wochenende im Stich. Während ich mich bemühte, sie zu verstehen und mein Gegenübertragungserleben zu nutzen, merkte ich außerdem, wie einzelne Teile der Geschichte der Patientin, wie ich sie verstanden hatte, mir während dieser Sitzungen im Kopf waren und zu dem unspezifischen ›Hintergrund‹ und der Art und Weise beitrugen, wie ich ihr zuhörte und sie zu verstehen versuchte. Ich erinnerte mich beispielsweise daran, wie bitter und schmerzhaft sie davon überzeugt war, dass ihre Mutter sie niemals gewollt hatte und wie hart sie um irgendeine Zuwendung hatte kämpfen müssen. Sie glaubte, dass ihre Mutter die Schwester vorzog – die hübscher und nicht so schwierig war. Frau B. wandte sich oft an ihren Vater, der einfühlsamer und ihr mehr zugetan war. Zwischen der Patientin und ihrer Mutter bestand eine intensive und offene ödipale Rivalität. Oft behandelte sie ihre Mutter verächtlich und von oben herab und provozierte so deren Ablehnung und Eifersucht, was dazu führte, dass die Mutter ihr Vorwürfe machte und sie ausschloss.

Ich dachte auch daran, wie schmerzlich eifersüchtig sich meine Patientin bei der Begegnung mit ihrer Schwester und deren Baby fühlen musste, und dass sie Schmerz und Eifersucht jetzt umso intensiver erlebte, weil etwas von dem in der frühen Kindheit bei der Geburt ihrer Schwester durchlebten Schmerz und Kummer jetzt wieder lebendig geworden war. Wahrscheinlich hatte sie damals, als sich ihre Mutter der Schwester zuwandte, das Gefühl gehabt, ihr werde die Tür vor der Nase zugeschlagen und sie werde auf unerträgliche Weise verlassen. *Dieser* Aspekt ihrer Geschichte wurde in der Beziehung zu ihrem Analytiker wieder lebendig, der sie über das lange Wochenende allein ließ.

Die Übertragungsbeziehung zu mir war intensiv und stürmisch. Wie ich diese wahrnahm, war natürlich davon geprägt, wie ich für mich versuchsweise den Einfluss ihrer Geschichte formuliert hatte. Manchmal wurde ich als die hasserfüllt zurückweisende Mutter erlebt, die sie frustrierte und quälte, sobald ich meine Liebe und Aufmerksamkeit einem anderen schenkte und sie dazu trieb, verzweifelt zu trinken und zu trinken und zu essen und zu essen. Dann wieder tat sie sich in einer gewinnenden, ja sogar verführerischen Weise mit mir als dem wohlwollenden, einfühlsamen und zugewandten Vater zusammen, bei dem sie sich ›eine Stelle‹ erhoffte und der ihre Kritik an ihrer Mutter teilen sollte. Dann wieder gab es Zeiten, in denen ich den Eindruck hatte, sie erlebte uns wie Mutter und Tochter in einer nahen, intimen Beziehung miteinander beschäftigt, was wiederum den Vater und die Schwester ausschloss. Auf diese Weise verhalf mir das Erleben in der Übertragung zu einem vertieften Verständnis ihrer Geschichte, und andererseits erhellte alles, was sie mir über ihre Geschichte vermittelte, die Übertragungsbeziehung.

Als Frau B. in der Behandlung Fortschritte machte und darüber nachdenken konnte, eine zu ihr passende Arbeitsstelle anzunehmen, fühlte sie sich erleichtert und glaubte, auch mir gefiele das. Aber diese Entwicklung ging mit der Vorstellung einher, durch ihren Analytiker-Vater für eine besondere Position auserwählt zu sein, was von all der Angst und Aufregung begleitet war, die eine solche Aussicht weckte. Als sie allerdings *nicht* in die engere Wahl kam, fühlte sie sich erneut auf vernichtende Weise in einer ganz anderen, archaischen Objektbeziehung gefangen. Statt mich als ihren Verbündeten zu erleben, war ich in ihren Augen vorwurfsvoll und erlebte mich durch ihre Wünsche und ihre Entwicklung bedroht, wie sie es oft hinter den Reaktionen ihrer Mutter vermutet hatte. Sie hatte das Gefühl, ich schlüge ihr die Tür vor der Nase zu und bevorzuge ihre jüngere Schwester. *Diese* war es, die Arbeit oder ein Baby bekommen würde; *diese* war es, mit der ich gern das lange Wochenende verbringen wollte. Ich glaube, dass sich Frau B. in solchen Momenten meinem Triumph und Hass ausgesetzt und völlig verlassen fühlte, so dass ihr nichts anderes übrig blieb, als ›zu trinken und trinken und trinken‹.

Sie beschrieb sich auch selbst als ›gnadenlos trinkend‹. Für mich klang darin an, wie schwer es war, sie dazu zu bewegen, irgendetwas aufzunehmen, etwas wertzuschätzen und für mehr als einen kurzen Moment zu bewahren. Häufig löste dies in mir eine ziemliche Frustration und auch Verzweiflung aus, so dass ich mich nicht nur unzulänglich, sondern auch hoffnungslos fühlte. Ein Teil meiner Reaktionen auf ihre Beschreibung und das Erleben in der Sitzung ließen sich durch die Vorstellungen und Annahmen ordnen, die ich über ihre frühe Geschichte, ihre gegenwärtige Beziehung zu ihrer Mutter wie auch über die Geschichte der vorangegangenen Sitzung entwickelt hatte. Sie ›zu füttern‹ empfand ich als besonders schwierige Aufgabe, mein Versuch schien immer wieder zum Scheitern verurteilt zu sein. Einmal hatte sie eine bestimmte Diät eingehalten und ihre Mutter gebeten, ihr einen ganz bestimmten Fruchtsaft zu besorgen. Sie beklagte sich dann bitterlich, dass ihre Mutter nicht weniger als zwölf verschiedene Fruchtsäfte gekauft hatte, aber natürlich nicht den *richtigen*.

Dieses Stück ihrer Geschichte hatte sich mir besonders eingeprägt, weil es eine entscheidende Form der Interaktion einfing und wiedergab, die sich auch zwischen der Patientin und mir immer wieder abspielte und von der ich stark annahm, dass sie bis in ihre Kindheit zurückreichte. In der Sitzung machte die Patientin deutlich, wie sehr sie sich wünschte, dass ich ihr richtig zuhören und die richtige ›Nahrung‹ anbieten möge, um sie am Leben zu halten. Aber gleichzeitig vermittelte sie mir, dass ihre Bedürfnisse so groß und so speziell waren, dass nichts von dem, was ihr angeboten wurde, das Richtige sein konnte. Ich fühlte mich dazu gedrängt, ihr mit einem gewissen Nachdruck eine übermäßig lange Deutung zu geben. Ich vermute, dass die Patientin meine Irritation und Verzweiflung und auch den in ihrem Objekt ausgelösten Ärger wahrnahm, das dann seinerseits ›gnadenlos‹ versuchte, ihr etwas einzutrichtern. Dieses verzweifelte und gewaltsame, hasserfüllte Objekt wurde dann introjiziert, so dass sie sich gnadenlos von innen angegriffen fühlte.

Die Intensität ihres Ausgeschlossenseins, die die Patientin in dieser Sitzung vermittelte, entstammte nicht nur den Anklängen an ihre frühe Geschichte und deren Fortsetzung, sondern auch der Art und Weise, wie diese Erfahrung wiederholt während der Sitzung wiedererlebt wurde. Die Unterbrechungen zwischen den Sitzungen kamen noch hinzu. Die Wirkung ihrer Mitteilungen auf den *Analytiker* hatte damit zu tun, dass er den großen Druck spürte, unter dem die Patientin stand und damit, wie sich dieser mit dem Bild ihrer frühen Geschichte, das sich in ihm entwickelt hatte, zusammenfügte. Verstärkt wurde die Wirkung noch dadurch, wie er sich selbst erlebte: eben nicht nur als *effigie* des enttäuschenden Primärobjekts, sondern *tatsächlich wie* eine solche Person – jemand, der in diesem Moment in der Sitzung unfähig oder nicht willens ist, ihren Bedürfnissen gerecht zu werden.

Etwas anderes, das ich bei der Patientin wahrnahm und das in diesem Material zum Vorschein kam, war, dass sie sich nicht nur verletzt und als hilfloses Opfer erlebte, wenn sie sich zurückgewiesen und sozusagen nicht in die engere Wahl genommen fühlte. Die Erfahrung, ihr werde die Tür vor der Nase zugemacht, bewirkte die lang anhaltende Überzeugung, sie habe etwas Zerstörtes oder Zerstörendes in sich – ein Gefühl, als wäre etwas in ihrer körperlichen und psychischen Struktur nicht richtig, so dass sie unweigerlich nicht in die ›engere Wahl‹ gezogen werden konnte.

All dies wirft interessante und schwierige Fragen über die ›Geschichte‹ und den Stellenwert ihrer Ansichten und Phantasien über sich selbst auf. In welchem Ausmaß rührten sie von den feindseligen

Projektionen ihrer Primärobjekte her? Lange glaubte sie, dass alles Schlechte in ihr von ihrer Mutter dort deponiert worden war, damit diese es los war und psychisch gesund bleiben konnte. Wie viel davon basierte auf einer zutreffenden Wahrnehmung und wie viel auf paranoiden Mechanismen? Wie weit war sie andererseits überzeugt, dass es in ihr etwas gäbe, das zu ihr gehörte und nicht nur beschädigt war, sondern auch neidisch und voller Hass, was die Verärgerung ihrer Mutter ausgelöst hatte und letztlich auch deren Hass?

Auch wenn man unausweichlich und notwendigerweise spekulative Hypothesen über diese Themen aufstellt, scheint mir doch klar, dass sie nur auf dem Feld der Übertragungs-Gegenübertragungs-Interaktion und durch die Art und Weise, wie diese Dynamik in der Sitzung ausgedrückt, erlebt und agiert wird, überprüft werden können.

Ich möchte nun Material diskutieren, das einige Wochen später auftauchte und in dem sich einige dieser Themen weiter entfalteten. Ich hatte eine Woche Urlaub genommen. Kurz vor meiner Abreise entschied sich die Patientin, Freunde zu besuchen, die sich in einem Land der dritten Welt in Afrika um Kinder in einem Gebiet mit vielen Aids-Erkrankungen kümmern. Bei meiner Rückkehr erhielt ich die Nachricht, dass sie erst eine Woche später zurückkommen würde.

Frau B. sah bei ihrer Rückkehr gut aus und betonte zunächst, was für eine gute Erfahrung diese Ferien gewesen seien – sie hatte gesund gegessen, viel unternommen, sich in der Gruppe wohl gefühlt, und es hatte ihr auch gefallen, die Kinder zu unterrichten, die ihr sehr zugetan waren. Dieser Erfahrung stellte sie all die Schwierigkeiten gegenüber, zu denen sie zurückgekehrt war: Schwierigkeiten mit ihrer Familie, mit dem Geld, mit der Frage, wo sie leben sollte und mit ihrem Widerstand gegen die Analyse und ihrem ernsthaften Zweifel an der Fortführung der Analyse. Seit sie zurückgekommen war, war sie in ihr ungesundes und selbstdestruktives Verhalten zurück gefallen.

Im Verlauf der Woche nach ihrer Rückkehr zeigte sich ein anderes Bild. Sie beschrieb, was für vertraute Muster sich mit den Leuten abgespielt hatten, mit denen sie in den letzten zwei Wochen zusammen gewesen war. Meistens gab es da ein Paar, bei dem der Mann (und manchmal auch die Frau) sich intellektuell, gefühlsmäßig und sexuell von ihr angezogen fühlte, was sie in eine vertraute Mischung aus Erregung, Angst, Schuldgefühlen und Konfusion stürzte. Diese von ihr beschriebene Dreieckssituation gab ziemlich genau die Situation mit ihren Eltern, ihren Geschwistern und Partnern wieder. Ihre Schilderungen spiegelten auch ihre Phantasien und ihre Wünsche an ihren Analytiker.

Frau B. schilderte kurz, was am letzten Tag dort geschehen war, als einer der an ihr interessierten Männer ihr anbot, sie zum Flughafen mitzunehmen und seine Freundin zurückließ. Aber er kam nicht, und sie wartete zwei Stunden ›in einer gottverlassenen Gegend‹ auf ihn. Sie war sehr enttäuscht, und als sie nach Hause kam, futterte sie all die Lebensmittel auf, die sie eigentlich als Geschenke für ihre Familie und Freunde mitgebracht hatte, bis ihr übel war. Sie fühlte sich über all das sehr niedergeschlagen.

Die Art und Weise, wie Frau B. über diese Episode sprach, beeindruckte mich sehr und erweckte wieder einmal das Gefühl in mir, dass ich es sei, der ihr helfen und sie mitnehmen wollte und sie dann sich selbst überließ, so dass sie sich verlassen fühlte und voller Verzweiflung vollstopfen musste. Es passte auch gut zu dem, was ich inzwischen über ihre infantile Vorgeschichte, ihre Beziehung zu ihrer Mutter und über unsere Erfahrungen in der ›Geschichte‹ ihrer Analyse zusammengetragen hatte. Trotz der manifest ödipalen und sexuellen Zusammenhänge war für mich am eindrucksvollsten das Bild eines Kindes, das plötzlich in einer ›gottverlassenen Gegend‹ zurückgelassen worden war und sich schrecklich fühlte. Häufig hatte ich das Gefühl, es mit einem kleinen Kind zu tun zu haben, das verzweifelt versucht, die Aufmerksamkeit und Liebe von Mutter oder Vater auf sich zu ziehen, um gesehen zu werden und der Liebling zu sein. Wiederholt hatte sie das Gefühl, mit ihren Bemühungen teilweise erfolgreich zu sein, so dass ihre Objekte sich für sie interessierten, sogar erregt wurden und damit ihre Hoffnung weckte, dass sie sich aber dann frustriert und enttäuscht von ihr abwandten – wie ihre Mutter sich ihrem Vater oder einem neuen Baby zugewandt hatte. In unseren Sitzungen war jeder gute Kontakt, jedes Verstandenwerden wie ein Versprechen für sie, das Hoffnungen auslöste, Wünsche und Phantasien. Wenn diese dann nicht erfüllt wurden, fühlte sie sich wie in einer ›gottverlassenen Gegend‹ fallengelassen, was sie zu übersteigerten und verzweifelten Versuchen trieb, selbst für sich zu sorgen, indem sie sehr schnell sprach, sich mit Hast und Gewalt selbst ›analysierte‹ und mir einen peripheren Platz zuwies, von dem aus ich höchstens gewaltsam dazwischengehen konnte.

Mir fiel auf, dass meine Annahmen und Vorstellungen über ihre frühe Geschichte, die Qualität ihrer Beziehung zu ihrer Mutter und ihre Reaktion auf die Geburt ihrer hübscheren und ›einfacheren‹ Schwester mich sehr beschäftigten. Im Gespräch mit meiner Patientin konzentrierte ich mich aber vor allem darauf, wie wichtig es für sie war, das Gefühl zu haben, es werde ihr etwas versprochen, was sie sich wünschte und brauchte, nur um sich dann in einer ›gottverlassenen Gegend‹ wiederzufinden und warten zu müssen. Es fiel mir schwer, mich zurückzuhalten und nicht die nahe liegende Bemerkung zu machen, dass sie sich in meiner einwöchigen Pause von mir verlassen gefühlt hatte. Ich stellte vielmehr den Zusammenhang mit den Unterbrechungen zwischen den einzelnen Sitzungen seit ihrer Rückkehr her, denn Frau B. war zu jeder Sitzung etwas zu spät gekommen, nur um dann damit zu beginnen, dass so vieles anstehe, worüber sie gern sprechen würde und sie bei so vielen verschiedenen Problemen Hilfe bräuchte. Für all das reiche die Zeit nicht, meinte sie. Nachdem sie mir von vielen ihrer Schwierigkeiten, teilweise auch sehr ausführlich, berichtet hatte, blieb bei mir am Ende dieser Sitzungen der Eindruck zurück, dass sie sich ganz abrupt weggeschickt fühlte, alleingelassen in einer ›gottverlassenen Gegend‹, ohne Antworten, ohne Lösungen und mit der Vorstellung konfrontiert, ich würde mich nun erleichtert jemand anderem zuwenden.

Als ich diese Überlegungen aussprach, hörte Frau B. mir aufmerksam zu. Sie schien sich in meiner Beschreibung wiederzuerkennen und mit ihr einverstanden zu sein. Allerdings kam mir die Erwähnung der Pause zwischen der letzten Sitzung und der jetzigen selbst etwas weit hergeholt und flach vor. Nichts bewegte sich. Aber während ich darüber sprach, wurde mir klar, dass genau dieser Aspekt auch in *dieser* Stunde höchst präsent war. Ich sagte deshalb, sie habe mir zu Beginn dieser Stunde vermittelt, dass sie nicht nur darauf hoffte, ich könnte ihren diversen Schwierigkeiten mit dem Essen, ihren Eltern und dem Geld zuhören, sondern ihr vielleicht auch anbieten würde, ›sie mitzunehmen‹. Als ich aber für einige Minuten geschwiegen hätte und sie sich mit der vertrauten Erkenntnis konfrontiert sah, dass ich entweder *nicht* fähig oder *nicht* willens wäre, ihr das anzubieten, was sie sich wünschte oder brauchte, hätte sie sich für mein Gefühl ganz unmittelbar von mir in einer ›gottverlassenen Gegend‹ alleingelassen erlebt. Statt ihre Hoffnungen und Phantasien zu erfüllen und sie damit aus ihrem grauenvollen Zustand herauszuholen, sie ›mitzunehmen‹, fühlte sie sich auf ihr Selbstbild einer beschädigten, nicht liebenswerten Person zurückgeworfen. Deshalb war sie unter Druck geraten und hatte so intensiv angefangen zu sprechen. Sie hatte sich selbst auf eine Weise füttern müssen, die unbefriedigend war und dazu führte, dass ihr schlecht wurde.

Nach *diesem* Teil meiner Deutung entspannte sich Frau B. sichtlich. Ich glaube, es war sehr wichtig für sie, dass ich hörte und verstand, was sie über ihr Erlebnis während ihrer Reise erzählt hatte und wie schrecklich das für sie gewesen war. Noch wichtiger war aber, dass sie ihren Analytiker wiederholt als jemand erlebte, der sie vernachlässigte und sadistisch in einer ›gottverlassenen Gegend‹ zurückließ – auch wenn diese einsame Gegend sich mitten in unserer Sitzung befand. Frau B. stellte erleichtert fest, dass sie verstand, worüber ich gesprochen hatte. Daraufhin erzählte sie, was sie am Tag zuvor mit ihrer Mutter erlebt hatte. Diese hatte ihr einen Einkaufsbummel vorgeschlagen, wohl wissend, dass Frau B. kein Geld hatte. Als sie gerade aufbrechen wollten, erhielt ihre Mutter einen Anruf und merkte, dass sie eine andere Verabredung hatte. Abrupt brach sie auf, ohne von Frau B. Notiz zu nehmen.

Ich fand diese Reaktion interessant und vielschichtig. Frau B. bestätigte meine Deutung und unterstrich deutlich ihr Gefühl, fallengelassen zu werden. Dass sie mir jetzt von dieser Episode berichten konnte, schien auch wiederzugeben, dass sie sich verstanden und freier fühlte. Aber ich hatte auch den Eindruck, dass Frau B. mir etwas anbot, was mir gefallen und Freude machen sollte. Im Moment schien ich gegen ihre Vorbehalte, ihren Hass und ihre Paranoia, die sie manchmal mir gegenüber als einer sie enttäuschenden Person empfand, geschützt zu sein. Ich war eingeladen worden, Teil eines einvernehmlich sich gegenseitig unterstützenden Paares zu sein, das sich gegen die grausame und vernachlässigende Mutter verbündete. Deshalb schien auch ihr Gefühl, verstanden zu werden und mit meiner Hilfe das Gefühl, fallengelassen zu werden, aushalten zu können, gleichzeitig intensive Wünsche nach einer Beziehung zu einem Vater wachzurufen, der zu einer Kollusion des gegenseitigen ›Verstehens‹ verführt werden konnte, indem er sie ›mitnahm‹ und so die grausam vernachlässigende Mutter attackierte und ausschloss, wie sie es verschiedentlich als etwas beschrieben hatte, das sie in der äußeren Welt gut kannte. Als ich nun ebenfalls bei der Erfüllung ihrer Wünsche versagte, stellte sich für sie wieder und wieder in der analytischen Situation die Erfahrung ein, »fallengelassen zu werden«.

Diskussion

Ich vermute, dass ein Teil der Auseinandersetzung über die Einbeziehung der Geschichte und den Stellenwert der Rekonstruktion daher rührt, dass Freuds Unterscheidung zwischen der Psychoanalyse als einer Forschungsmethode und einer Behandlungsmethode nicht berücksichtigt wird. Es ist undenkbar, dass wir die Psychologie eines Patienten verstehen könnten, ohne etwas über seine frühe Geschichte zu erfahren. Ich denke aber, wir sind *noch* immer überzeugt, dass eine Deutung, die ausgehend von unserer Sicht der Geschichte des Patienten eine Erklärung liefert, therapeutisch wirksam sei, wie Freud es an verschiedenen Stellen ausgeführt hat. Das mag tatsächlich so sein, und ich vermute, alle Psychoanalytiker verwenden in ihrer Arbeit solche Konstruktionen und Rekonstruktionen. Dies gibt dem Patienten ein Gefühl des Verstandenwerdens und vermittelt ihm Kontinuität. Sowohl für Patienten wie Psychoanalytiker ist es oft eine Befriedigung und Erleichterung, sich gemeinsam der Aufgabe zu widmen, die Vergangenheit zu erforschen und zu entdecken.

Aber ich möchte daran erinnern, dass Freud in »Zur Dynamik der Übertragung« schreibt:

»Dieser Kampf zwischen Arzt und Patienten, zwischen Intellekt und Triebleben, zwischen Erkennen und Agierenwollen spielt sich fast ausschließlich an den Übertragungsphänomenen ab. Auf diesem Felde muß der Sieg gewonnen werden [...] denn schließlich kann niemand *in absentia* oder *in effigie* erschlagen« (1912, S. 374).

Es geht Freud hier nicht in erster Linie um eine bessere Erklärung für die Psychologie des Patienten, sondern um einen Kampf. Ich glaube, dieser Kampf hat mit psychischer Veränderung zu tun und dem Widerstand ihr gegenüber. Nach der Theorie psychischer Veränderung, die in diesem Abschnitt implizit enthalten ist, ist sie nur zu erreichen, wenn sich die historischen Einflüsse und Triebkräfte *in der Übertragung* manifestieren und in ihrem Rahmen gedeutet werden.

Die Fähigkeit des Analytikers, die sich in der Übertragung manifestierenden Phänomene zu erkennen, zu verstehen und ihnen Bedeutung zu verleihen, hängt entscheidend davon ab, zu welchen vorläufigen Hypothesen und Formulierungen über die Geschichte des Patienten er kommt. Aus meiner Sicht führt dieser Prozess aber nicht von *allein* zu einer psychischen Veränderung. Ich bin überzeugt, dass psychische

Veränderung vor allem durch die detaillierte Arbeit in der Übertragungsbeziehung zustande kommt, in der der Analytiker beispielsweise sinnvolle Verknüpfungen zwischen seinen Deutungen, den im Patienten erweckten Gefühlen und Phantasien und den sich daraus ergebenden verbalen oder nonverbalen Reaktionen herzustellen versucht. Die Fähigkeit des Analytikers, einiges davon zu erkennen, zu tolerieren und durchzuarbeiten, in welcher Weise die Ereignisse in der Sitzung wie auch die Geschehnisse aus der Vergangenheit zwischen ihm und dem Patienten inszeniert werden, vermittelt ein Gefühl von Kontinuität und Bedeutung. Dies wiederum kann dem Patienten helfen, zunächst in der Gegenwart, innerhalb des analytischen Rahmens und der unmittelbaren Geschichte der Sitzung, und dann in der Verbindung zu Ereignissen der Vergangenheit, selbst sinnvolle Verknüpfungen herzustellen – um für sich selbst mehr Kontinuität und Bedeutung zu rekonstruieren.

Zusammenfassend sieht es manchmal so aus, als sehe Freud die Aufgabe des Analytikers vor allem darin, die Lücken in der Erinnerung aufzufüllen und Verdrehungen aufzuheben, um schließlich zu der ›wahren‹ Erzählung der Geschichte des Patienten *für ihn*, oder *mit ihm*, zu gelangen. Die Vorstellung, ein Patient könne zu einem vollständigeren Wissen und besseren Verständnis seiner Geschichte gelangen, enthält etwas Wichtiges, weil ein solches Wissen den unbewussten Druck vermindern kann, Aspekte aus der Geschichte in der Gegenwart zu wiederholen und wiederherzustellen.

Aber, wie ich bereits erwähnt habe, vermutet Laplanche, dass Freud vor allem abzielte auf

»... eine Geschichte des Unbewußten, oder mehr noch seiner Entwicklung; einer Geschichte von Brüchen, in denen die Augenblicke des Begrabens und des Wiederauftauchens am wichtigsten sind, einer Geschichte [...] der Verdrängung, bei der die unterirdischen Strömungen detailliert beschrieben werden, manchmal sogar detaillierter als die manifesten Charakterzüge« (1992, S. 435).

Die zu dieser Art der ›Verdrängung‹ führenden Faktoren könnten in einem bestimmten Entwicklungsabschnitt eine besondere Rolle gespielt und zu dauerhaften Verzerrungen des Denkens, der Erinnerung und zu bestimmten Symptomkomplexen den Anlass gegeben haben. Aber unsere Forschung hat zu der Annahme geführt, dass die meisten, wenn nicht sogar alle wichtigen Elemente in der inneren Welt des

Patienten lebendig und aktiv bleiben und sich in der gegenwärtigen psychoanalytischen Situation zeigen. Insofern haben wir es nur in einem trivialen Sinne mit Objekten, Ereignissen oder Themen *in absentia* oder *in effigie* zu tun. Ganz im Gegenteil haben wir es in der Analyse mit den Kräften im Patienten zu tun, die zu den ›Verdrängungen‹, den Konstruktionen und Erinnerungsverzerrungen geführt haben, denen Freud so viel Aufmerksamkeit geschenkt hat.

Wenn wir nun diese Vorgänge erkennen, verstehen und deuten können, wie sie sich in der Übertragung zeigen – die Art und Weise, in der die Impulse, Ängste und Bedürfnisse der Patienten ihr Erleben in der Stunde strukturieren und verändern, dann können wir vielleicht das Ich des Patienten dafür gewinnen, selbst zu erkennen und zu verstehen. Damit ist die Hoffnung verknüpft, dass die Kraft der ›Verdrängung‹ geringer wird und damit auch die Projektionen und Verzerrungen nachlassen, die zum Erleben während der Sitzung beitragen, zu dem, was in dieser Sitzung vorausgegangen ist oder in der letzten Sitzung stattfand oder wiederum in der noch weiter zurückliegenden Vergangenheit des Patienten.

Die Verminderung dieser Kräfte ermöglicht es dem Patienten, Verbindungen herzustellen, die für ihn bis dahin unerträglich waren – zunächst, und möglicherweise ist dies am wichtigsten, in der Gegenwart, aber dann auch in der Beziehung zur Vergangenheit. Dies kann dann dem Patienten ein stärkeres Gefühl für eine organisch gewachsene Geschichte mit all ihren Bedeutungen und Verbindungen in der Gegenwart ermöglichen. Dieser Prozess kommt durch den analytischen Prozess zustande, der die inneren Kräfte modifiziert, welche die Fähigkeit des Patienten beeinträchtigt haben und weiterhin beeinträchtigen, selbst Verbindungen herzustellen und die Bedeutung dessen, was in ihm auftaucht, zu entdecken und zu tolerieren.

Aus dem Englischen von Gabriele Junkers

Bibliographie

Bion, W. R. (1967): Notes on memory and desire. Psychoanal. Forum 2, 271–80. Dt.: Anmerkungen zu Erinnerung und Wunsch. In: Elisabeth Bott Spillius (Hg.) Melanie Klein Heute. Bd. 2: Anwendungen. Weinheim (Verlag Internationale Psychoanalyse)1991, 22–28.

Frank, A. (1991): Psychic change and the analyst as biographer: Transference and reconstruction. Internat. J. Psychoanal. 72, 22–6.

Freud, S. (1912): Die Dynamik der Übertragung. GW 8, 364–374.

Freud, S. (1923): »Psychoanalyse« und »Libidotheorie«. GW 13, 211–29.

Freud, S. (1937): Konstruktionen in der Analyse. GW 16, 41–56.

Joseph, B. (1996): Uses of the past in the psychoanalytic process. Unpublished manuscript.

Kris, E. (1956a): The personal myth: A problem in psychoanalytic technique. J. Amer. Psychoanal. Ass. 4, 653–81.

Kris, E. (1956b): The recovery of childhood memories in psychoanalysis. Psychoanal. Study Child 11, 54–88.

Laplanche, J. (1992): Interpretation between determinism and hermeneutics: A restatement of the problem. Internat. J. Psychoanal. 73, 429–45.

Spillius, E. (2004): Melanie Klein revisited: Her unpublished thoughts on technique. Bull. Br. Psychoanal. Soc. 40,13–28.

Strachey, J. (1934): The nature of the therapeutic action of psycho-analysis. Internat. J. Psychoanal. 15, 127–59.

Viderman, S. (1970): La construction de l'espace analytique [The construction of the analytic space]. Paris (Denoël).

Viderman, S. (1974): La bouteille à la mer [Message in a bottle]. Rev. Franç. Psychanal. 38, 323–84.

Judith L. Mitrani

Einige technische Folgerungen aus Kleins Konzept einer ›zu frühen Ich-Entwicklung‹

Das Phänomen einer verfrühten Ich-Entwicklung wurde von Klein (1930) in ihrer zukunftsweisenden Arbeit zur Bedeutung der symbolbildenden Funktion der Psyche vorgestellt. Im Folgenden werde ich zunächst einige Entwicklungen im postkleinianischen Denken nach deren Veröffentlichung hervorheben, die als Ergänzungen der Ausführungen von Klein verstanden werden können, inklusive meiner eigenen, tief in der gleichen Denktradition wurzelnden Überlegungen. Sie richten sich auf die spezifische Verbindung zwischen dieser Form der Frühreife und einem Mangel an Erfahrung mit dem von Bion so bezeichneten ›containing object‹, der mit der mütterlichen Angst zu tun hat. Als Schwerpunkt dieser Arbeit werde ich zweitens eine Reihe von Konsequenzen für die psychoanalytische Technik mit jenen Patienten hervorheben, die unter den Folgen einer solcherart fehlgelaufenen frühen Entwicklung leiden und daher schwer erreichbar sind. Detaillierte klinische Vignetten sollen die Art und Weise verdeutlichen, wie meine spezifische Denkweise im analytischen Setting Gestalt annimmt.

Kleins Analyse eines autistischen Kindes

Klein (1930) stellte Ergebnisse aus der Analyse des vierjährigen Dick vor. Als sie Dick analysierte, lag zwar Kanners (1943) Arbeit über den frühkindlichen Autismus noch nicht vor, aber ihre scharfsinnigen Beobachtungen, die denjenigen Kanners erstaunlich ähneln, lassen darauf schließen, dass Dick eine Diagnose aus dem autistischen Formenkreis bekommen hätte.

Klein führte die Vorstellung von »zu früher Ich-Entwicklung« (1930, S. 33; GSK I,1 S. 361) ein, um Dicks Dilemma zusammenzufassen. Sie beschrieb in seinem Fall eine »zu frühe Einfühlung« (ebd.) und eine »verfrühte und überstarke Identifizierung« (1930, S. 29; GSK I,1 S. 357) mit der Mutter. »Hierbei trat die ... zu frühe Wirksamkeit der genitalen Stufe darin hervor, daß solche Darstellungen [sadistischer Phantasien] nicht nur von Angst, sondern auch von Reue, Mitleid und dem Bedürfnis, gut zu machen, gefolgt wurden« (1930, S. 33; GSK I,1 S. 361).

Klein postuliert, dass Dick unter einem viel zu frühen Einsetzen dessen leidet, was sie später die ›depressive Position‹ (1935) nennen sollte. Sie erschloss aus der Beobachtung von Dicks Übertragung sein verfrühtes Interesse für Probleme, die mit dem Überleben seiner Mutter in der frühesten Kindheit zu tun hatten.[1] Obwohl Klein die Existenz eines Ichs von Geburt an und sogar vorher *in utero* postuliert hatte, nahm sie in dieser Arbeit eine wichtige Unterscheidung vor zwischen einer normalen, gesunden Ich-Entwicklung auf der einen und einer vorzeitigen, pathologischen auf der anderen Seite. Zusätzlich berücksichtigt und würdigt sie explizit die Wirkung von Umwelteinflüssen auf das Baby Dick, die sich mit jenen konstitutionellen Faktoren verbinden, die den Schwerpunkt ihrer Metapsychologie und ihres Modells der Psyche bilden: die Rolle des angeborenen Neides, der jeweiligen beim Baby von Geburt an bestehenden Frustrationsintoleranz und der angeborenen Tendenz, sich auf seine primitive Allmacht zu ver-

---

[1] Hinshelwood (1993, S. 373) definiert Verfolgungsangst als »eine Angst um das Ich, während die depressive Angst dem Überleben des geliebten Objekts gilt.« Die erstere geht der letzteren entwicklungsmäßig voraus, wobei sich eine Vor- und Zurückbewegung durch das gesamte Leben fortsetzt. Bei manchen Kindern scheinen sich allerdings autistische Prozesse als Schutz dagegen zu entwickeln, in einen Zustand von Verzweiflung und Hoffnungslosigkeit zu verfallen, der aus der Erfahrung mit einer depressiv/ ängstlichen Mutter stammt, die nicht mit ihren eigenen Todesängsten oder denen ihres Babys umgehen kann (Tustin 1992). Hier lässt sich ein Muster beobachten, wobei hochgradig empfindsame und intelligente Babys mit einem starken Drang nach Leben und Schönheit häufig durch depressive Angst überwältigt werden, wenn ihre angeborene Erwartung (Präkonzeption) eines lebendigen, zugänglichen und umsorgenden Objekts nicht auf eine äußere Realität trifft und dies zu einer Zeit geschieht, in der sie psycho-biologisch noch unvorbereitet sind, kreativ mit solchen Ängsten umzugehen. Im Zustand der normalen kindlichen Allmacht (Winnicott 1945) fühlen sich Babys oft für die Störung der Mutter verantwortlich und dies führt zu Wiedergutmachungsversuchen mit omnipotenten Mitteln. Das Misslingen solcher Versuche bewirkt, dass sich das Vertrauen in die üblicherweise zu erwartenden (menschlichen) Objekte dahingehend verwandelt, sich stattdessen auf als ›hart empfundene Objekte‹ (Tustin 1980) zu verlassen, die durch zwanghafte Aktivität geschaffen werden, um dem Terror des Nicht-Seins zu entkommen.

lassen, um elementare Ängste abzuwehren. An anderen Stellen ihres Werkes, wo Klein ihr Modell explizit umreißt, ist die den Umwelteinflüssen zugesprochene Bedeutung nicht immer ersichtlich und die Erwähnung dieser Faktoren wird meistens in die Fußnoten verwiesen oder lässt sich nur aus dem klinischen Material erschließen. Dennoch sind diese Randbemerkungen sowohl für das Verständnis der Notlage von Patienten bedeutsam, wie sie weiter unten vorgestellt werden, als auch für die psychoanalytische Arbeit mit ihnen.

Eine sorgfältige Prüfung von Kleins Arbeit legt nahe, dass sie Dicks Schwierigkeiten als Ergebnis einer »ungewöhnlich unbefriedigende(n) und gestörte(n) Säugeperiode« (1930, S. 28; GSK I,1 S. 355) ansah. Zusätzlich wies sie darauf hin, »daß das Kind zwar alle nötige Fürsorge, aber keine wirkliche Liebe genoß, da die Mutter ihm von Anfang an mit Kälte begegnete« (ebd.). Ich komme weiter unten auf dieses Problem der mütterlichen Angst zurück und werde zunächst Kleins Ansatz erweitern, indem ich ihn mit Entwicklungsprozessen verbinde, bei denen die Ausbildung einer Container-Funktion misslingt, die doch für die voranschreitende psychische und emotionale Entwicklung notwendig ist.

Der Einfluss der Umwelt

Weitere Beispiele zu Kleins Überlegungen hinsichtlich der Bedeutung, die der psychische Zustand der Mutter auf die Entwicklung des kindlichen Ichs hat, finden sich in »Zur Beobachtung des Säuglingsverhaltens«, wo sie schreibt:

»Aktuelle Untersuchungen über pränatale Verhaltensweisen ... stützen sowohl die Annahme eines rudimentären Ichs als auch die Überlegung, daß konstitutionelle Faktoren zu einem bestimmten Grad bereits für den Fötus von Bedeutung sind. Unbeantwortet geblieben ist bislang auch die Frage, ob die psychische oder körperliche Verfassung der Mutter den Fötus, was die ... konstitutionellen Faktoren betrifft, zu beeinflussen vermag« (1952, S. 116; GSK III, S. 190 f.).

Weiterhin schloss sie:

»Frustrations- und Grollgefühle wecken Phantasien, die rückwärts gewandt sind und sich ... häufig auf die in der Beziehung zur Mutterbrust erlittenen Entbehrungen konzentrieren« (1952, S. 117; GSK III, S. 193).

Klein verwendet hier im Englischen das Wort ›privations‹ (im Sinne realer Entbehrungen; Anm. d. Ü.) in Beziehung zur Brust der Mutter, statt ›deprivation‹ (im Sinne eines gefühlten Entzuges; Anm. d. Ü.) in Beziehung zur Brust als einem inneren Objekt. Ich glaube, dass sich darin ihre Erkenntnis eines möglichen primären Mangels an einer wesentlichen, psycho-sozialen Umweltkomponente zeigt, die unabdingbar ist für eine normale Ich-Entwicklung und die Schaffung eines guten inneren Objekts als deren Kern. Kleins häufige Hinweise auf die Bedeutung der ›Realitätsprüfung‹, zum Beispiel in »Zum Gefühl der Einsamkeit« (1963), belegen weiterhin ihre Überzeugung, dass ein reales äußeres Objekt von anhaltend wohlwollend-förderlicher Art den zentralen Beweis für die fortdauernde Existenz des guten inneren Objekts liefert, und zwar nicht allein in der Kindheit, sondern ebenso im Erwachsenenalter.

Für jeden gründlichen psychoanalytischen Prozess ist es notwendig, neben Umwelteinflüssen vernünftigerweise sowohl den klassischen Fokus auf Konstitution, Biologie und Genetik (vgl. Hinshelwood 1993, S. 380–83) als auch die Befunde der modernen Neuropsychoanalyse (Decety and Chaminade 2003; Schore 2003; Wilkonson 2006) zu berücksichtigen. Es bleibt aber eine diskussionswürdige Frage, wie Analytiker jeden dieser Faktoren, seine Auswirkungen auf die Entwicklung des individuellen Analysanden und seinen Einfluss auf die therapeutische Technik gewichten. Meine Erfahrung hat mir gezeigt, dass Personen, die offenbar vorwiegend durch Umwelteinflüsse beeinträchtigt wurden, häufig bereitwilliger auf einen hinreichend guten Analytiker reagieren, während jene mit einer vorwiegend biologisch geprägten Disposition zur Intoleranz von Angst, Frustration und psychischem Schmerz auf den psychoanalytischen Prozess offensichtlich weniger gut ansprechen und höhere Ansprüche an ihn stellen.

Weitere Untersuchungen zur vorzeitigen Ich-Entwicklung

James (1960) definierte die vorzeitige Ich-Entwicklung spezifisch als Reaktion auf eine Mutter, die vom Kind so erlebt wird, als sei sie entweder durch die Umstände oder ihr eigenes Wesen völlig absorbiert. Ihm zufolge manifestiert sich diese Frühreife häufig in der Übernahme der mütterlichen Funktionen in der Realität, oder so, als werde damit begonnen, und dies zu einem Zeitpunkt, an dem die Mutter als emotional unzugänglich erlebt wird. Um seinen Standpunkt zu verdeutlichen, beschrieb James ein Kind, dessen Mutter nicht in der Lage war, affektiv und seelisch bei ihrem Baby zu sein oder Freude an ihm zu empfinden, weil sie den Tod eines Bruders betrauerte. Infolgedessen schrie das Baby untröstlich, konnte sich nicht entspannen und zeigte eine extreme Überempfindlichkeit gegenüber seiner Umgebung.

James betonte hier, dass die Mutter durch ihr eigenes Erleben von Gram, Verlust und Angst überwältigt war und dies kaum ertragen konnte, so dass sie unfähig war, ihrem Baby wirksame Filter für dessen eigene Verlusterfahrungen zur Verfügung zu stellen. So wurde das Baby vorzeitig gezwungen, sich mit ihr in einem Zustand der Trauer zu identifizieren. Diese Identifizierung führte zu einer extremen physischen und emotionalen Anpassung im Sinne einer Pseudoreife, einer Schale, hinter die sich das einst verletzliche Kind zurückzog. Leider war der Patient von James ebenso wie Kleins Dick in seiner Entwicklung nicht vorbereitet für den Umgang mit komplexen, mit der Erfahrung von Schuld und Verlust verbundenen Ängsten, denen er in einer *verfrühten depressiven Position* ausgesetzt war, denn eine solche Bereitschaft erfordert die Hilfe und Unterstützung von zuvor im Kern des Ichs sicher verankerten ›guten inneren Objekten‹.

Klein erwähnte unter Dicks Symptomen besonders die Entwicklung einer »verfrühte(n) Abwehr des [normalen kindlichen] Sadismus«. Sie betonte seine »völlige, allem Anscheine nach konstitutionelle Unfähigkeit des Ich, Angst zu ertragen … Bei Dick lag eine absolute Unfähigkeit zu jeder Aggression vor …« (1930, S. 29; GSK I,1 S. 357). Diese Abwehr des Sadismus führte andererseits zur Einstellung der Phantasietätigkeit und zum Rückzug von allen üblichen Mitteln der Realitätsprüfung. Klein schloss, dass alle weiteren Entwicklungsschritte gehemmt wurden, als Dick »Zuflucht in den Phantasien eines dunklen, leeren, unbestimmten Mutterleibes fand« (1930, S. 33; GSK I,1 S. 361).

Im Lichte des oben Gesagten ist es wichtig, daran zu erinnern, dass die ›normalen sadistischen Impulse‹ [die Winnicott (1945) ›primitive Erbarmungslosigkeit‹ nannte: ein Begriff, den er für die entwicklungsgemäß angemessene ›Erbarmungslosigkeit‹ benutzte] paranoid-schizoide Ängste hervorrufen, die bei gesunder Entwicklung durch zunehmend komplexe Phantasien bewältigt werden. Zu Beginn werden diese Phantasien durch Spaltung und projektive Identifizierung beherrscht, die in der weiteren Entwicklung von Verschiebung und symbolischer

Gleichsetzung abgelöst werden. Letztere Prozesse bilden schließlich die Grundlage für das zunehmende Interesse des Babys an neuen Objekten und seine Fähigkeit zu symbolisieren. *Ich schlage vor, unter dem ›kindlichen sadistischen Aggressionsakt‹ nicht nur den entleerenden Vorgang des Eindringens in den mütterlichen Körper zu verstehen, der die grundlegende Phantasie für die uns klinisch bekannte projektive Identifizierung abgibt, sondern ebenso auch die entsprechende introjektive Phantasie, die mit dem Saugen und der Rückmeldung durch die Mutter verbunden ist.*

Aus dem von Klein vorgelegten Material lässt sich schließen, dass Dick wohl zutreffend wahrnahm, dass seine Mutter in ihrem überängstlichen Zustand unfähig war, seine eigenen kindlichen Ängste aufzunehmen und damit umzugehen. Unter diesen Voraussetzungen konnte er nur ein Objekt mit geringem psychischem Raum reintrojizieren, das seine uranfänglichen Ängste weder in sich aufnehmen noch ihnen gerecht werden konnte. Wenn ein solcher Zustand chronisch anhält, nimmt das Kleinkind nicht nur seine eigenen unverdauten Ängste wieder in sich auf, sondern ebenso auch manche der bewussten und unbewussten Ängste der Mutter selbst, woraus sich etwas entwickelt, das Bion als ›namenlose Angst‹ bezeichnet hat.[2] Dick erlebte seine Mutter offenbar als Folge seiner beißenden Oralität in Form kleiner Stücke und diese Situation spiegelte sich wieder in seinen frühen Essstörungen, seiner Weigerung, an der Brust zu trinken und später in seiner Zurückweisung jeglicher Nahrung, die aggressive Akte wie Beißen und Kauen erforderte. Es erwies sich, dass Dicks entstehende Phantasien sowohl über projektive als auch über introjektive Identifizierungen fast von Beginn an eingeschränkt werden mussten, wodurch seine innere Welt der Objekte schwerwiegend begrenzt und als »dunkler, leerer, unbestimmter Mutterleib« erfahren wurde (Klein 1930, S. 33; GSK I,1 S. 361).

Selbstverständlich sind beide Formen der Identifizierung für eine normale mentale und emotionale Entwicklung wesentlich. Der Auf-

---

[2] Bion prägte den Ausdruck ›namenlose Angst‹, um die schwerwiegenden psychischen Folgen aus dem Versagen der Umgebung zu bezeichnen, dem Baby nicht nur die ›Verwirklichung‹ dessen vorzuenthalten, was es natürlicherweise erwarten (pre-conceive) kann, sondern zusätzlich seinen Sinneseindrücken jede auch nur rudimentäre Bedeutung abzustreifen, wie beim Abziehen einer psychischen Haut (Bick 1968).

bau einer inneren Welt von Objekten, des Ichs und der Fähigkeit zur Symbolbildung beruhen alle auf identifikatorischen Prozessen, die sich ohne übermäßige Hemmungen (ins Spiel gebracht im Interesse des mütterlichen Überlebens) vollziehen können müssen.

Ich kehre nun zum Problem der mütterlichen Angst zurück, einem wesentlichen Faktor für die Grundlegung von Hemmungen, die zur Störung projektiver und introjektiver Identifizierungen beitragen. Gleichzeitig verbinde ich dies mit einem Misslingen beim Aufbau der Container-Funktion der Psyche.

Bions Modell von ›Behälter und Gehalt‹

Im Jahr 1946 definierte Klein die Spaltung und die projektive Identifizierung als für die Entwicklung normale aggressive Mechanismen, mit denen das Neugeborene sich selbst von unerwünschten Gefühlen, Objekten und Selbstanteilen befreit und durch die es in der Phantasie die Kontrolle über die Mutter übernimmt. Später (1957) führte sie die Überlegung ein, dass in der Phantasie der projektiven Identifizierung, insofern sie von unbewusstem Neid angetrieben wird, das Objekt des Neides zerstört wird.

Bion hat 1959 begonnen, Kleins Begriff der *projektiven Identifizierung* zu entfalten und zu erweitern, *um darin normale präverbale und nonverbale Formen der Kommunikation zwischen Mutter und Kleinkind mit einzubeziehen*, die er dann als realistische projektive Identifizierung bezeichnete. In einer seiner *Brasilianischen Vorlesungen* sagte er (1974, S. 83/84):

»Stellen wir uns vor, das Baby sei völlig durcheinander und ängstige sich vor einer drohenden Katastrophe wie dem Sterben, und es drücke dies alles durch sein Schreien aus. Diese Sprache mag für die Mutter sowohl verständlich als auch verstörend sein ... Nehmen Sie an, die Mutter nehme das Baby auf, tröste es und sei durchaus nicht in innerer Unordnung oder gepeinigt, sondern gebe einige besänftigende Laute von sich. Das bedrängte, geängstigte Kind kann spüren, dass es durch sein Schreien oder Kreischen diese Gefühle einer drohenden Katastrophe in die Mutter hinein- und aus sich selbst ausgestoßen hat. Die Antwort der Mutter kann erlebt werden, als hätte sie das vom Kind Ausgestoßene entgiftet; das Gefühl einer drohenden Katastrophe wird durch die Reaktion der Mutter verändert und kann in dieser Form vom Baby zurückgenommen werden. Nachdem es das Gefühl einer drohenden Katastrophe loswerden konnte, bekommt das Kind etwas zurück, das viel leichter zu ertragen ist.«

Ich halte dies für die Essenz von Bions Begriff der mütterlichen Behälter-Funktion, der in heutigen Kleinianischen Kreisen weithin akzeptiert und inzwischen wohlvertraut ist (vgl. Mitrani 1994, 1995, 2001a, 2001b). Bions Modell von Behälter und Gehalt erlaubt uns außerdem, die Bedeutung sowohl der projektiven als auch der introjektiven Identifizierung für die Entwicklung des Ichs richtig einzuschätzen und es impliziert, dass der seelische Zustand der Mutter – und hier vermutlich vor allem ihre Fähigkeit, sowohl mit ihren eigenen als auch mit den Ängsten ihres Kindes umzugehen – den Dreh- und Angelpunkt für die zukünftige seelische Gesundheit des Babys und sein Gefühl von Autonomie bildet. Ich werde dieses Modell, so wie ich es verstehe, ausführlicher behandeln und seine Bedeutung für die psychoanalytische Technik herausarbeiten.

Der Vorgang des ›Containing‹ umfasst drei Bestandteile

Nach Bions Modell empfängt und bewahrt die Mutter zunächst – in einem Zustand, den er ›reverie‹ nannte – jene unerträglichen Aspekte des kindlichen Selbst, seiner Objekte, Affekte und unverdauten Sinneseindrücke, die es in seiner Phantasie in sie hinein projiziert. Zweitens erträgt sie die volle Wirkung dieser Projektionen auf ihre Psyche und ihren Körper lange genug, um darüber nachdenken und sie verstehen zu können. Bion bezeichnete diesen Vorgang als ›Transformation‹. Nachdem sie drittens die Erfahrungen ihres Babys in ihrer eigenen Psyche transformiert hat, gibt sie diese nach und nach in angemessener Zeit und in entgifteter Form an ihr Kind zurück; dies drückt sich in ihrer Haltung aus sowie in der Art und Weise, wie sie mit ihm umgeht. Bezogen auf die Analyse sprach Bion von diesem letzteren Vorgang als ›Publikation‹, oder, wie wir üblicherweise sagen, von *Deutung*.

Ich stelle eine Beziehung her zwischen einer ›verfrühten Ich-Entwicklung‹ und den Defiziten der ›Behälter-Funktion‹. Sie ergänzt – ohne ihr gleichgesetzt zu sein – eine Beziehung, die Winnicott (1945) hergestellt hat zwischen der Entwicklung einer ›pathologischen, vom Feind besetzten Psyche‹, die die Funktion der Versorgung des kindlichen ›Psyche-Somas‹ übernimmt und den Defiziten in der mütterlichen ›Haltefunktion‹. Obwohl sich Bions Konzept in weiten Bereichen mit demjenigen Winnicotts deckt, legt letzteres doch die Betonung eher auf die physischen und biologischen Elemente des emotionalen Kontaktes zwischen Mutter und Kind, während das erstere die Entstehung oder die Behinderung einer gesunden Entwicklung der Fähigkeit zum Denken von Gedanken hervorhebt, die ein Produkt der emotionalen Erfahrung ist. Man kann argumentieren, dass die Funktion des ›Haltens‹ eine notwendige Komponente der Behälter-Funktion darstellt. Ein Beispiel für diesen Vorgang mag hier hilfreich sein.

Carla

Im dritten Jahr der Analyse bemerkte ich, dass mich meine Analysandin Carla bei der Rückkehr von der Wochenendpause an der Tür zum Wartezimmer fast immer mit einem warmen, begeisterten Lächeln begrüßte. Daraufhin blickte sie mir intensiv forschend ins Gesicht, während sie weiter zu meinem Behandlungsraum ging. Die Intensität von Carlas prüfendem Blick machte mich ungewöhnlich befangen. Carla war sehr schön und immer perfekt geschminkt, während ich häufig nicht umhin konnte mich zu fragen, ob ich den Lippenstift schlecht gezogen, meine Nase zu pudern vergessen oder vielleicht nur auf einem Auge Wimperntusche aufgetragen hätte. Solche Überlegungen waren unangenehm und störend und ich merkte, wie ich sie am liebsten als bedeutungslos verworfen hätte. Mit anderen Patienten erlebte ich solche Zweifel an mir jedoch kaum oder überhaupt nicht und so erlaubte ich ihnen, sich ein wenig auszubreiten, um zu sehen, wohin sie führen mochten. Daraus ergaben sich einige flüchtige Gedanken: War ich womöglich neidisch auf dieses junge und schöne Mädchen? Könnte Carla in meinem Gesicht etwas suchen, das ihre eigenen Gefühle widerspiegelte? Versagte ich ihr etwas auf eine ebenso verwirrende wie unerbittliche Weise?

Wie häufig sich diese kleine Szene auch wiederholen mochte, immer wenn meine Patientin sich danach auf der Couch niedergelassen hatte, stellte ich fest, dass ihre Begeisterung für mich und für ihre Analyse schlagartig einer verhärteten, zähen Stimmung von Gleichgültigkeit und Widerwillen gewichen war. Sie nahm mir übel, sich *meiner* »rigiden Forderung nach noch einer Stunde und einer weiteren Woche« beugen zu müssen.

Eines Tages ergab sich die Gelegenheit, dass ich unsere Aufmerksamkeit auf diesen Wandel in ihrer Haltung mir gegenüber richten konnte, der zwischen Warteraum und Couch stattfand. Ich sagte: »Ich frage mich, ob diese Veränderung irgendwie mit Gefühlen und Gedanken verbunden ist, die in Ihnen provoziert werden durch etwas, das Sie in meinem Gesicht zu sehen scheinen, wenn ich an die Tür komme.«

Carla sagte verzweifelt: »Das könnte sein, aber ich wüsste nicht, wie. Schließlich *sehen Sie immer gleich aus.*«

Als wenn sie das Thema wechseln wollte, fuhr sie fort, sie sei froh gewesen, vor der Sitzung noch genügend Zeit gehabt zu haben, um zur Toilette zu gehen. Als sie jedoch feststellte, dass »alles verschlossen war«, fühlte sie sich, als ob sie »platzen« könnte.[3] Indem sie damit die Dringlichkeit ihres Bedürfnisses sich zu erleichtern und ebenso das Ausmaß ihrer Enttäuschung verleugnete, fügte sie resolut hinzu, dass »*wirklich* alles in Ordnung« sei.

In diesem Moment schien es mir, als lieferte die Geschichte von der verschlossenen Toilette Hinweise auf die Bedeutung der radikalen Verwandlung von ihrer Freude im Wartezimmer zu ihrer Verachtung auf der Couch. Ich überlegte, ob Carla bis zum Bersten voller positiver Gefühle über unsere Beziehung war, die sie kaum für sich behalten konnte, wenn sie bei mir ankam. Dann aber schien sie sogleich enttäuscht zu werden, da sie mich so erlebte, als hätte ich sie emotional ausgeschlossen – so, wie sie sich aus der Toilette ausgeschlossen fühlte –, wenn sie nämlich in meinem Gesicht nach Zeichen *meiner eigenen Freude* suchte, und zwar als Beweis dafür, dass ich für das Überquellen ihrer freudigen Aufregung aufnahmefähig und auch bereit wäre, ihr eine gewisse Erleichterung sowohl hinsichtlich dieser als womöglich auch anderer, vielleicht weniger positiver Gefühle zu bieten. Stattdessen kam ich ihr »immer … gleich« verschlossen vor.

Als ich ihr meine Gedanken mitteilte, nickte sie zustimmend, so dass ich fortfuhr, ich dächte, sie würde uns auf ein sehr kleines ›sie-selbst‹ (little-she) aufmerksam machen, das dieses Gefühl der Enttäu-

---

[3] Während des Wochenendes hatte die Hausverwaltung des Bürogebäudes Schlösser an den Toiletten angebracht, um Passanten abzuhalten. Schlüssel für die Toiletten gab es in meinem Wartezimmer, aber ich hatte die Patienten noch nicht informieren können.

schung nicht ertragen konnte, eine dünnhäutige Kleine, die sich infolgedessen entschlossen hätte, sich hart und zäh zu machen, weil sie sonst befürchte zu platzen. Carla antwortete bitter, sie hätte lediglich gehofft, ich wäre genauso glücklich, sie zu sehen, wie sie, mich zu sehen. Ich zeigte ihr, dass ich ihre Hoffnung akzeptierte und verstand, und ich fügte hinzu, sie brauche möglicherweise das Gefühl, dass ihr vor freudiger Erwartung überquellendes Baby-Selbst erkannt und in meinem Gesichtsausdruck ›gehalten‹ werde, um nicht fortgeschwemmt zu werden und wieder verloren zu sein. Ich fuhr fort, dass ich dächte, ihr Bedürfnis, zusammengehalten zu werden, könnte sich so intensiv und dringend anfühlen, dass in dem Moment, wenn ich in ihren Augen ihre freudigen Gefühle für mich *nicht* reflektieren und erwidern *konnte*, sie sich zu einer Verwandlung ihrer selbst gezwungen sah, um mit einer Mutter-Analytikerin zusammenzupassen, die von ihr als verschlossen und verhärtet erlebt worden sein musste.

Nach einigen Augenblicken, während denen Carla still ihre Lippen leckte (als ob sie etwas Gutes gegessen hätte), sagte ich, ich würde mich fragen, ob ihre Verwandlung ihr wohl das Gefühl verschaffen sollte, sich selber einholen und zusammenhalten zu können, indem sie uns beide näher zueinander brachte, ohne einen trennenden Raum zwischen uns.

Carla weinte leise und erzählte mir, während meines Sprechens sei in ihr das Gesicht ihrer Mutter aufgetaucht, so wie sie vor dem Spiegel ihrer Frisierkommode ausgeschaut hätte, wenn Carla sie als noch sehr kleines Mädchen voller Bewunderung hatte beobachten können. Nach einer weiteren, längeren Pause erzählte mir Carla zum ersten Mal in der Analyse, dass ihre Mutter bei einem schrecklichen Verkehrsunfall als Kind entstellt worden sei und ihr Gesicht als Folge davon immer eigenartig, angewidert und unnahbar erschienen wäre, mit einer lederartigen Haut voller Narbengewebe, das ihm einen eingefrorenen, unveränderlichen Ausdruck von Verachtung verliehen hätte. Weinend brachte Carla ihre schmerzliche Einsicht zur Sprache, sie könne niemals sagen, ob ihre Mutter sie wirklich liebte.

Ich hatte den Eindruck, dass die Baby-Carla in gewisser Weise niemals die Erfahrung hatte machen können, liebenswert zu sein oder sich im liebevollen, Sicherheit und Antwort gebenden Blick ihrer Mutter gehalten zu fühlen. Denn der unveränderliche Gesichtsausdruck der Mutter dürfte es dieser verunmöglicht haben, die freudigen Zustände von Begeisterung, Bewunderung und Liebe ihrer Tochter wiederzuspiegeln ebenso wie ihre eigenen liebevollen Gefühle angemessen wiederzugeben.

Zu Carlas Unglück mag die begeisternde Erfahrung der Einheit mit der Mutter (Tustin 1992) wohl nicht durch eine Behälter-Funktion aufgenommen worden sein, da sie an dem ausdruckslosen Gesicht ihrer Mutter abprallte. Außerdem hatte ihrem Empfinden nach diese Begeisterung offensichtlich im Selbstgefühl der Mutter keine Entsprechung. Dies erinnerte mich an eine Passage bei Winnicott (1967), der unter dem selbst eingestandenen Einfluss von Lacans (1949) Arbeit zur Ichentwicklung schrieb:

»Was erblickt das Kind, das der Mutter ins Gesicht schaut? Ich vermute, im allgemeinen das, was es in sich selbst erblickt. Mit anderen Worten: Die Mutter schaut das Kind an, und *wie sie schaut, hängt* [in der Phantasie des Kindes, J. L. M.] *davon ab, was sie selbst erblickt.* ... Viele Kinder müssen aber offenbar über lange Zeit die Erfahrung gemacht haben, nicht das zurückzubekommen, was sie selbst geben. Sie schauen – und sehen sich selbst nicht wieder. Das kann nicht ohne Folgen bleiben: Erstens beginnt ihre Kreativität zu verkümmern ... Die meisten Mütter können darauf eingehen, wenn ihr Kind verängstigt oder aggressiv ist und vor allem, wenn es krank ist. Zweitens ... tritt Wahrnehmung (Perzeption) an die Stelle von Aufmerksamkeit (Apperzeption) und ersetzt, was den Anfang für einen bedeutsamen Austausch mit der Welt bilden könnte: den zweigleisigen Prozeß, in dem innere Bereicherung und die Entdeckung des Ausdrucksgehaltes des Sichtbaren sich ergänzen« (Winnicott, 1967, dt. 1979, S. 129).[4]

Ich könnte mir auch vorstellen, dass es Carlas Mutter – voller Gram, verlassen und verraten und mit wenig Selbstwertgefühl und Selbstliebe ausgestattet, die sie ihrer Tochter hätte zurückgeben können – misslungen sein mochte, dem kleinen Mädchen seine *Erfahrung* zu bestätigen, dass *seine Mutter innerlich gut sei.* Auch Carlas Bewusstsein und Vertrauen darauf, dass *sie selber* in ihrem Inneren gut und schön sei,

---

[4]   Auch Kohut diskutierte die Funktion des Spiegelns und definierte die Spiegelübertragung als »die therapeutische Wiederherstellung jener normalen Entwicklungsphase des Größen-Selbst, in dem der Glanz im Auge der Mutter, der die exhibitionistische Darbietung des Kindes widerspiegelt, und andere Formen mütterlicher Teilhabe an der narzisstisch-exhibitionistischen Lust des Kindes und der mütterlichen Reaktionen auf sie das Selbstwertgefühl des Kindes stärken und durch eine schrittweise zunehmende Spezifität dieser Reaktionen das Selbstwertgefühl in eine realistischere Richtung lenken« (1976, S. 141).

mochten sich so allmählich verflüchtigt und zerstreut haben – fehlte ihr doch die Resonanz eines guten inneren Objektes – und so blieb ihr nur übrig, mit demjenigen in sich zu ringen, das als eine blockierende und starre Präsenz in sie eingetragen war.

Carlas Wahrnehmung, dass ich »immer gleich« aussähe, scheint bei ihr in der Übertragung das sehr frühe, anhaltende und schmerzliche Gefühl hervorgerufen zu haben, nicht liebenswert zu sein. Gleichzeitig wurde ich zum Behälter für jenes innere mütterliche Objekt mit dem eingefrorenen, entstellten Gesicht, das sich in der Gegenübertragung in Form meiner extremen Befangenheit und meiner zwanghaften Zweifel äußerte, ob ich mich nicht unsymmetrisch oder fehlerhaft geschminkt haben könnte, und dies mag tatsächlich meinen Gesichtsausdruck beeinflusst haben, so dass ich zu einem Circulus vitiosus beitrug.[5]

Als sich unser Verständnis von Carlas Erfahrungen im Laufe der Zeit vertiefte, nahmen wir uns sowohl gegenseitig, als auch uns selber allmählich anders wahr. Sie begann, sich besser zu fühlen mit sich selbst und unserer Beziehung, und wir konnten allmählich einige der Allmachtsphantasien ansprechen, die zu dem unglücklichen Gefühl von Schuld und Scham beitrugen, das sie so heftig abwehrte.

Fuller (1980) behauptet, das Negativ des *Ästhetischen* sei das *Anästhetische*, da das ästhetische Gefühl mit der ursprünglichen Erfahrung eines Selbst verbunden sei, das von seiner Umgebung über-

---

[5] Bezüglich der Kontroverse, die sich um die Beziehung zwischen einer bestehenden Übertragungs-Gegenübertragungskonstellation und den sogenannten ›realen‹ Interaktionen mit dem primären externen Objekt dreht, meine ich, dass klinische Momente, wie derjenige mit meiner Patientin Carla (und andere, über die ich kürzlich geschrieben habe) uns lehren können, dass auf Seiten des Babys/Kindes tatsächlich genau zutreffende Wahrnehmungen vorkommen und dass sich diese Wahrnehmungen häufig in einem gewissen Bereich des psycho-somatischen Kontinuums niederschlagen, der sich in der Analyse so reinszeniert, dass die/der Analytiker/in mit der Zeit intuitiv das Wesen, wenn nicht sogar die spezifischen Details der tatsächlichen Geschehnisse erfassen kann. Jene Art von Bestätigung, die sich aus spezifisch wiedergefundenen Erinnerungen des Patienten ergibt (wenn sie spontan und unverlangt auftreten), kann einer solchen intuitiven Erfassung weitere Glaubwürdigkeit und Klarheit verleihen. Dies lässt mich auch an Fairbairns (1952) Modell der Psyche denken, wonach das Ich am Beginn seiner Entwicklung – und später das zentrale Ich – (bei gesunder Entwicklung) zu realistischen Wahrnehmungen in der Lage ist.

schwemmt werde und sich erst daran anschließend allmählich aus dieser herausdifferenziere. *Ich glaube, dass ein verfrühter oder abrupter Verlust dieser frühen flüchtigen Erfahrung von Einheit mit der Schönheit der Welt häufig zu anästhetischen Zuständen führt,* in denen kaum etwas hin- und herfließen kann. Die extremsten Folgen solcher Brüche lassen sich bei den von Tustin (1992) beschriebenen Fällen von kindlichem Autismus beobachten, bei denen die natürlichen Prozesse projektiver und introjektiver Identifizierung schwerwiegend beeinträchtigt wurden. Bei meiner Patientin Carla schien es jedenfalls so zu sein, als ob das Beste, das sie durch eine adhäsive Identifizierung (Bick 1968) mit ihrer Mutter für sich gewinnen konnte, ein harter, zäher Schutz vor einer zerstörerisch-durchdringenden Desillusionierung war, die ihre, dem Baby eigene, wunderbare Lebhaftigkeit zu durchbohren und zu entleeren drohte.

Carlas innere Situation lässt sich als ein Beispiel verstehen für Bions Beschreibung der Vorgänge, die dem Versagen der mütterlichen Behälter-Funktion folgen:

»Das Baby nimmt das Gefühl einer drohenden Katastrophe wieder in sich selbst zurück, das durch die Zurückweisung der Mutter und auch durch seine eigene Zurückweisung des Gefühls der Bedrohung noch beängstigender geworden ist. Dieses Baby wird nicht fühlen, daß es etwas Gutes zurückbekommt, sondern etwas, das durch die böse Absicht seiner Ausstoßung schlimmer ist als zuvor. Es wird weiter schreien und in der Mutter heftige Ängste hervorrufen. Auf diese Weise entsteht ein Circulus vitiosus, der alles immer noch schlimmer macht, bis das Kind sein eigenes Schreien nicht mehr ertragen kann. Da es allein damit umgehen muss, verstummt es tatsächlich und verschließt es in sich selbst als ein erschreckendes und böses Ding-Objekt, von dem es befürchtet, daß es erneut hervorbrechen könnte. Währendessen wird es zu einem ›guten Baby‹, einem ›guten Kind‹« (Bion 1974, S. 84).

Der Ausschnitt der Arbeit mit Carla zeigt die Abfolge von träumerisch-rezeptivem Zustand (reverie), Verwandlung (transformation) und Deutung (publication), die nach meiner Ansicht grundlegend dafür ist, den Patienten in der Analyse in einem fortwährenden Prozess zu halten (containing). Wie ich schon früher schrieb (1999, 2001a, 2001b), ist *die Aktivität, ›die Übertragung anzunehmen‹ entscheidend für das, was Bion die mütterliche Funktion der Reverie nannte,* nämlich dieser achtsame, aktiv empfängliche, introjektive und mitfühlende Aspekt des Behälters. Nach meiner Vorstellung umfasst diese Funktion nicht allein ein kognitives Verstehen oder ein ›empathisches Einstimmen‹ (attunement) bezüglich der Gefühle, die der Patient in jedem Augenblick der Analyse gegenüber der Analytikerin empfindet und mit ihr erlebt. Ebenso erfordert sie von Seiten der Analytikerin auch die unbewusste Introjektion von bestimmten Aspekten der inneren Welt des Patienten und eine Resonanz mit diesen Elementen in ihrer eigenen inneren Welt, so dass es ihr möglich wird, zu *fühlen, dass sie selbst wirklich* dieser unerwünschte Selbstanteil des Patienten *ist*, oder eben auch jenes unerträgliche Objekt, mit dem er sich zuvor introjektiv identifiziert hat.

Theodore Mitrani machte mich kürzlich auf eine Arbeit von Enid Balint (1968) aufmerksam, in der sie sich hierauf als eine Eigenschaft der von ihr so genannten »Spiegeltechnik« bezieht. Balint schrieb über diese Technik, die 1912 von Freud empfohlen und 1919 von Ferenczi ausgearbeitet wurde:

»Es handelt sich um einen zweizeitigen Ansatz, bei dem sich der Analytiker zuerst mit dem Patienten identifiziert und ihm dann durch seine Deutungen zeigt, wonach dessen Gedanken und Einfälle ›aussehen‹. ... Nach meiner Ansicht wird hier die Annahme betont, daß die Ideen und Gedanken des Analytikers nicht das Bild verdrehen oder verfärben, das er dem Patienten zurückspiegelt. Dies setzt ein hohes Ausmaß von Identifizierung beim Analytiker voraus sowie ein Minimum von Projektion« (1968, S. 58).

Der Vorgang, den Patienten in uns ›aufzunehmen‹, ihn zu introjizieren, dürfte der schwierigste Aspekt unserer Arbeit sein, da es sich dabei nicht um eine Sache des guten Willens oder einer guten Ausbildung handelt, sondern um einen unbewussten Vorgang, der von unbewussten Faktoren beherrscht wird. Ein Beispiel für das, was ich vermitteln möchte, kann uns hier weiterhelfen.

Hendrick

Hendrick, ein depressiver und zorniger Mann Ende vierzig, wurde mir vor vielen Jahren zur Analyse überwiesen. An jenem ersten Tag fand ich ihn stehend in meinem Wartezimmer vor, ein imposanter, grobknochiger Zweimetermann. Nachdem er sich mir vorgestellt hatte, trampelte er mit drohender Miene in meinen Behandlungsraum, wo er dann verdrossen mit hängenden Schultern saß und die Räumlichkeiten mit Argwohn betrachtete. Im Gesicht trug er die Narben einer höllischen jugendlichen Akne, die ihm, zusammen mit seinen riesigen Füßen und Händen, ein beeindruckend Furcht erregendes Aussehen verliehen. Er zeigte einen grübelnden Gesichtsausdruck und obwohl er zusammengesunken in seinem Sessel saß, schien er jederzeit für einen Kampf gerüstet zu sein, mit geballten Fäusten und als ob er mit den Augen meinen Raum nach einem Gegner absuchte.

Im Gegensatz zu seiner undurchdringlichen Miene gestand Hendrick mir auf berührende Weise Gefühle von äußerster Einsamkeit und vertraute mir an, dass er kurz vor der Entlassung stehe wegen seines streitsüchtigen Verhaltens gegenüber Mitarbeiterinnen, von denen er viele mehrfach zum Weinen gebracht hatte. Teilweise suchte Hendrick Hilfe, weil er sich wegen seiner beruflichen Zukunft Sorgen machte und fürchtete, als »nicht vermittelbar« eingestuft zu werden, wenn er es nicht schaffen sollte, seinen Umgang mit Arbeitskollegen in den Griff zu bekommen, den er selber als »tyrannisierend und einschüchternd« bezeichnete. Ebenso litt er unter der Kargheit seines persönlichen Lebens, denn außerhalb der Arbeit beschränkten sich seine zwischenmenschlichen Kontakte auf seine engste Familie. Hendrick erwähnte seine Mutter flüchtig als ›eine Null‹, er sagte kaum etwas über den Rest seiner Familie und an seinen Vater konnte er sich überhaupt nicht erinnern. Dieser war gestorben, als Hendrick fünfzehn Jahre alt war und hatte ihn mit der Aufgabe zurückgelassen, in seine Fußstapfen als Mann im Haus zu treten.

Hendrick enthüllte mir auch, dass er niemals in der Lage gewesen war, Sexualverkehr zu vollziehen, weder mit einer Frau noch mit einem Mann, obwohl er vor etwa zwanzig Jahren für eine kurze Zeit mit einer Frau und deren kleinem Sohn zusammengelebt hatte. Obwohl ihre Beziehung platonisch blieb, gab er sich damit zufrieden, »der Mann im Haus« zu sein, indem er sie mit einigen Annehmlichkeiten versorgte, die sie sich sonst nicht hätten leisten können. Beide hatten offenbar ihre gegenseitige Gesellschaft geschätzt, bevor die Frau die Beziehung urplötzlich nach einem Vorfall abbrach, bei dem er ihrem Kind gegenüber in unkontrollierbare Wut ausgebrochen war, weil es »alle Milch aus dem Kühlschrank ausgetrunken« hatte.

Beim Zuhören hatte ich das Gefühl, einen kurzen Blick auf einen sehr kleinen Hendrick erhaschen zu dürfen, dem es misslungen war, sich seinen Eltern auf eine tiefe emotionale Weise zu verbinden und der sich infolgedessen mit den Vorteilen einer Frühreife tröstete, die dazu diente, seine kindliche Verzweiflung, Enttäuschung und Wut zu verdecken. Hendrick erwähnte auch, dass er vor der Beziehung mit dieser Frau und während einiger Jahre nach deren Ende alle seine Wochenenden bei anonymen Sexspielen mit ›Körperteilen von Leuten‹ verbracht hatte, zugänglich durch von ihm so genannte ›Glückslöcher‹ (engl.: ›glory holes‹; wobei ›glory-hole‹ umgangssprachlich ›Rumpelkammer oder -kiste‹ bedeutet; Anm. d. Ü.) in öffentlichen Toiletten. Er lungerte auch am Rande von Schulspielplätzen herum, mit Phantasien darüber, kleine Jungen zu beherrschen. Obwohl er diese Phantasien nie in die Tat umgesetzt hatte, verdammte er sich als Pädophilen. Ich verstand dieses Verhalten als Ausdruck seines Bedürfnisses, sich von dem Schmerz zu distanzieren, den seine Sehnsucht nach wirklichen Beziehungen verursachte und wenigstens in der Phantasie die Herrschaft über die verletzlichen Aspekte seines kindlichen Selbst zu gewinnen.

Bezüglich meiner Diskussion über ›das Annehmen der Übertragung‹ ist etwas von Interesse, das am Ende dieses Erstgespräches geschah, als Hendrick sich über den Sessel beugte, in dem ich saß, und seine Hand auf eine Weise ausstreckte, die mir das Gefühl gab, er fordere mich sowohl dazu heraus, sie zu schütteln als auch, es bloß nicht zu wagen. Ich fühlte, dass ich in jedem Fall schuldig und zum Tode verurteilt würde. Obwohl ich verzweifelt wünschte, ein Loch im Boden zu finden, um mich darin zu verkriechen, reagierte ich damit, seine Hand in meine zu nehmen. In seinem eisenharten Griff fühlte ich mich entsetzlich klein, geängstigt, hilflos, verletzlich und tatsächlich tyrannisiert und eingeschüchtert.

Nicht weniger verstörend war der Rest dieser Woche, denn Hendrick fluchte mit dröhnender Baritonstimme über mein Aussehen, die Gestaltung meines Raumes, meine Zurückhaltung und mein von ihm akzeptiertes Honorar. Obwohl ich gut verstehen konnte, warum mehrere andere Analytiker, die Hendrick vor mir gesehen hatte, seine Behandlung abgelehnt hatten, war ich doch von seiner unbewussten Kooperationsbereitschaft beeindruckt und schätzte sie ebenso wie seine enorme Fähigkeit, seine primitivsten Erfahrungen zu kommunizieren.

Als ich wieder einen ausreichend klaren Kopf hatte, um über diese Erfahrung nachzudenken, begriff ich, dass Hendrick mir unbewusst einen Eindruck davon vermittelt hatte, wie es sich als kleines Kind unter der Bedrohung angefühlt hatte, von demjenigen verlassen zu werden, von dem sein Überleben abhing, und vor allem von der inneren Notwendigkeit, vor dieser Bedrohung in Deckung zu gehen. All dies direkt im Zusammenhang unserer Beziehung zur Sprache zu bringen – sein unerträglich schmerzliches und erniedrigendes Bedürfnis nach meiner Hilfe, sein unvorstellbares Entsetzen, ich würde ihn kurzerhand abweisen, aber ebenso auch seine Neigung, seine Verletzbarkeit vor mir durch Einschüchterung zu vernebeln – erwies sich als erleichternd für ihn und führte schließlich zur spontanen Wiederentdeckung seiner frühen Erinnerungen an die Mutter.

Hendrick war gerade etwa ein Jahr alt, als seine Mutter offenbar nach der Geburt eines zweiten Kindes schwer erkrankte, das mit einem Geburtsfehler zur Welt gekommen war und schließlich starb. Die ›Krankheit‹ der Mutter war durch häufige und heftige Wutausbrüche gekennzeichnet, die sich in Beschimpfungen des kleinen Hendrick entluden und in Anfällen von Erbrechen und vegetativer Depression gipfelten. Ich leitete daraus ab, dass Hendrick, da er nicht anders konnte, zu einer vorzeitigen Entwicklung gezwungen war, um sich abzuhärten und sowohl seinen eigenen als auch den Todesängsten seiner Mutter standzuhalten, denn sie konnte ihren Kummer und ihre Wut nicht in sich bewahren und ertragen, sondern überflutete ihn als Baby und Kleinkind damit.

Dieses Beispiel macht deutlich, wie die Fähigkeit der Analytikerin, sich introjektiv mit dem Patienten zu identifizieren, zu einem organischen »Lernen aus Erfahrung« für beide Partner des analytischen Paares führen kann. Durch einen solchen Austausch kann der Patient lernen, dass seine frühesten Erfahrungen nicht dermaßen *erschreckend und schlecht* sind, wie er einst zu glauben verleitet wurde.

Neben solchen Situationen, in denen sich das Baby vorzeitig entwickelt, um sich selbst zu schützen, kann die verfrühte Ich-Entwicklung auch als Antwort auf das Schutzbedürfnis der Mutter in Gang gesetzt werden.

Verfrühte Ich-Entwicklung als Antwort auf die Bedürfnisse der Mutter

Roth (1994) identifizierte in London eine andere Äußerungsform einer vorzeitigen Ich-Entwicklung bei einem Patienten, dessen offenkundige Falschheit und Seichtigkeit viele Hindernisse für einen echten emotionalen Kontakt in der Analyse bot. Roth entdeckte, dass die ›Alsob-Qualitäten‹ im Falle ihres Patienten mit dem Vorhandensein dieser Qualitäten im ursprünglichen Objekt zu tun hatten:

»In der Analyse kam allmählich zum Vorschein, dass der Patient das primäre Objekt zutreffend nicht nur als falsch, sondern auch als äußerst abhängig davon wahrgenommen hatte, dass seine Illusion, gut zu sein, aufrechterhalten wurde.«

Roth schloss daraus, dass das Baby unter solchen Umständen sehr früh erkennt, *wie sehr die Mutter der Illusion bedarf, selber eine vollkommen gute Mutter zu sein.* Während es die Notlage der Mutter wahrnimmt, herrscht *im Baby das eigene zwingende Bedürfnis, ein Gefühl der Einheit mit der Mutter zu bewahren, indem es auf ihre Bedürftigkeit antwortet.* Dies Bedürfnis des Babys hat unglücklicherweise Vorrang vor seinen eigenen berechtigten Wahrnehmungen und Erfahrungen. Roth nimmt an, dass die Idealisierungen des Babys in dem Moment Amok laufen, wenn es anfängt, die Mutter gerade in jenen Augenblicken zutreffend wahrzunehmen, in denen es von ihr enttäuscht wird.

Ich meine, dass in diesen Situationen *die Spaltung*, die sich bei normaler Entwicklung später zu einer reifen Urteilsfähigkeit entwickelt, hier stattdessen dazu dient, *den Glauben an das äußere mütterliche Objekt und seine Integrität zu bewahren*, und dies gilt auch für das innere Objekt. Die Spaltung wird damit tatsächlich zu einer Waffe, die sich gegen die entstehende Fähigkeit des Babys richtet, die Wahrheit zu erkennen und sich ihrer bewusst zu bleiben, so dass seine weitere normale Entwicklung beeinträchtigt wird. Ein Beispiel aus der Analyse der Patientin, die ich Chloe nenne, mag zeigen, wie diese Situation in der psychoanalytischen Beziehung durchgespielt und wie sie durch den Prozess gemildert werden kann.

Chloe

Chloe, eine junge Frau Mitte dreißig und etwa seit drei Jahren in Analyse, hatte vor kurzem geheiratet und versuchte, ein Baby zu bekommen. Nach der letzten Sitzung einer bestimmten Woche hatte ich über den Verlauf der Stunde nachgedacht und fühlte mich sicher, dass ich Chloes Äußerungen über eine Verbesserung ihres Gefühlszustandes fälschlich als manische Abwehr dagegen gedeutet hatte, sich der Trennung durch das Wochenende bewusst zu werden.

Am Montag zeigte Chloe mir, wie sie mit dem Ärger und der Enttäuschung umgegangen war, die sie nicht als gegen mich gerichtet ertragen konnte. Zu Beginn der Sitzung erzählte sie mir, dass ihre Hausangestellte Schmerzmittel aus ihrer Hausapotheke gestohlen habe. Bevor sie sich aber überhaupt verärgert oder betrogen hätte fühlen können, hatte sie sich rasch in zwei Teile gespalten: indem sie ihrem Ehemann die Rolle der zornigen, verletzten und betrogenen Partei zuschob, unerbittlich entschlossen, die Hausangestellte zu kündigen, wurde sie selber versöhnlich und schien durch den Diebstahl unberührt zu sein.

Ich war davon betroffen, dass ich, ebenso wie die Hausangestellte, Chloe ihrer guten Gefühle am Ende der vorangegangenen Woche beraubt hatte. Während ich das Ausbleiben ihres Ärgers mir gegenüber auf einer gewissen Ebene persönlich entlastend fand, überlegte ich doch darüber hinaus, dass Chloe, ohne es zu wissen, ihrem Gefühl gefolgt sein mochte, ich könnte ihre Vorwürfe nicht aushalten und sie deshalb versuchte, mich zu entlasten. Wie das Mädchen, das ihr die Mittel für den Umgang mit Schmerzen gestohlen hatte, wurde ich von meiner Patientin wie eine Diebin erlebt, indem ich sie grob und widerrechtlich nicht nur ihrer guten Gefühle über sich selbst beraubte, sondern ebenso auch ihrer Art und Weise der Abwehr während meiner Abwesenheit.

Am Ende der Stunde sagte ich zu ihr: »Vielleicht hat es unerträglich weh getan, sich am Donnerstag von mir so hintergangen zu fühlen, als Sie mich vielleicht so erlebt haben, als hätte ich versucht, Ihr Selbstvertrauen und Ihr wachsendes Gefühl von Hoffnung und Sicherheit zu untergraben.« Zu Beginn der Stunde am nächsten Tag teilte sie mir mit, sie habe »ihren Ehemann beschwichtigt,« indem sie »der Hausangestellten ein Schuldeingeständnis und das Versprechen abgenommen habe, nie wieder irgendetwas zu nehmen, ohne vorher um Erlaubnis zu fragen«. Dennoch wusste sie, dass ihr »Vertrauen zu diesem Hausmädchen beschädigt« war und sie fürchtete, dass ihr Mann es schließlich zum Gehen auffordern könnte. Sie hielte dies für »zu arg«, denn die Frau sei gut zu ihr gewesen und Chloe fühlte, dass sie sie nach einer Geburt mehr denn je brauchen würde. Außerdem war Chloe entsetzt über die Aussicht, die Angestellte entlassen zu müssen, da sie fühlte, dass diese Frau »sich wirklich zutiefst nicht liebenswert findet« und sie wollte zu solchen Gefühlen nicht noch beitragen, indem sie sie entließ.

An diesem Punkt fand ich mich mit der Möglichkeit ab, dass Chloe mich sehr wohl hinauswerfen könnte! Ich konnte auch meine eigene Neigung wahrnehmen, mich nicht liebenswert zu fühlen, und räumte mir selbst gegenüber ein, dass ich die positiven Gefühle meiner Patientin wohl gerade dann untergraben haben mochte, wenn ein Zeichen ihrer Entwicklung mich drohend darauf hinwies, dass ein nicht liebenswerter Teil von mir in Gefahr geriet, verlassen zu werden. Ich erinnerte mich daran, dass Chloe sich vor mir zu hüten schien, als sie an jenem Tag zu ihrer Stunde kam, obwohl es so *schien*, als hätte sie ihre deutlich zornigeren Gefühle (über jenen Teil von mir, den sie so erlebte, als mache er Jagd auf die bei ihr auftauchenden guten Stimmungen) beiseite geschoben, *indem sie meine Deutung zu einem Schuldeingeständnis machte.*

Mit diesen Gedanken im Hinterkopf sagte ich: »Obwohl ein Teil von Ihnen, vielleicht zu meinem Wohl, Ihren Zorn beiseite geschoben hat und sich nicht mehr darum zu kümmern scheint, dass ich Sie beraubt habe, lassen Sie mich wohl doch wissen, dass es auch einen zornigen Teil in Ihnen gibt, der sich unheilbar betrogen fühlt und wütend auf mich ist, weil ich Sie Ihrer Mittel beraubt habe, mit akutem und überwältigendem Schmerz umzugehen, und der die Forderung nach meiner Entlassung aufzuschieben versucht.«

Obwohl Chloe nickte, spürte ich, dass sie allzu angestrengt versuchte, *nicht* zurückzuweisen, was ich gesagt hatte, und deshalb fügte ich hinzu: »Ich frage mich, ob Sie nicht Ihre Neigung zu unterdrücken versuchen, mich zu entlassen, wenn Sie gleichzeitig Dankbarkeit mir gegenüber empfinden und mich vielleicht noch brauchen werden, und vielleicht – obwohl ich mir dessen nicht sicher bin – mich als jemanden mit einem tief verankerten Gefühl erleben, nicht liebenswert zu sein, und dass Sie mich gerade in diesem Moment zu stützen versuchen, um mich vor etwas zu schützen, das Sie als meinen unvermeidlichen Zusammenbruch fürchten.«

Mit der Bestätigung meiner Deutung in den nächsten Sitzungen wurde klar, dass Chloe – aufgewachsen bei einem manisch-depressiven Vater und einer depressiven und passiven Mutter – mit meiner unwissentlichen Mithilfe eine Situation wiederhergestellt hatte, in der sie verfrüht die Verantwortung für ihre Eltern[6] übernommen hatte,

---

[6]   Fairbairns (1952) Modell der Entwicklung einer »moralischen Abwehr« ist diesen Vorgängen verwandt.

die selber demoralisiert, von Schuldgefühlen geplagt und voller Kummer waren wegen des Todes ihres älteren Bruders, einem Kind, das sie hatte ersetzen sollen.

Erst als ich in der Lage war, zu verstehen und Chloe mitzuteilen, was sich in der Übertragungsbeziehung zwischen uns ereignet und was Chloe daraus gemacht hatte, konnten wir voran kommen.[7]

Technische Überlegungen

Zum Schluss möchte ich – als Hauptbeitrag dieser Arbeit – mehrere technische Erwägungen vorbringen, die sich bei der Analyse von Patienten mit verfrühter Ich-Entwicklung als hilfreich erweisen können. Ich hoffe, durch klinische Beispiele einige der Äußerungsformen solcher Tendenzen gezeigt zu haben, die die ganze Skala vom Somatischen bis zum Psychischen umfassen. Sie können bei einzelnen Individuen oder zwischen ihnen in dem gesamten Bereich variieren, der von Bicks muskulärer oder verhaltensbestimmter »zweiter Haut« (1968) oder dem, was Tustin (1990) die »autistische Schale« der sensuellen Selbstvergewisserung nannte, bis zu den zahlreichen Spielarten reicht, die Steiner (1993) als »psychischen Rückzug« beschrieb. In jedem dieser Fälle wird das Baby dazu gedrängt, derartige Überlebensmechanismen zu entwickeln, wenn die Mutter nicht dazu in der Lage ist, ihre Aufgabe als filternder Behälter für seine oder ihre Erfahrungen befriedigend zu erfüllen. Als spätere Konsequenz dessen können wir erwarten,

---

[7] Joseph (1989, deutsch 1994) erweiterte Kleins ursprüngliche Idee der Übertragung von »Gesamtsituationen«, die aus der Vergangenheit stammen und in der Gegenwart wiederbelebt werden, ebenso wie die der Übertragung von Gefühlen, Abwehrprozessen und Objektbeziehungen. Sie betonte, dass das Agieren des Patienten in der Sitzung eine ergiebige Quelle an Informationen über seine innere Welt, seine Objektbeziehungen und *seine Geschichte* darstellt. Nach dieser Vorstellung lebt der Patient seine früheste Geschichte auf eine Weise aus, die über die verbalen Assoziationen hinausgeht und kommuniziert sie durch den Druck, der unbewusst auf den Analytiker ausgeübt wird. Nach Josephs Vorstellung liegt die Betonung »auf der Übertragung als einer Beziehung, in der ständig etwas geschieht; wir wissen aber, daß dieses ›etwas‹ im wesentlichen auf der Vergangenheit des Patienten und der Beziehung zu seinen inneren Objekten bzw. seiner Ansicht über sie und ihre Eigenschaften beruht« (S. 243).

dass diese Schutzmaßnahmen in der Beziehung zum Analytiker in folgender Weise ins Spiel kommen.

Erstens ist es wegen der Tatsache, dass diese Patienten mit Hilfe solcher Maßnahmen ihre Kindheit überleben konnten, für unsere Überlegungen wichtig, dass ihr frühestes Gefühl von sich selbst, ihre Kernidentität, und sogar die Ursache ihres Seins in einer Pseudoreife verwurzelt sind. Ihr Grundgefühl, am Leben zu bleiben, hängt also für sie davon ab, diese Pseudoreife aufrechtzuerhalten. Daraus ergibt sich, dass *sie oft hartnäckig und ausdauernd unsere Versuche abwehren, das entstehende Erleben ihrer eigenen Verletzlichkeit,* das ihnen schon von früh auf zu etwas Fremdem wurde, *zu erfassen, damit in Berührung zu bleiben und vor allem sie selber damit in Kontakt zu bringen.*

Wenn dies in der Analyse auftaucht, muss der Analytiker zweitens den Schmerz ertragen können, fortgestoßen zu werden, und muss »weiter vorwärts gehen«, wie Tustin es gerne ausdrückte (persönliche Mitteilung, 1986). Wir müssen unser Gefühl, dass wir zurückgewiesen werden, ertragen und verdauen können, und während wir das tun, verletzbar bleiben, denn der Patient verteidigt sein Bollwerk aus Pseudoreife mit aller Macht durch den Gebrauch projektiver Identifizierung. Gelingt uns dies, dann erreichen wir als Ergebnis unseres emotionalen und mentalen Verdauungsprozesses ein deutendes Verstehen der Zwangslage, die der Patient früher als unerträglich erlebt hat. Dieses Verstehen kann im Weiteren vom analytischen Paar genutzt werden, um eine gründlichere und kohärentere Erzählung zu ersinnen, eine, die das Potential hat, den Patienten von der unablässigen Wiedererfahrung des schwarzen Lochs der Depression und des fehlenden gesunden Menschenverstandes zu befreien.

Drittens folgt aus der dem Patienten eigenen Annahme von der Verletzbarkeit des Analytikers – für die er oft Beweise finden kann – in der Übertragung häufig eine übertriebene *Angst, dass der Analytiker mit dem Baby-Selbst in Verbindung tritt,* das zuvor als ein ›ängstigendes und böses Ding‹ erlebt wurde, als eine innere Realität, die still verschlossen oder eingekapselt gehalten werden muss. *Die innere Notwendigkeit, das ›gute Baby‹ zu bleiben, um zu verhindern, dass der Analytiker überwältigt wird,* veranlasst den Patienten dazu, Überstunden zu leisten, um sowohl seine zärtlichen, als auch seine aggressiven Gefühle uns gegenüber anzupassen. Wenn wir seine unbewussten Ausdrucksformen dieser leidenschaftlichen Gefühle dem Analytiker gegenüber aufnehmen und ausdrücklich deuten, *zeigen wir damit so-*

wohl unseren Wunsch nach Kontakt, als auch unsere Fähigkeit, ›ungestüme Überflutungen‹ durch Gefühle auszuhalten, die tief innerlich aufgestaut oder zu Nebenflüssen des täglichen Lebens umgeleitet wurden, ebenso wie Aspekte des kindlichen Selbst des Patienten, die verdammt und entfremdet wurden.

Eine vierte Reihe von Überlegungen betrifft die Gegenübertragung des Analytikers. Sich dieser Überlegungen (oder Vorkehrungen) bewusst zu bleiben, kann hilfreich sein, weil es dabei um Gefahren geht, auf die man in der Arbeit mit solchen Patienten, wie ich sie beschrieben habe, häufig stößt. Denn *mehr als andere verweigern sie sich Deutungen, die sich auf ihre unmittelbare positive oder negative kindliche Übertragungsbeziehung richten, und außerdem sind sie äußerst geschickt darin, den eigenen Widerstand des Analytikers gegen den Kontakt mit Zuständen maximaler Abhängigkeit und Verletzbarkeit zu stimulieren,* und zwar genau durch diese Verweigerung, wie die Fälle von Hendrick und Chloe gezeigt haben.

Gelegentlich kann die bezwingende Macht der Stimulierung solchen Druck ausüben, dass der Analytiker unwissentlich mit dem Patienten unter einer Decke steckt, indem er sich selbst verhärtet. Mit anderen Worten: der Analytiker kann gerade zu jenem entscheidenden Zeitpunkt relativ unsensibel werden, wenn das, was das Baby im Patienten mitteilt, eine zu starke Resonanz mit dem zu erzeugen droht, was das Baby im Analytiker erfahren hat.

Diese Resonanz kann eine Reihe von Gegenübertragungsreaktionen auslösen, die in Geschehnissen aus der eigenen Frühzeit des Analytikers wurzeln und durch solche aus der Frühzeit des Patienten verkompliziert werden, insofern diese unbewusst und häufig nonverbal mitgeteilt werden. Normalerweise können wir unsere Gefühlsreaktionen als Mittel zum Verstehen nutzen. Sind wir allerdings nicht achtsam genug, werden wir (in der Identifizierung mit dem pseudoreifen Patienten) möglicherweise dazu gebracht, unsere erwachsene Erfahrung und Kompetenz, unsere Ausbildung und vor allem unsere Theorien zu gebrauchen, um solche Gefühle zu vermeiden. Unglücklicherweise können solche Schutzmaßnahmen zum Missverstehen des Patienten führen oder zu Deutungen, denen außer auf intellektueller Ebene jede Fühlungnahme abgeht.

Auf vergleichbare Weise können wir uns vom Patienten auch verleiten lassen, seine gegenwärtige Situation außerhalb des unmittelbaren Übertragungsgeschehens anzusprechen, seine Kindheitsgeschichte oder die Bewegungen seiner inneren Welt. Aber wenn wir unsere deutende Aufmerksamkeit auf gegenwärtige äußere Ereignisse oder auch auf die historische Vergangenheit richten, werden wir vom Patienten möglicherweise so wahrgenommen, als ob wir bestimmte kindliche Aspekte seiner Erfahrungen von uns wegstoßen würden. Auch wenn wir uns – bei diesen vorzeitig erwachsen gewordenen Patienten – dazu entscheiden, ihre inneren Konflikte intellektuell zu diskutieren, werden wir so erlebt, als ob wir das Baby im Patienten ganz und gar verlassen. Dies kann eher zu einer Verstärkung ihrer Abwehrstrukturen führen als zu einer Lockerung derselben, die eine Wiederaufnahme der zuvor beeinträchtigten mentalen und emotionalen Entwicklung fördern würde.

Ein fünftes Charakteristikum, das uns in der Arbeit mit solchen Patienten begegnet, besteht darin, dass bei beiden Partnern des analytischen Paares energischer Widerstand gegen unvorhersehbare, unerwartete Vorkommnisse auftritt. Dieser Widerstand kann sich in Form eines unerschütterlichen Bemühens zeigen, das bereits ›Bekannte‹ endlos zu reproduzieren. Beim Patienten mag sich dies auf der Ebene sinnlicher Wahrnehmung in der Neigung äußern, mehr auf den Ton der Stimme des Analytikers und den Klang seiner Worte zu achten, als auf deren Bedeutung.[8] Anders ausgedrückt: Patienten können unsere Worte so behandeln, als bestünden sie allein aus ihren musikalischen und rhythmischen Bestandteilen und wären nicht das Ergebnis des symbolbildenden Prozesses, den wir als Denken bezeichnen.

Wie ich in Beispielen aus meiner klinischen Arbeit gezeigt habe, kann die entsprechende Problematik auf Seiten des Analytikers als Tendenz auftreten, sich auf »Erinnerung und Wunsch« (Bion 1967) zu verlassen, häufig sichtbar am Festhalten an der theoretischen Orientierung, in der wir ›geschult‹ wurden. Der beruhigende Charakter dieses theoretischen Schnullers ist verführerisch und erfordert von Seiten des

---

[8] Neben dem Inhalt stellt die phonetische Dimension der Sprache und der direkten Kommunikation einen organischen Faktor dar, der eine starke Wirkung auf den Zuhörer ausübt und eine Vielzahl emotionaler Reaktionen hervorruft, da unterschiedliche Hirnareale betroffen werden (Schore 2003). Im Zusammenhang dieser Arbeit konzentriere ich mich jedoch auf das defensive Phänomen, das in der Spaltung der Aufmerksamkeit des Patienten besteht. Aus der Sicht der Neurowissenschaften mag eine solche Verfassung auf eine Unterdrückung der vom Frontallappen geleisteten kognitiven Funktion der linearen Logik hinweisen.

Analytikers eine konzertierte Anstrengung, gerade dann lange genug im Unbekannten und Ungewohnten zu verweilen, um etwas Neues und Unerwartetes im Material des Patienten vernehmen zu können, wenn *der Druck, verfrüht zu deuten, sowohl durch unser eigenes, als auch durch das Überlebensbedürfnis des Patienten stimuliert wird.*

Sechstens folgt daraus, dass Patienten, die sich verfrüht zu einer Zeit entwickelten, in der die Mutter als emotional unzugänglich erlebt wurde, durchaus *in der Analyse damit anfangen können, unsere Funktion zu übernehmen* (James 1960). Zu dem kritischen Zeitpunkt, wenn diese Patienten unserem Bemühen unzugänglich erscheinen, mit ihnen durch die Deutung der Übertragung in Verbindung zu treten, besteht die Gefahr *in der Neigung des Analytikers, ganz von Deutungen abzusehen und sich ihrer zu enthalten, oder aber die Kooperationsunfähigkeit des Patienten defensiv zu deuten als vereinnahmenden oder neidischen Angriff auf* die ›analytische Brust‹. In beiden Fällen kann ein Circulus vitiosus in Gang kommen, bei dem der Analytiker sich entweder zurückzieht oder angreift und der Patient ihn dann *genau zutreffend* als emotional unzugänglich *wahrnimmt.* Unsere Fähigkeit zu bemerken, ob die Dinge sich gut entwickeln oder schief gehen, wird dabei in jedem Fall behindert, und dies kann zu einer Hemmung unseres Vermögens führen, bessere Wege zu finden, um den Patienten zu erreichen.

Mehr als einmal ermutigte mich Tustin (persönliche Mitteilung, 1987), wenn ich solchen Schwierigkeiten gegenüberstand, einen Weg zu finden, »weiter vorwärts zu gehen« und damit fortzufahren, gerade die Mitteilungen des Babys im Patienten aufzuspüren, dessen Schreie vor langer Zeit als unerträglich ›erschreckend und böse‹ empfunden und daher zur Ruhe gebracht und weggeschlossen worden waren. Wenn wir in der Lage sind, diese oft stummen und verzerrten Schreie beständig zu empfangen, können wir ihnen helfen, noch einmal hervorzubrechen.

Aus dem Englischen von Michael Diercks

Bibliographie

Balint, E. (1968): The mirror and the receiver. In: Before I was I: Psychoanalysis and the imagination, 56–62. London (Free Assoc. Books). Dt.: Der

Spiegel und der Empfänger. In: J. Mitchell u. M. Parsons (Hg.) Bevor ICH war. Imagination und Wahrnehmung in der Psychoanalyse, übers. von E. Vorspohl. Stuttgart (Klett-Cotta) 1997.

Bick, E. (1968): The experience of the skin in early object-relations. Internat. J. Psychoanal. 49, 484–6. Dt.: Das Hauterleben in frühen Objektbeziehungen. In: E. B. Spillius (Hg.) Melanie Klein Heute, Bd. 1, übers. von E. Vorspohl. Stuttgart (Internat. Psychoanalyse) 1995, 236–240.

Bion, W.(1959): Attacks on linking. Internat. J. Psychoanal. 40, 308–15. Dt.: Angriffe auf Verbindungen. In: E. B. Spillius (Hg.) Melanie Klein Heute, Bd. 1, übers. von E. Vorspohl. Stuttgart (Internat. Psychoanalyse) 1995, 110–129.

– (1962): A theory of thinking. Internat. J. Psychoanal. 43, 306–10. Dt.: Eine Theorie des Denkens. In: E. B. Spillius (Hg.) Melanie Klein Heute, Bd. 1, übers. von E. Vorspohl. Stuttgart (Internat. Psychoanalyse) 1995, 225–235.

– (1967): Notes on memory and desire. In: E. Bott-Spillius (Hg.) Melanie Klein today: Developments in theory and practice. Vol. 2: Mainly practice, 17–21. London (Routledge). Dt.: Anmerkungen zu Erinnerung und Wunsch. In: E. B. Spillius (Hg.) Melanie Klein Heute, Bd. 2, übers. von E. Vorspohl. Stuttgart (Internat. Psychoanalyse) 1995, 22–28.

– (1974): Bion's Brazilian lectures, vol. 1. Rio de Janeiro (Imago).

Decety, J. u. Chaminade, T. (2003): When the self represents the other: A new cognitive neuroscience view on psychological identification. Conscious Cogn. 12, 577–96.

Fairbairn, W. D. (1952): Psychoanalytic studies of the personality. London (Tavistock). Dt.: Das Selbst und die inneren Objektbeziehungen. Eine psychoanalytische Objektbeziehungstheorie, übers. von E. Vorspohl. Gießen (Psychosozial) 2007.

Freud, S. (1912): Zur Dynamik der Gegenübertragung. In: GW 8, 363–374.

Fuller, P. (1980): Art and psychoanalysis. London (Writers and Readers).

Hinshelwood, R. D. (1989): A dictionary of Kleinian thought. London (Free Assoc. Books). Dt.: Wörterbuch der kleinianischen Psychoanalyse, übers. von E. Vorspohl. Stuttgart (Klett-Cotta) 2004.

James, M. (1960): Premature ego development: Some observations on disturbances in the first three months of life. Internat. J. Psychoanal. 41, 288–94.

Joseph, B. (1989): Psychic equilibrium and psychic change: Selected papers of Betty Joseph. London (Routledge). Dt.: Psychisches Gleichgewicht und psychische Veränderungen, übers. von Elisabeth Vorspohl, hg. von E. Bott-Spillius und M. Feldman. Stuttgart (Klett-Cotta) 1994.

Kanner, L. (1943): Autistic disturbances of affective contact. Nerv. Child 2, 217–50.

Klein, M. (1930): The importance of symbol-formation in the development of the ego. Internat. J. Psychoanal. 11, 24–39. Dt.: Die Bedeutung der Symbolbildung für die Ichentwicklung. IZP 16, 1930.

– (1935): A contribution to the psychogenesis of manic-depressive states. Internat. J. Psychoanal. 16, 145–174. Dt.: Zur Psychogenese der manisch-depressiven Zustände. IZP 23, 1937.

– (1946): Notes on some schizoid mechanisms. Internat. J. Psychoanal. 27, 99–110. Dt.: Bemerkungen über einige schizoide Mechanismen. In: Hans A. Thorner (Hg.) Melanie Klein. Das Seelenleben des Kleinkindes und andere Beiträge zur Psychoanalyse. Stuttgart (Klett-Cotta) 1997, 131–163.

– (1952): On observing the behaviour of young infants. In: Envy and gratitude and other works 1946–1963, 94–121. London (Hogarth).

– (1957): Envy and gratitude. In: Envy and gratitude and other works 1946–1963. London (Hogarth). Dt.: Neid und Dankbarkeit, übers. von E. Vorspohl. In: dies., Gesammelte Schriften, Bd. III, hg. von R. Cycon. Stuttgart (frommann-holzboog) 1995–2002, 279–367.

– (1963). On the sense of loneliness. In: Envy and gratitude and other works 1946–1963. London (Hogarth).

Kohut, H. (1971): The analysis of the self: A systematic approach to the psychoanalytic treatment of narcissistic personality disorders. New York, NY (International UP). Dt.: Narzissmus: eine Theorie der psychoanalytischen Behandlung narzisstischer Persönlichkeitsstörungen, übers. von L. Rosenkötter. Frankfurt a. M. (Suhrkamp) 2004.

Lacan, J. (1949): Le stade du miroir. In: Ecrits. Paris (Seuil). Dt.: Das Spiegelstadium als Bildner der Ichfunktion. In: Haas, N.(Hg.): Ders.: Schriften I. Berlin (Quadriga) 1996.

LeDoux, J. E. (2002): Synaptic self: How our brains become who we are. London (MacMillan). Dt.: Das Netz der Persönlichkeit: wie unser Selbst entsteht, übers. von Ch. Tunk. München (Taschenbuch-Verl.) 2006.

Mitrani, J. L. (1994): Unintegration, adhesive identification, and the psychic skin: Variations on some themes by Esther Bick. Journal of Melanie Klein and Object Relations 11, 65–88.

– (1995): Toward an understanding of unmentalized experience. Psychoanal. Quart. 64, 68–112.

– (1999): The case of ›The Flying Dutchman‹ and the search for a containing object. Internat. J. Psychoanal. 80, 47–71.

– (2001a): Ordinary people and extra-ordinary protections: A post-Kleinian approach to the treatment of primitive mental states. Hove (Brunner Routledge).

– (2001b): ›Taking the transference‹: Some technical implications in three papers by Bion. Internat. J. Psychoanal. 82, 1085–104.

Roth, P. (1994): Being true to a false object: A view of identification. Psychoanal. Inquiry 14, 393–405.

Schore, A. N. (2003): Affect dysregulation & disorders of the self. New York, NY (Norton).

Steiner, J. (1993): Psychic retreats: Pathological organizations in psychotic, neurotic, and borderline patients. London (Routledge). (New Library of Psychoanal. Vol. 19.). Dt.: Orte des seelischen Rückzugs: pathologische Organisationen bei psychotischen, neurotischen und Borderline-Patienten, übers. von H. Weiß. Stuttgart (Klett-Cotta) 1998.

Tustin, F. (1980): Autistic objects. Internat. Rev. Psychoanal. 7, 27–39.

– (1990): The protective shell in children and adults. London (Karnac). Dt.: Der autistische Rückzug. Die schützende Schale bei Kindern und Erwachsenen, übers. von E. Vorspohl. Tübingen (edition diskord) 2008.

– (1992): Autistic states in children, revised edition. London (Routledge). Dt.: Autistische Zustände bei Kindern, übers. von H. Brühmann. Stuttgart (Klett-Cotta) 1989.

Wilkinson, M. (2006): Coming into mind: The mind-brain relationship. A Jungian clinical perspective. London (Routledge).

Winnicott, D. W. (1945): Primitive emotional development. In: Collected papers: Through paediatrics to psycho-analysis, 145–56. New York, NY (Basic Books). Dt.: Die primitive Gefühlsentwicklung. In: Von der Kinderheilkunde zur Psychoanalyse. Frankfurt a. M. (Fischer Tb) 1983, 58–76.

– (1967). Mirror-role of mother and family in child development. In: Playing and reality, 111–118. London (Tavistock). Dt.: Die Spiegelfunktion von Mutter und Familie in der kindlichen Entwicklung. In: Vom Spiel zur Kreativität, übers. von M. Ermann. Stuttgart (Klett-Cotta) 2006.

Michael Parsons
Vorstoß ins Sprachlose:
Das innere analytische Setting und das Zuhören jenseits der Gegenübertragung

Äußere und innere Aspekte der Behandlungstechnik

Sollten Analytiker allen Patienten gegenüber gleich sein? Oder müssen sie bei verschiedenen Patienten unterschiedlich sein? Vertraute Fragen mit einer naheliegenden Antwort: Ja und ... ja.

Gewisse Aspekte der Behandlungstechnik sind immer gleich. So suchen Analytiker immer nach der unbewussten Bedeutung in den Assoziationen des Patienten, sie deuten den Widerstand und die Übertragung und versuchen eine neutrale analytische Haltung einzunehmen. Andere Aspekte dagegen werden unterschiedlich sein, sie sind geprägt von dem, was der Patient in den Augen des Analytikers gerade braucht. So kann der Analytiker zum Beispiel die Geschichte oder das Hier und Jetzt betonen, er kann aktiv sein oder schweigen, und seine Deutungen können fokussiert und genau zugeschnitten sein oder anspielungsreich und offen gehalten.

Diese Erklärung, warum die Antwort auf beide Fragen ›ja‹ lautet, nimmt auf äußere Aspekte der Behandlungstechnik Bezug. Hier ist eine weitere Darstellung aus einem anderen Blickwinkel:

Es ist wichtig, dass der Analytiker bei jedem Patienten authentisch bleibt. Dennoch müssen Analytiker bei verschiedenen Patienten auch unterschiedlich emotional verfügbar sein oder die Besonderheiten ihrer analytischen Identität unterschiedlich einsetzen. Auch dies erklärt, warum der Analytiker der Selbe, aber nicht der Gleiche bei jedem einzelnen Patienten ist; aber diese Erklärung bezieht sich auf die inneren Aspekte der analytischen Behandlungstechnik.

Psychoanalytiker hören sowohl dem Patienten im Außen zu als auch sich selbst in ihrem Innern. Was der Psychoanalytiker auf das, was er vom Patienten hört, antwortet, was er sagt oder nicht sagt, ist Teil der äußeren Aspekte der Behandlungstechnik. Wenn ich von inneren Aspekten der Behandlungstechnik spreche, so denke ich an die Antwort des Analytikers auf das, was er in seinem Innern hört, und wie er daher im Umgang mit dem Patienten ist, verbal und non verbal, emotional und in seiner körperlichen Präsenz.

Es ist allgemein akzeptiert, dass das nach außen gerichtete Zuhören des Psychoanalytikers ungerichtet sein soll und unbeeinflusst von vorgefassten Zielen. Im Material des Patienten nach bestimmten Themen Ausschau zu halten, würde der gleichschwebenden Aufmerksamkeit entgegen wirken. Weniger eindeutig wird es, wenn es um das Hören nach innen geht. Denkt man an die Gegenübertragung, so denkt man unmittelbar daran, dass Psychoanalytiker in sich selbst hineinhören müssen. Nach der klassischen Auffassung von Gegenübertragung wird die Psyche des Analytikers durch die Begegnung mit dem Patienten so beeinflusst, dass seine Fähigkeit zu verstehen hierdurch unbewusst beeinträchtigt wird. Damit die Analyse nicht behindert wird, muss sich der Analytiker dessen bewusst werden. Seit den fünfziger Jahren hat sich die Vorstellung entwickelt, dass Gegenübertragung sich auch dann entfaltet, wenn Teile des psychischen Erlebens des Patienten dem Analytiker unbewusst übermittelt werden. Wird sich der Analytiker dessen bewusst, so kann ihm dies helfen, die analytische Interaktion zu verstehen. Achtet der Analytiker aber ständig darauf, dass seine eigenen Reaktionen die Analyse nicht behindern, oder versucht er andauernd zu erfassen, ob seine Gefühle vom Patienten stammen, so kann dies zu einem selbst kontrollierenden In-Sich-Hinein-Hören führen, das auf etwas Bestimmtes gerichtet ist, anstatt dem zuzuhören, was gerade zu hören ist (Chodorow 2003). In diesem Fall gehen Analytiker mit sich selbst so um, wie sie es dem Patienten gegenüber gerade vermeiden wollen. Andererseits können Analytiker aber auch zu einem In-Sich-Hinein-Hören finden, das auf natürliche Weise den eigenen inneren Prozessen gegenüber gleichschwebend ist. Dann hört ein Analytiker sich selbst mit analytischer Haltung zu. Diese Art des Zuhörens, das ohne Ziel ist und sich offen und verletzbar allem aussetzt, was im Analyiker auftaucht, braucht das Containment einer besonderen Art von innerem Raum.

Das innere analytische Setting

Die Vorstellung des analytischen Settings ist grundlegend für die Psychoanalyse. Wenn wir ein Theater, einen religiösen Raum oder einen

Kinderspielplatz betreten, so überschreiten wir eine Grenze, die uns verstehen lässt, dass die Realität, die wir innerhalb dieser Grenze vorfinden, sich von der außerhalb unterscheidet. Vergleichbar dazu braucht der analytische Dialog eine Begrenzung, die deutlich macht, dass das, was innerhalb geschieht, sich von dem außerhalb unterscheidet: es nimmt einen anderen Stellenwert ein und wird aus einem anderen Blickwinkel betrachet. Wie überwältigt Patienten auch von ihren Emotionen sein mögen, wie ungeheuerlich, extrem und irrational das, was sie sich sagen hören, auch sein mag, sie müssen dies nicht zensieren oder unterdrücken, da das analytische Setting all dies sicher von ihrem übrigen Leben trennt.

Das Setting liefert auch einen Rahmen für die Behandlungstechnik. Wie der Patient, so hat auch der Analytiker darin die Freiheit, anders zu sein als im normalen Leben. Er muss Fragen nicht beantworten. Er muss überhaupt nicht sprechen. Was er sagt, mag im gewöhnlichen Sinne seltsam, unlogisch, manchmal ein wenig verrückt klingen. Der Analytiker hat diese Freiheit, weil das analytische Setting für ihn wie für den Patienten einen Raum darstellt, in dem die Erwartungen der alltäglichen Realität aufgehoben sind.

Die äußere Struktur des Settings ist bekannt: Behandlungsraum, Couch, Stuhl; pünktliches Beginnen und Beenden der Sitzungen; Honorare und ihre Bezahlung; Ferienregelung. Aber das analytische Setting existiert auch innerlich als eine Struktur in der Psyche (mind) des Analytikers. Das innere analytische Setting, oder der innere Behandlungsrahmen, wurde in den letzten Jahren zu einem Hauptkonzept meines Denkens. In der Literatur ist darüber allerdings kaum etwas zu finden. Die Suche in der PEP-CD nach »innerem (psycho) analytischem Setting« (oder »Behandlungsrahmen«) in der Verwendung, an die ich denke, ergab zwei kurze Einträge (O'Shaughnessy 1990, S. 194: Linna 2002, S. 34). Der Gedanke wurde offenbar zumindest im Englischen als spezifisches Konzept weder ausformuliert noch entwickelt.[1]

Die Idee des inneren Settings nahm in meinem Denken Gestalt an durch ein Seminar für frisch qualifizierte Analytiker, das Jonathan

---

[1]   Erwähnt seien unveröffentlichte Artikel von Marie Bridge (1997, 2006) und John Churcher (2005). Mary Bridge schrieb den ersten ihrer Artikel, während sie als Kandidatin bei mir in Supervision war. Vermutlich reifte in dieser Zeit die Idee hierzu. Mariam Alizande (2002, S. 107–120) schrieb

Sklar, ein Kollege aus der Britischen Psychoanalytischen Gesellschaft, und ich in den neunziger Jahren über einen Zeitraum von zehn Jahren anboten (Sklar and Parsons 2000). Wir wollten damit Analytikern in der Zeit nach Beendigung der Weiterbildung helfen, darüber nachzudenken, wie sie sich in ihrer analytischen Identität weiterentfalten könnten. Die Diskussion reichte von praktischen Fragen, etwa wie man Patienten zugewiesen bekommt oder eine Praxis führt, bis hin zu inneren Aspekten, zum Beispiel wie man sich zum Psychoanalytiker entwickelt. Immer wieder stellten wir fest, dass diese beiden Bereiche miteinander verbunden waren. Scheinbar äußere Gesichtspunkte – wie lasse ich erfahrene Kollegen wissen, dass ich einen freien Therapieplatz habe, oder wann lasse ich mich in eigener Praxis nieder – entpuppten sich wieder und wieder als Ausdruck der Identitätsfindung als Analytiker. So sagte beispielsweise ein Seminarteilnehmer: »Es wurde mir klar, dass ich keine analytischen Patienten habe, weil ich niemanden bat, mich zu empfehlen. Ich konnte mich selbst nie wirklich als Inhaber einer analytischen Praxis sehen. Erst als ich das erkannt hatte, konnte ich mir allmählich vorstellen, wie es in meinem Innern Raum für einen Analysepatienten geben könnte.«

Man muss äußere Arbeit leisten, um bekannt zu machen, dass man Plätze für Analysepatienten hat. Es ist aber eine andere Art von Arbeit, dies als innere Wahrheit über sich selbst zu entwickeln. Die materielle Realität des Behandlungszimmers eines frischen Analytikers hat auch eine mächtige symbolische Bedeutung. Der am meisten bedeutungsträchtige analytische Raum, den man bis zu diesem Zeitpunkt kannte, ist das Zimmer des Analytikers, auf dessen Couch man Hunderte von Stunden lag. Dieser Raum war aus dem Denken eines anderen Analytikers geschaffen worden. Nun ist es an der Zeit, seinen eigenen Raum zu schaffen. Wichtige praktische Erwägungen, wie die Regelung von Finanzen, Eigentum oder die Umgestaltung des Hauses, scheinbar weniger wichtige Details wie die Klingel oder der Couchüberwurf, Überlegungen, wie man den Patienten hereinlässt, oder

über das innere Setting auf spanisch, und Referenzen in der PEP-CD Database lassen ebenfalls vermuten, dass das Konzept in dieser Sprache tiefergehend erforscht wurde [Speziale-Bagliacca (1991), bezugnehmend auf Grinberg (1981); Torras de Beà (1990) in einer Besprechung von Coderch (1987); Zac de Goldstein (1995) in einer Besprechung von Torras de Beà (1991)].

wer die Tür öffnet, wenn er geht – all dies erweckte eine bestimmte freudig-ängstliche Erregung im Seminar, weil dieses äußere Geschehen Ausdruck der Identitätsentwicklung zum Analytiker war. Selbst wenn es den Behandlungsraum bereits gab, entwickelte sich ein tieferes Verständnis dafür, dass dieser Raum für einen inneren Raum stand, der für die analytische Arbeit zunehmend verfügbar wurde.

Das innere analytische Setting ist eine psychische Arena, in der Konzepte wie Symbolismus, Phantasie, Übertragung und unbewusste Bedeutung definieren, was Realität ist. Natürlich wirkt all dies immer in Geist und Psyche (mind). Die spezifische Bedeutung des inneren analytischen Settings liegt darin, dass diese Konzepte hier die Realität bedeuten. Wie das äußere Setting eine räumliche und zeitliche Arena festlegt und schützt, in der Patient und Analytiker die analytische Arbeit durchführen können, so definiert und schützt das innere Setting eine Arena in der Psyche des Analytikers, in der alles, was passiert, auch im äußeren Setting, aus einer analytischen Perspektive betrachtet werden kann. Das äußere Setting kann von außen verletzt werden, wenn zum Beispiel die Bauarbeiter nebenan zu hämmern beginnen oder wenn jemand versehentlich das Zimmer betritt; oder von innen, wenn der Patient auf bestimmte Weise agiert oder der Analytiker eine Störung verursacht. Wenn aber das innere Setting des Analytikers unversehrt bleibt, so können Verletzungen des äußeren Settings in Bezug auf deren analytische Bedeutung betrachtet und in die Analyse einbezogen werden.

Wenn eine Frau im Laufe ihrer Analyse ein Baby zur Welt bringt, so wird sie einige Zeit nach der Geburt wieder zu ihren Sitzungen kommen können; sie wird aber womöglich keinen Babysitter finden oder sie wird das Baby nicht zurücklasssen wollen. Warum nicht das Baby zu den Sitzungen mitbringen? Bei einem Treffen zwischen französischen und britischen Psychoanalytikern im Jahre 2005 wurde dies diskutiert, und einige der französischen Kollegen sagten, sie könnten dies nie zulassen. Sie waren der Meinung, dass die reale Anwesenheit des Babys nicht erlaube, den Phantasien der Patientin über das Baby und dessen symbolischer Bedeutung Realität zu verleihen. Die Funktion des analytischen Settings, den symbolischen Raum gegen das Eindringen der Realität zu schützen, wäre damit zerstört und die analytische Arbeit könne nicht fortgeführt werden.

Diese Antwort beruht darauf, den analytischen Rahmen lediglich als etwas Äußeres wahrzunehmen. Schließlich und endlich kam das reale Baby ja bereits zu den Sitzungen, im Bauch der Mutter. Für die Psychoanalyse ist das Verhältnis von außen und innen so zentral wie für das Atmen. Wenn der Analytiker die psychische Struktur, die ich als den inneren analytischen Rahmen bezeichne, in sich (in his mind) trägt, dann kann, was auch immer im äußeren Rahmen passiert, einschließlich der realen Anwesenheit des Babys außerhalb der Mutter, auf dessen unbewusste, symbolische Bedeutung hin betrachtet werden. Die Anwesenheit des Babys in der Sitzung birgt dann großes analytisches Potential in sich.

Eine Frau, die ich in Analyse hatte, erlebte sich sehr wenig als authentische Person. Eines Tages wollte sie ihren Hund zu den Stunden mitbringen. Sie meinte, er habe eine chronische Krankheit, wegen der man den Hund nicht alleine lassen könne, und die Person, die ihn normalerweise betreue, sei nicht da. Also, dürfe sie den Hund mitbringen? Es sei schließlich auch kein großer Hund. Ich hätte dies als Versuch, die Analyse zu stören, auffassen und sagen können, sie müsse eine andere Lösung finden. Aber mein Verständnis von Behandlungstechnik schließt ein, dass die Sitzungen auch dafür dem Patienten zur Verfügung stehen, um zu entdecken, wie er sie nutzen kann. Daher sagte ich einfach nur, dies sei ihre Entscheidung. Sie brachte den Hund mit, legte sich auf die Couch und nahm ihn auf den Schoß. Es war nicht schwer zu sehen und zu deuten, dass dieses kleine Geschöpf, das ruhig in dieser Position schlief, unser Baby in ihr repräsentierte – eine Vorstellung, die sie sonst nur mit größter Schwierigkeit zugelassen hätte. Eines Tages schien es dem Hund nicht gut zu gehen, und mitten in der Sitzung erbrach er sich auf dem Teppich. Einen Hund im Behandlungszimmer zu haben, der sich übergibt, mag als eine ziemlich heftige Verletzung des analytischen Settings gesehen werden. Die Patientin und ich aber putzten zusammen das Erbrochene weg, und ich sagte, in diesem Moment habe der Hund wohl einen sonst so gut verborgenen Teil von ihr verkörpert, der mir gegenüber ärgerlich und feindselig gestimmt sei, und gerne Unordnung in mein Zimmer bringe.

Die Arbeit war möglich auf dem Hintergrund eines inneren Settings in mir, das mir genug Sicherheit gibt, darauf zu vertrauen, dass all das, wozu die Anwesenheit des Hundes im Behandlungraum führen mochte, letztlich Teil der Analyse sein könnte. Die Patientin hätte sich gegen meine Deutung wehren können, sie hätte sagen können, sie habe den Hund nicht zum Erbrechen gebracht, sie habe nicht wissen können, was passieren werde, usw. Sie tat dies jedoch nicht, sondern schien erleichtert, dass sich uns ein Weg aufgetan hatte, über ihre aggressiven Gefühle mir gegenüber zu sprechen. Zur analytischen Arbeit gehört es, den Patienten zu helfen, ihren eigenen inneren Raum zu finden, in dem sie selbst analytisch über sich nachdenken können. Die Tatsache, dass diese Frau sich nicht auf rationale Abwehrmechanismen zurückzog, was ihr sonst ein Leichtes war, zeigt den Beginn dieses Prozesses an.

Diese Beispiele verdeutlichen, wie das innere analytische Setting funktioniert. Sie zeigen, wie dieses Konzept dabei hilft, beträchtliche Flexibilität im äußeren Setting zu ermöglichen, ohne dessen analytische Bedeutung zu opfern.

Wie wichtig dieses Konzept ist, zeigt sich deutlich im historischen Rückblick. Ferenczi hatte so zu kämpfen, weil es noch nicht existierte. Er hätte die Idee des inneren Rahmens gebraucht, um die Art und Weise, wie er seinen schwer gestörten Patienten helfen wollte, zu verstehen und unter Kontrolle zu halten. Hätte er über das Konzept verfügt, so hätte ihm dies womöglich viele Schwierigkeiten erspart. In Littles (1985) Bericht über ihre Analyse bei Winnicott beschreibt sie, wie Winnicott in seinem Verhalten konventionelle Auffassungen des analytischen Rahmens sprengte. Er hielt ihren Kopf, während sie anscheinend die Schrecken ihrer eigenen Geburt nochmals durchlebte. Er verdoppelte die Dauer der Sitzung, ohne mehr Geld zu verlangen. Ich habe mir an anderer Stelle (Parsons 2002) darüber Gedanken gemacht, warum Winicott wohl so gehandelt haben mag. Meine Vermutung war, dass Winnicott in Anbetracht der zur damaligen Zeit etwas eingeschränkten Sicht des analytischen Prozesses an den Grenzen des äußeren Rahmens rüttelte, um so sein Gefühl dafür zu erweitern, was der psychoanalytische Prozess in sich fassen kann. Ich möchte damit sagen, dass seine Ferenzci ähnelnden Experimente mit dem äußeren Setting Ausdruck seines Versuches sein mochten, ein Verständnis vom inneren analytischen Setting zu entwickeln.

Das äußere Setting schafft, wie gesagt, einen Raum, der vor den Annahmen, Erwartungen und Urteilen der normalen Realität schützt. Innerhalb dieses Rahmens haben Analytiker und Patient die Freiheit zu sein, wie auch immer es ihnen notwendig erscheint. Dies bewirkt eine andere, eigene Realität, in der analytisches Verstehen entstehen kann. Das innere Setting schafft einen psychischen Raum, der entsprechend geschützt ist, in dem der Analytiker seine eigene psychoanalytische Realität bewahren kann. Dies gelingt, wenn der Analytiker

Freiheit in diesem Bereich seiner Psyche findet, wenn er sein kann, wie immer es ihm innerlich notwendig erscheint, vergleichbar dem analytischen Paar im äußeren Setting.

Die Fähigkeit des Analytikers, frei zu assoziieren, reicht dafür nicht aus. Es ist eine Freiheit, etwas zu tun. Das innere analytische Setting schließt ein, sich freizumachen von Rücksichten, die an anderer Stelle in der Psyche des Analytikers wirksam sind. Absolute innere Freiheit ist ein Ideal, das kaum zu erreichen ist. Es bleibt dennoch die radikale Forderung, dass der Analytiker in diesem Bereich seiner Psyche danach streben sollte.

Diese Freiheit, sich selbst innerhalb des inneren analytischen Settings zu erfahren, bildet die Grundlage für das Hören nach innen, das ich zu Beginn meinte, als ich den Analytiker als seinen eigenen analytischen Zuhörer bezeichnet habe. Wir werden mit größerer Tiefe und Klarheit erfassen, was dies bedeutet, wenn wir uns einer anderen Situation zuwenden, bei der wir, auf etwas Äußeres achtend, mehr hören und verstehen, wenn wir auf das lauschen, was sie in uns auslöst.

Das Zuhören des Dichters

Beim Versuch, ein Gedicht zu verstehen, gibt es einen Punkt, wo es uns nicht mehr weiterhilft, die Worte auf der Seite immer wieder durchzugehen. Wir können nur dann tiefer in das Gedicht eindringen, wenn wir es in uns eindringen lassen und darauf achten, was in uns geschieht. Seamus Heaney (2002, S. 33–35) beschrieb seine Begegnung mit T. S. Eliots *Das wüste Land* (1923). Er versuchte, sich ihm zunächst mit Hilfe von Kommentaren und allem Rüstzeug seiner Universitätsbibliothek zu nähern. Das war aber keine große Hilfe. Schließlich fand er in Eliots eigenen Schriften über Poesie, wie sich »die Intelligenz des Dichters in der Tätigkeit des Zuhörens übt«. Das machte ihn frei. Anstatt *Das wüste Land* auf seine Bedeutung hin zu untersuchen, fing er nun an, es einfach anzuhören und sich selbst, wie er es ausdrückt, zum »Raum des Widerhalls für den Klang des Gedichtes« zu machen. Heaney sagt:

»Ich begann aus dem Auf und Ab der Kadenzen, den Auflösungen und Zügelungen ein mimetisches Prinzip zu erfassen, das sich mit jedweder Bedeutung, die man aus der Geschichte ableiten mochte, messen konnte oder sie sogar übertraf … In der Wucht und Größe der Musik des Gedichts meinte ich ein tönendes Gegenstück der größeren transzendentalen Realität zu erahnen … Im Körper des Klangs fand sich der Atem des Lebens« (2002, S. 34–35).

Aufgrund solcher Erfahrungen unterscheidet Heaney zwischen dem Herausarbeiten und dem Hören von Bedeutung (S. 28). Gleichermaßen macht es klinisch einen großen Unterschied, ob wir die Bedeutung aus dem klinischen Material erarbeiten oder sie in dem, was der Patient sagt, hören. »Herausgearbeitete« Deutungen unterliegen der gleichen Gefahr wie das akademische Auslegen eines Gedichtes: der Gefahr, eine Bedeutung um ihrer selbst willen zu finden und dabei den Lebensatem des Originals zu verlieren. Im inneren analytischen Setting ist die Realität durch die unbewusste Bedeutung definiert. Daher hört der Analytiker in diesem Setting am ehesten Bedeutung, ohne sie herausarbeiten zu müssen.

Als ich diesen Text zum ersten Mal vorstellte, projizierte ich das folgende Gedicht von Seamus Heaney (1996) auf eine Leinwand, bevor ich den Vortrag hielt. Dies gab dem Publikum Zeit, das Gedicht zu sehen und eine Beziehung zu ihm in Textform zu finden.

Der Regenstock

Dreh ihn herum, und das, was dann geschieht,
Ist eine Weise, die du nie für lauschenswert
Gehalten hättest. In einem Kaktus rauschen

Schauer, Sturzbach, Brecher und Rückfluß
Herab. Du stehst da wie eine Flöte,
Aus der das Wasser spielt, du schüttelst ihn noch mal,

Und decrescendo rinnt's durch alle Oktaven,
Wie eine Traufe, die verträpfelt. Und jetzt kommt
Ein Sprühgeriesel aus dem erfrischten Laub,

Dann feine Feuchtigkeit aus Gras und Gänseblümchen:
Dann Glitzer-Nieseln, Seufzer-fast von Luft.
Dreh ihn nochmals um. Was dann geschieht,

Verliert nichts dadurch, dass es schon einmal,
Zweimal, zehn-, tausendmal geschehen.
Wen schert's, wenn, was das Ohr beglückt,

Nur trockne Samen sind, die durch einen Kaktus rieseln?
Du bist wie ein Reicher, der in den Himmel eingeht
Durch das Ohr eines Regentropfens. Hör jetzt wieder zu.

Als ich den Vortrag hielt, las ich nun das Gedicht laut vor, ohne den Text auf der Leinwand zu zeigen. Ich wollte den Zuhörern vermitteln, wie unterschiedlich das Erleben ist, ob man sich zu dem Gedicht als Text in Beziehung setzt oder zum Resonanzraum wird für seine Töne, denen man sich öffnet. Bevor der Leser im Text fortfährt, könnte es interessant für ihn sein, das Gedicht laut zu lesen.

Das schwere, gleichmäßig ausgewogene Zischen von »Schauer, Sturzbach, Brecher und Rückfluß« strömt so spürbar durch den die Worte formenden Mund wie durch den Regenstock. Es wird ruhiger zu einer »Traufe, die verträufelt«. In ihrem Ton kreieren die Worte das sich im Schweigen verlaufende, von ihnen beschriebene Tröpfeln. Die Leichtigkeit, die folgt, von »Sprühgeriesel«, von »Seufzer-fast von Luft« ist, wortwörtlich, atemberaubend. Ein entscheidender Ausdruck ist »Du stehst da wie eine Flöte/Aus der das Wasser spielt …«. In diesem Augenblick wirst »Du« zum Regenstock: Du, eine Flöte durch die diese wundervollen Klänge rinnen – die Klänge des Gedichts. Und das Gedicht wurde von dem Dichter geschaffen, der auf die wundervollen Klänge lauscht, die durch ihn selbst rinnen. Er ist der Regenstock. Und wenn wir in uns das Gedicht vom Regenstock hören, werden wir selbst zum Regenstock.

Wie ein Schlag trifft es uns dann, wenn wir über die plötzlich hingeworfene Frage stolpern: »Wen schert's …?« Das freudige Spiel des Gedichts mit Klängen scheint nahezu aggressiv verworfen. Was flüssig war, wird schroff und hart in »Nur trockne Samen sind, die durch einen Kaktus rieseln«. Hinter der äußeren Schönheit kommt eine tiefere Bedeutung zum Vorschein. »Was das Ohr beglückt« eröffnet einen Weg, »in den Himmel« einzugehen, »Durch das Ohr eines Regentropfens«. Der biblische Widerhall ist bedeutsam. Was man durch das Nadelöhr erreicht, ist etwas letztendlich Wertvolles, das man aber nur findet, wenn man auf die Reichtümer, die man zu brauchen glaubt, verzichtet. Mit diesem Wissen im Kopf werden wir eingeladen: »Hör

jetzt wieder zu.« Dies ist ein Gedicht über das Zuhören, das seine
eigene Vielfalt von Hörmöglichkeiten in sich trägt und auslöst.

Klinische Implikationen

Was bedeutet es für den Analytiker, dem Patient auf diese Weise zuzuhören? Heaneys Gedanken zu dichterischer Technik haben uns
Psychoanalytikern viel zu sagen. Sein idiosynkratischer Gebrauch
des Begriffs ›Technik‹ sollte dabei nicht unbemerkt bleiben. Heaney
stellt »Technik« dem »Handwerk« (craft) gegenüber, ähnlich Klauber
(1981, S. 114), der das »Handwerk« und die »Kunst« der Analyse
diskutiert. »Handwerk«, wie Heaney es versteht, entspricht etwa dem,
was ich die äußeren Aspekte der Behandlungstechnik nannte, während sein Verständnis von »Technik« meinem Verständnis von deren
inneren Aspekten näher kommt. Mit diesem Hinweis nun zu dem was
er sagt:

»Handwerk (craft) kann man von anderer Dichtung lernen. Es ist die Fähigkeit, etwas zu machen … Man kann es anwenden, ohne sich auf Gefühle oder
das Selbst zu beziehen … Das Handwerk zu erlernen heißt zu erlernen, die
Winde des Brunnens der Poesie zu drehen. Normalerweise beginnst Du damit,
den Eimer halb in den Schacht hinunterzulassen und ihn dann gefüllt mit Luft
heraufzuholen. Du imitierst das richtige Geschehen bis sich eines Tages die
Kette unerwartet strafft und Du in Wasser eingetaucht bist, das Dich fortan
immer wieder anlocken wird. Du wirst die Haut auf dem Teich Deines Selbst
durchbrochen haben.
Ab diesem Punkt ist es gerechtfertigt, von Technik zu sprechen anstelle von
Handwerk. Technik, wie ich sie definieren würde, umfaßt nicht nur den Umgang des Dichters mit Worten, Versmaß, Rhythmus und verbaler Struktur: sie
schließt ein, wie er seine Haltung dem Leben gegenüber und seine eigene Realität definiert. Sie schließt die Entdeckung von Wegen ein, seine eigenen kognitiven Grenzen zu sprengen und ins Sprachlose vorzustoßen: eine dynamische
Achtsamkeit, die zwischen dem Ursprung von Gefühlen in Erinnerung und
Erleben und den formalen Tricks, diese in einem Kunstwerk auszudrücken,
vermittelt« (2002, S. 19).

Analytiker brauchen eine ähnliche geistige Wachsamkeit sich selbst
gegenüber, um zwischen den in Erinnerung und Erleben wurzelnden
Gefühlen und den Deutungen, mit denen sie diese im klinischen Setting ausdrücken, eine Brücke zu bilden. Wenn der Analytiker im inne-

ren analytischen Setting sicher aufgehoben ist, wird dieser Vorstoß ins Sprachlose möglich.

Was bedeutet dies nun alles im Behandlungszimmer?

Herr W. ist um die fünfzig Jahre alt. Die Stunden, die ich beschreiben werde, fanden nach etwa einem Jahr fünfstündiger Analyse statt. Er ist unverheiratet und kinderlos. Seine sexuellen Partner waren ausschließlich Frauen. In seinen späten Teenagerjahren hatte er sich allerdings in einen jungen Mann seines Alters verliebt. Die beiden waren befreundet, aber seine Liebe blieb unerwidert und es entwickelte sich weder eine emotionale noch eine sexuelle Beziehung. Dies blieb die wichtigste und leidenschaftlichste emotionale Erfahrung seines Lebens. Seither hatte er mehrere Frauenbeziehungen, die einige Jahre andauerten. Es waren sexuelle Beziehungen, aber was ihn betraf, war er körperlich weder sonderlich angezogen noch erregt. Er hat Schwierigkeiten, eine Erektion zu bekommen, und manchmal vermeidet er deshalb Geschlechtsverkehr. Er genießt es, wenn eine Frau ihm den Hintern versohlt, nicht so hart, dass es schmerzt, aber doch so, dass er sich erniedrigt fühlt.

Eine bedeutende Kindheitserinnerung, mit dem Charakter einer Deckerinnerung, ist, dass er seine Eltern nachts aufweckte. Sie standen dann da, er zwischen ihnen, und die Mutter sagte verärgert zum Vater, er solle ihn versohlen. Sein Vater, der nicht ärgerlich war, tat dies, aber so sanft, dass es nicht schmerzte.

Was sein materielles Fortkommen betraf, so war er einigermaßen erfolgreich, wenn auch nicht übermäßig. Seit er ein von ihm aufgebautes Unternehmen verkauft hat, fühlt er sich ohne festen Boden unter den Füßen. Er ist einsam und insbesondere unglücklich darüber, keine sexuell und emotional befriedigende Beziehung zu finden. Auch sein Wunsch, seinem Leben eine Richtung zu geben, führte ihn zu mir. Er fürchtete sich davor, sein Leben als leer, sinnlos und bar jeder Bedeutung zu empfinden.

Eine Woche in der Analyse von Herrn W.

Donnerstag

Er sagte, er habe den Feuermelder bemerkt, während er im Wartezimmer saß. Er dachte, das sei komisch und er fragte sich, ob ich den Feuermelder dort angebracht habe für den Fall, dass einer meiner Patienten das Haus anzünde. Er würde das nicht tun. Ich antwortete, dass ihm offenbar der Gedanke gekommen sei, dies tun zu können.

Später in der Sitzung erwähnte er, dass er am Ende der Ferien den Klempner anrufen müsse, um ein Leck zu beheben. Sicherlich würde der Klempner nicht kommen, und deshalb wolle er ihn am liebsten im Bad in kochendes Wasser werfen oder ihm mit einem scharfen Messer den Bauch aufschlitzen. ›Das wäre mir ein großes Vergnügen.‹ Ich sagte, diese Gedanken würden gut zu dem Wunsch passen, mein Haus anzuzünden. Er erklärte, er habe gedacht, ein anderer Patient könne psychotisch werden und das tun, aber nicht er.

Nun berichtete er, Toast in einem Café unter seiner Wohnung gegessen zu haben. Die Vorstellung, den Toast in den Mund zu schieben, habe ihn mehr befriedigt als der Geschmack selbst. Ich fragte, ob er wisse, was ihm an diesem Bild so gefallen habe. Seine Antwort war, dass der Toast zum Teil in ihm drinnen und zum Teil draußen sei. Dann überlegte er, ob er sich meiner Rolle bemächtige und sich selbst eine Deutung gebe, um mich von meinem Podest zu stoßen. Ich erwiderte, dass er genau das womöglich tun wolle.

Freitag

Es schien, als ob er sich nicht nur auf die Couch legen würde, sondern geradezu in sie hinein. Dann schwieg er. *Nach einer Weile ging mir durch den Sinn, dass er womöglich die ganze Stunde lang schweigen könnte. Ich hatte einmal nach etwa 40 Minuten sein Schweigen unterbrochen, und er hatte mir am nächsten Tag mitgeteilt, wie enttäuscht er darüber gewesen war. Das Schweigen hielt an. Traumähnliche Bilder stiegen in mir auf: jemand spielte mit Handpuppen; jemand versuchte, mit einem Hammer eine Wand einzuschlagen. Ich hatte aber weder das Gefühl, ihn in seinem Schweigen unterbrechen zu wollen, noch fühlte ich mich manipuliert. Ich fragte mich, ob sein Schweigen ein Versuch war, zu etwas durchzustoßen.*

Ich wusste, ich darf keine plötzliche oder laute Bewegung machen, die ihm hätte vermitteln können, ich sei irritiert oder frustriert. Ich wusste aber auch, dass absolute Stille nicht angebracht war. Wenn ein Schweigen sich hinzieht, so weiß man manchmal, dass jegliche Bewegung die vollkommene Ruhe, die der Patient gerade braucht, stört. Dies hier fühlte sich nicht so an. Mit natürlichen, selbstverständlichen Bewegungen wechselte Herr W. von Zeit zu Zeit seine Stellung auf der

Couch. Ich tat dasselbe in meinem Stuhl. Nicht, dass ich dies bewusst entschieden hätte – ich ließ es geschehen, wie es sich ergab, damit er spüren konnte, dass ich mich wohl fühlte. Nach einer Weile hatte ich den Eindruck, dass unsere Körper wie in einem langsamen Dialog aufeinander reagierten. *Ein Gedanke ging mir durch den Kopf: zwei Männer, deren Körper, einer auf den anderen reagierend, sich gemeinsam bewegen? Etwas Homosexuelles schien sich zwischen uns abzuspielen, aber ich empfand es nicht als erotisch. Ich dachte an die »Drei Abhandlungen« (Freud 1905) und daran, dass Freud erweiterte, was wir unter Sexualität verstehen. Erlebte ich mit diesem Mann etwas Sexuelles im weiteren Sinn?*

Und so endete diese Freitagsstunde, ohne dass einer von uns ein Wort gesprochen hatte.

Montag

Er sagte, er wolle mit mir reden, aber auch nicht. Die Freitagsstunde sei gut gewesen. Weil ich nichts gesagt hatte, habe er nicht das Gefühl gehabt, mir etwas geben zu müssen. Es gebe Dinge in ihm, die schrecklich und aggressiv seien und stinken würden. Er wolle sie gerne rauslassen, aber er denke, das werde mir nicht gefallen. Er malte ein Bild von sich selbst mit etwas Braunem, Übelriechenden in der Hand. Er wolle es mir geben, aber das sei unmöglich. Er erwähnte die Stunde, in der ich gegen Ende das Schweigen unterbrochen hatte. Mir fiel ein, wie ärgerlich und enttäuscht er gewesen war. Er schien überrascht und erfreut, dass ich mich daran erinnerte.

Den Rest der Stunde füllte er mit der Frage, ob ich das schreckliche Zeug in ihm annehmen könne. Der Mangel an Schamgefühl, mit dem er über seine Scheiße sprach, war bemerkenswert. Das hätte provokativ wirken können, aber tatsächlich erschien es mir nicht so. Es kam mir vor, als rede er auf eine für ihn reale Art und Weise über etwas. Etwas offensichtlich Narzisstisches umgab ihn, und während er davon sprach, wie ekelerregend seine Scheiße war, so war die darunterliegende Idealisierung doch deutlich spürbar. Aber überwiegend fühlte ich, dass er meine Anwesenheit nicht dazu missbrauchte, mich durch seinen Monolog auszulöschen. Ich schien eher für ihn jemand zu sein, mit dem er kommunizieren wollte, wie auch immer er es konnte.

Dienstag

Er begann: »Also, ich sehe eine große Welle auf mich zukommen. Sie hat eine Gischtkrone. Und jetzt sehe ich einen Fisch in der Welle, einen großen Fisch, der vorwärts schaut und dessen Kopf gerade aus der Welle hervorkommt«. *Ich weiß nicht, ob dies eine Phantasie ist, oder ein Trugbild, das die Fensterjalousie mit dem Laub davor in ihm aufsteigen lässt, oder ob er mir einen Traum erzählt. Er erwartet, dass ich ihm zuhöre, ohne dass er mir erläutern muss, was ich höre. Das heißt, er vertraut darauf, dass ich annehme, was immer er mir gibt.*

Er sagte, er habe einen Mann aus dem Haus kommen sehen, als er ankam. War das ein anderer Patient? Konkurrieren sie miteinander um mich? Ist die Gischt auf der Welle mein Sperma und sie wollen es beide haben? *Ich empfand dies als stereotyp und unecht. Ich dachte, er stelle sich den schwierigen und wahren Gefühlen in Bezug auf den anderen Mann nicht und wetteiferte stattdessen um das Liefern von Deutungen, vergleichbar dem Toast vom Donnerstag.*

Dann begann er sich zu fragen, ob der Mann mein Sohn sein könnte. Für eine Zeitlang war Herr W. an diesem Gedanken interessiert, dann gab er ihn auf und verstummte. Schließlich sagte er, er würde gerne spüren, wie ich von hinten zärtlich und liebkosend in ihn eindringe. Mit der Deckerinnerung im Sinn, wie er seine Eltern aufweckte, sagte ich, dass ich glaube, er denke an den Geschlechtsverkehr, dem mein Sohn entstamme, und er wolle dies verhindern, indem er sich vorstelle, ich habe stattdessen Geschlechtsverkehr mit ihm.

Indem er mir erklärte, was ich gesagt hatte, zeigte er mir, dass er die Deutung verstand. Er sagte: »Sie meinen, es gibt jemanden mit dem Sie Sex haben, und ich will nicht, dass diese dritte Person existiert. Ich möchte Sie nur für mich haben. Und deshalb wünsche ich mir, dass Sie von hinten in mich eindringen.« *Er hatte mich richtig verstanden, aber als er weitersprach, war dies wie ein Monolog, und ich konnte nur passiv zuhören.*

Mittwoch

Er sagte zu Beginn, eine »Strömung« käme von hinten. *Eine Luftströmung? Ein Strom von Gefühlen? Ich wusste es nicht.* Dann erwähnte er einen Traum, *in dem jemand vor ihm einen Rucksack trug, auf dem ein riesiges Kaninchen saß. Er wollte, es käme näher, damit er es streicheln könnte.*

Er denkt, was er von mir möchte, sei etwas wie die Strömung, die er spürte, die sorgende Zartheit eines Mannes, der von hinten in ihn eindringe. Dies gäbe ihm das Gefühl, dass nichts von ihm gefordert würde und er akzeptiert sei. Er erwähnte das von mir als Deckerinnerung bezeichnete Ereignis und begann den Gedanken zu konstruieren, dass er eifersüchtig auf etwas sei, das die Eltern zwischen sich hatten und das er für sich selbst wolle. *Dies fühlte sich an, als wolle er meine Deutung von gestern erneut hervorrufen.*

Ich sagte, ich sei nicht sicher, woran er tatsächlich denke, wenn er von der Zartheit eines von hinten in ihn eindringenden Mannes spreche. Er antwortete, es sei etwas Sanftes, eine zärtliche Berührung, vielleicht wie eine Massage. Es käme überall in ihn hinein, er erlebe es in seiner Haut. Es sei kein Penis, der in seinen Anus eindringe. Das täte weh und wäre aggressiv. Es wäre eher wie ein Bäcker, der tief unten an seinen Gesäßbacken, und vielleicht auch dazwischen, Teig kneten würde. Es könne auch in die Richtung von leichten Schlägen gehen. *In seiner Vorstellung war eindeutig ich derjenige, der dies ausführte. Wieder sprach er sichtlich ohne Scham über etwas, das für ihn offenbar unkompliziert und nur einfach wunderbar war.*

Er sagte, er hätte sich gewünscht, dies mit Peter zu fühlen (dem jungen Mann, in den er in seinen späten Teenagerjahren verliebt war). Es sei schrecklich gewesen, als diese Beziehung nicht zustande kam. Mit seiner jetzigen Freundin fühle er ein bißchen davon. Sie sei klein und zart und er könne sich so richtig um sie herumwickeln. Er liebe es, sie auf den Hintern zu schlagen. Ich sagte, wenn er um sie herumgewickelt sei oder sie schlage, so wisse er, wie es mir schien, nicht wirklich, ob dies eine kleine, zarte Frau sei oder ein Junge, wie Peter. Er stimmte zu und sagte, es sei ein Wunschtraum von ihm, dass ich neben ihm sitze und ihm Diapositive mit einer besseren Alternative zeige. *Bei seinem Hintergrund neigt er womöglich dazu, den technischen Ausdruck ›Diapositiv‹ (diapositive) anstelle des gebräuchlichen ›Dia‹ (slide) zu benutzen – dennoch war die Wortwahl verblüffend.*

Diese Beschreibung seines ›Traums‹ rief mir den Traum von dem großen Kaninchen ins Gedächtnis, und ich fragte, ob er mehr darüber sagen wolle. Er sagte, das Kaninchen sei beängstigend gewesen, da es so groß war. Er sprach von der Tochter eines Freundes, die ein Kaninchen als Haustier in einem Käfig halte. Er habe sie oft geneckt und gesagt, er liebe den Geschmack von Kaninchen und werde es kochen und essen. Es stellte sich heraus, dass dies zehn Jahre her war, als die Tochter des Freundes sieben Jahre alt war. Nun sei sie siebzehn und das Kaninchen immer noch am Leben und im Käfig. Ihr Bruder, der Sohn von Herrn W.'s Freund, habe gerade geheiratet. *Diese Assoziation berührte mich sehr. Er möchte sich dem Tier mit dem Fell nähern und es streicheln, aber es ist beängstigend groß und muss deshalb in einem Käfig eingesperrt und auf eine oral sadistische Weise bedroht werden. Das Kaninchen scheint eine verworrene Repräsentation von Geschlechtsteilen und Brust zu sein. Und nach so vielen Jahren muss es immer noch im Käfig gehalten werden. Aber die Hochzeit des Sohnes lässt anscheinend Hoffnung auf eine Alternative aufkommen.*

Ich bezog mich auf das Wort ›Diapositiv‹ aus seinem anderen ›Traum‹ und sagte, er glaube, dass etwas am Körper einer Frau abstoßend sei, sehr negativ, und vor allem das Eindringen des Penis in diesen Körper mit all dem, was in ihm drinnen sein möge. Und er wolle meine Hilfe, dies anders zu sehen, so dass der Körper einer Frau etwas Positives für ihn werden könne. Er antwortete mit der Erinnerung an den Tag, an dem er von der Couch aufstand und sich mir gegenüber setzte. Fur eine Weile habe er gedacht, ich würde einschlafen, habe aber dann gemerkt, dass ich in mich versunken war, um besser zu spüren, worüber er sprach.

Diskussion

Seine Assoziation über das Kaninchen und meine darauffolgende Intervention zeigen, wie ich Heaney verstehe, wenn er über den Unterschied zwischen Bedeutung herausarbeiten und Bedeutung hören spricht. Hätte ich eine Deutung eingeleitet mit: »Ich denke, das Kaninchen steht für …« oder »Das, worüber Sie sprechen, bedeutet …«, so hätte ich aus dem Material des Patienten *Bedeutung erarbeitet*, auf eine Weise, die mich von ihm hätte distanzieren können. Gleichermaßen hätte ich in der ersten Stunde geradeheraus sagen können, dass der unzuverlässige Klempner, den er zum Ferienende brauche und den er quälen wolle, für meine Person stehe. Anstatt das, was er meinte, in solche Deutungen umzuarbeiten, zog ich es vor, von seinem Ekel vor dem weiblichen Körper zu sprechen und von seiner Hoffnung, dass ich ihm helfen könne, dies zu ändern; sowie zu sagen, dass das

Quälen des Klempners und das Anzünden meines Zimmers zusammen gehörten. Diese Interventionen entstammten der Bedeutung, die ich in seinen Assoziationen *hörte*, und ich hoffte, sie würden einen engeren Kontakt zwischen uns in einem deutenden Dialog aufrechterhalten.

Ich betrachte es als Prüfstein psychoanalytischen Geschehens, ob zu spüren ist, dass Patient und Analytiker miteinander neue Bedeutungen finden können; ob sie sich in einem analytischen Dialog, oder nur in wiederholten, abwechselnden Monologen aufeinander eingelassen haben. So gesehen besteht ein interessanter Unterschied zwischen der Montagsstunde, in der Herr W. sich darüber ausließ, ob ich seine Scheiße akzeptieren könne, und der Dienstagsstunde, in der er meine Deutung aufnahm, dass er den Geschlechtsverkehr, der meinen Sohn hervorbrachte, unterbrechen wolle.

Am Dienstag entzog er meiner Deutung den Gehalt, er machte sie sich in einem Kommentar über das von mir Gesagte zu eigen. Er zeigte, dass er die Deutung verstanden hatte, aber daraus entstand nichts Neues zwischen uns. Den Grund dafür zeigt die Mittwochsstunde. Das Material war fast ausschließlich präödipal und voller Ängste vor der Berührung mit einer unbestimmbaren Art von Geschlechtsteil. Meine Deutung vom Dienstag war falsch gewesen. Ich folgte seinen Worten, dass er sich wünsche, ich dringe von hinten in ihn ein. Ich dachte, ich spräche seine Angst an vor einer Art von Geschlechtsverkehr (dem der Eltern) und seinen Wunsch, ihn durch einen anderen zu ersetzen (die passive Homosexualität mit mir als Vater). Herr W. hatte aber in diesem Augenblick keinerlei Vorstellung von irgendeinem Geschlechtsverkehr. Tatsächlich konnte er in der Deutung keinerlei Bedeutung hören. Er konnte sie richtig entziffern. Aber Entziffern heißt nicht Hören: es ist Herausarbeiten. Für mich sollte die Deutung Teil des Dialogs zwischen uns werden. Für ihn war sie ein nichtssagender Monolog. Er konnte nur mit einem eigenen Monolog antworten.

Auf den ersten Blick wirkte sein Reden über Scheiße am Montag mehr als Monolog als das, was am Dienstag geschah. Aber auch wenn ich die meiste Zeit schwieg, so standen wir doch im Dialog miteinander. Er und ich konnten die Bedeutung seiner Worte hören, ohne sie herausarbeiten zu müssen. Ich musste kaum etwas deuten, da er meine Anwesenheit als Zuhörer nutzen konnte, um neue Bedeutungen für uns beide zu finden.

Auch die Bedeutsamkeit der Stunde, in der wir geschwiegen hatten, wird nun deutlich. Ich erahnte das Wechselspiel unserer Körperbewegungen und dachte zunächst, ich müsse wohl Teilnehmer in einer homosexuellen Begegnung sein. Aber ich empfand es nicht als erotisch. Freuds erweitertes Verständnis von Sexualität ging mir durch den Kopf. In der Tat können wir angesichts der Mittwochsstunde sagen, dass sich Herr W. am Freitag in einem Zustand von prägenitaler und präverbaler Regression befand. Die gegenseitige Empfänglichkeit, in der unsere Körper aufeinander reagierten, war nicht die zwischen zwei Männern, sondern jene zwischen Mutter und Kind.

Meine Fähigkeit, mit dieser Stunde so umzugehen und über das, was geschah, nachzudenken, hing sehr von meinem inneren analytischen Setting ab. Es gab einen Raum in meinem Innern (mind), in dem ich annehmen konnte, ich müsse Geschlechtsverkehr mit einem Mann haben und dass ich das als erotisch empfinden sollte. Obgleich die übrigen Bereiche meines Geistes (mind) nicht von solch einer Realität bestimmt sind, konnte sie diesen Raum beherrschen. Da ich in meinem inneren analytischen Setting erwarten konnte, homosexuell erregt zu sein, konnte ich mit Überraschung feststellen, dass dies nicht der Fall war. Dies wies mir die Richtung zu dem, was sich tatsächlich stattdessen abspielte.

Wo, topographisch betrachtet, ist das innere analytische Setting im Geist (mind) des Analytikers lokalisiert? Als die zuvor erwähnte Patientin ihren Hund mitbringen wollte, entschied ich, dies als Teil der Analyse zu akzeptieren, wozu auch immer es führen mochte. Dabei machte ich bewusst Gebrauch von meinem inneren analytischen Setting. Betrachte ich dagegen die soeben diskutierten Stunden, so musste ich im Nachhinein feststellen, dass ich gleichsam in meinem inneren analytischen Setting ›wohnte‹. In der Sitzung selbst gebrauchte ich es vorbewusst. Wie vieles aus dem theoretischen Repertoire des Analytikers bewegt sich das innere analytische Setting zwischen vorbewusst und bewusst. Meist kommt es vorbewusst zur Geltung, aber es wird bewusst, wenn dies notwendig wird.

Jenseits der Gegenübertragung

Zu Beginn dieser Arbeit habe ich die geläufige Entwicklung des Konzepts der Gegenübertragung dargestellt und das innere analytische Setting gewissermaßen als den inneren Raum beschrieben, den der Analytiker braucht, um sich selbst auf analytische Weise zuhören zu können. Wenn wir die Entwicklung der klassischen Auffassung von Gegenübertragung hin zum Konzept der Ära nach 1950 betrachten, so können wir zwei entscheidende Veränderungen sehen. Zum einen wird Gegenübertragung nicht mehr nur als Behinderung, sondern als Bereicherung der Analyse verstanden. Zum anderen wandelte sich die Auffassung, wo die Gegenübertragung herrührt. In der früheren Auffassung entspringt sie der psychischen Struktur des Analytikers, in der späteren dem inneren Geschehen des Patienten. Dieser zweite Wandel des Blickwinkels, nämlich von welcher Psyche die Gegenübertragung herrührt, wurde weniger betont als jener vom Verstehen der Gegenübertragung als Hilfe statt als Hindernis. Wenn man jedoch die Komponenten der Revision auf diese Weise auseinanderdividiert, ergibt sich eine neue Möglichkeit. Wenn Gegenübertragung der Psyche des Analytikers entspringt und die Analyse behindert, oder der Psyche des Patienten und sie fördert, könnte dann nicht auch die Analyse in der Psyche das Analytikers etwas anregen, was hilfreich für die Analyse ist?

Hier gibt es einen wichtigen Unterschied zu beiden vorhergehenden Betrachtungsweisen. Diese gehen davon aus, dass etwas bewusst werden muss, damit sich die analytische Arbeit entfalten kann. Die von mir aufgezeigte neue Denkweise verlangt weder, dass der Analytiker ein Hindernis in sich selbst überwindet, noch dass er eine projektive Identifikation erkennt, um die Analyse wieder aufs rechte Gleis zu bringen. Die Vorstellung, dass unbewusste Aspekte der Psyche des Analytikers, angeregt durch die analytische Begegnung, die Analyse nicht behindern, sondern ihr neue Kreativität verleihen, führt uns über das übliche Verstehen von Gegenübertragung hinaus.

In der psychoanalytischen Literatur wurde bisher das Unbewusste tendenziell als eine Art Black Box mit unbekanntem Inhalt dargestellt. Etwas vom Inhalt – Wünsche, Gedanken, Ängste, Phantasien – entkommen der Kiste von Zeit zu Zeit und geraten ans Licht, wo sie gesehen, bzw. bewusst werden. Freuds Gebrauch einer räumlichen Metapher ist weitgehend für dieses Bild verantwortlich, und so ist es wichtig, sich ins Gedächtnis zu rufen, dass er vom *System* Ubw sprach. Systeme sind keine Container mit Objekten, die entweder drinnen oder draußen sind. Sie sind konzeptuelle Strukturen mit Funktionen, Möglichkeiten und Beschränkungen. Wir können fragen: Kann dieses Familiensystem die Konfusion dieser Kinder containen? Kann das demokratische System die Forderungen des Fundamentalismus containen? Aber wir wissen, dass es uns dabei um die funktionale Kapazität eines Systems geht. Bions Konzept von Container und Contained bestätigt dies. Er macht ausdrücklichen Gebrauch von dieser Metapher und verdeutlicht gleichzeitig, dass er sich dabei auf die Funktion des Geistes (mind) einer Mutter oder eines Analytikers bezieht.

Unbewusste Aspekte der Psyche des Analytikers anzuregen, bedeutet nicht unbedingt, zuvor verdrängte psychische Inhalte ans Licht des Bewusstseins zu bringen. Die analytische Situation kann auch Fähigkeiten und Funktionen in der Psyche des Analytikers erwecken, die ihm bis dahin unbekannt waren. Der Analytiker muss dafür zur Verfügung stehen und offen für dieses Potential sein. Wie anregend analytische Begegnungen in dieser Hinsicht sind, ist unterschiedlich. Wenn ein Analytiker offen ist, sich von einer spezifischen Analyse auf jeder noch so tiefen Ebene berühren zu lassen, dann wird sein Erleben der eigenen psychischen Kapazität durch die analytische Begegnung erweitert werden. Dies wird bereichernd und gewinnbringend für die Analyse sein.

Meine Arbeit mit Herrn W. zeigt, wie ein Analytiker mehr und mehr dazu kommen kann, sich selbst analytisch auf eine Weise jenseits der Gegenübertragung zuzuhören. Dies erweitert seine eigene psychische Kapazität und bereichert gleichzeitig die Analyse.

Ich sitze seit 25 Jahren hinter der Couch, ich bin also in meiner Lebenszeit als Analytiker ziemlich weit fortgeschritten. Dieser Patient lässt mich erleben, wie viele faszinierende Entdeckungen die Psychoanalyse noch immer für mich birgt, und wie sehr ich meine analytischen Fähigkeiten immer noch entwickeln muss. Ich frage mich, »wenn ich noch weitere 25 Jahre hätte, wo würde mich mein Verstehen von all dem wohl hinführen?« Aber ich werde keine 25 Jahre mehr haben. Diese Analyse konfrontiert mich also damit, dass es vieles über Psychoanalyse gibt, das ich nie verstehen werde. Um diese spezifische Analyse fruchtbar zu machen, ist es nicht notwendig, dass ich in der Gegenübertragung meine unvermeidbaren Verluste, mein Versagen und letztendlich meinen Tod reflektiere. Dies zu akzeptieren und zu ertragen, ist eine notwendige seelische Fähigkeit für jeden Menschen. Aber Herrn W.'s Analyse bringt mir stärker ins Bewusstsein, dass ich diese Fähigkeit in mir selbst entdecken muss.

Es muss ein Gewinn für jede Analyse sein, wenn die Arbeit den Analytiker dazu bewegt, mehr von seiner eigenen Menschlichkeit zu entdecken. Über diese allgemeine Wahrheit hinaus stehen aber die selbstanalytischen Reflexionen, die diese Analyse in mir auslöst, auf spezifische Weise in Beziehung zu Herrn W.'s Zustand. Sein bedeutungsvollstes emotionales Erlebnis liegt 25 Jahre zurück. Nie wieder fand er zu einer solchen Tiefe von Gefühlen. In seinen heterosexuellen Beziehungen empfand er nicht annähernd die Leidenschaft und die emotionale Tragweite seiner Gefühle für Peter; er konnte aber auch keine homosexuelle Identität erwerben, die ihm erlaubt hätte, diese Gefühle mit einem anderen Mann auszuleben. Die Leere seiner Sexualität ist tragisch. Er fand auch keinen Weg, die Einzigartigkeit seiner Person in einem anderen Lebensbereich zu entfalten. Nichts gibt seinem Leben einen Sinn, der beispielsweise vergleichbar wäre mit dem, was die Psychoanalyse für mein Leben in den letzten 25 Jahren bedeutete. Und hier ist er, mehr als die Hälfte seines Lebens ist vergangen, und er fragt sich, wie er den Rest ertragen soll. Er drückte die Furcht aus, dass sein Leben leer und sinnlos sei. Aber seine Worte können das Gefühl von Verlust und Beschränkung und den Schmerz, nicht der zu sein, der er hätte sein können, nicht voll ausdrücken. Die psychische Arbeit an meiner eigenen Situation, welche diese Analyse in mir anregt, lässt mich diesen Schmerz immer noch am ehesten erfassen.

Das illustriert meine vorhergehende Beschreibung des Analytikers als jemand, der sich selbst analytisch zuhört. Es zeigt auch, dass dies nicht bedeutet, dass der Analytiker die Analyse quasi parasitär zum Zwecke seiner Selbstanalyse benutzt. Selbstanalyse ist sicherlich dabei beteiligt, und sie ist für jede spezifische Analyse im inneren Setting des Analytikers verankert. Daher bringt das, was die Selbstanalyse in ihm hervorbringt, Licht in die Analyse. Kann denn tatsächlich eine Analyse, die nicht das Leben des Analytikers bereichert, das Leben des Patienten bereichern? Ich bin es, der an Sterblichkeit denkt, und mich dem zu stellen, ist meine eigene, persönliche Arbeit jenseits der Gegenübertragung. Aber diese persönliche psychische Arbeit geht ein in das innere Setting, das ich für diese Analyse in mir (in my mind) trage. Dies verleiht für mich dem Leben von Herrn W. eine Tiefe und Gestalt, die mir hilft, mehr in dem, was er sagt, zu hören, und mehr von seinem Schmerz zu wissen. Dafür muss ich, als sein Analytiker, so wach und lebendig sein wie nur irgend möglich.

Aus dem Englischen von Helga Skogstad

Bibliographie

Alidade, A. M. (2002): Lo positivo en psicoanálisis: Implicancias teorico-tecnicas, 107–120. Buenos Aires (Lumen).

Bridge, M. (1997): Why five times a week? Unpublished manuscript.

– (2006): Moving out: Disruption and repair to the analytic setting. Unpublished manuscript.

Chodorow, N. (2003): From behind the couch: Uncertainty and indeterminacy in psychoanalytic theory and practice. Common Knowledge 9, 463–487.

Coderch, J. (1987): Teoria y tecnica de la psicoterapia psicoanalítica. Barcelona (Herder).

Churcher, J. (2005): Keeping the psychoanalytic setting in mind. Unpublished.

Eliot, T. S. (1923): The Waste Land [1922]. London (Hogarth). Dt.: Das wüste Land, englisch u. deutsch, mit einem Vorwort von Hans Egon Holthusen, übers. von Ernst Robert Curtius. Frankfurt a. M. (Suhrkamp) 2004.

Freud, S. (1905): Drei Abhandlungen zur Sexualtheorie. GW 5, 27–145.

Grinberg, L. (1981): Psicoanálisis: Aspectos teóricos y clínicos. Barcelona (Paidós).

Heaney, S. (1996): The spirit level. London (Faber). Dt.: Die Wasserwaage, Gedichte, englisch u. deutsch, übers. von Giovanni u. Ditte Bandini. München (Hanser) 1998.

– (2002): Finders keepers: Selected prose, 1971–2001. London (Faber).

Klauber, J. (1981): Difficulties in the analytic encounter. New York, NY (Aronson). Dt.: Schwierigkeiten in der analytischen Begegnung, übers. von Jeannette Friedeberg. Frankfurt a. M. (Suhrkamp) 1980.

Linna, L. (2002): When the analyst falls ill: Implications for the treatment relationship. Scand. Psychoanal. Rev. 25, 27–35.

Little, M. (1985): Winnicott working in areas where psychotic anxieties predominate: A personal record. Free Assoc. 3, 9–42.

O'Shaughnessy, E. (1990): Can a liar be psychoanalysed? Internat. J. Psychoanal. 71, 187–195. Dt.: Kann ein Lügner analysiert werden? Emotionale Erfahrungen und psychische Realität in Kinder- u. Erwachsenenanalysen, hg. von Claudia Frank u. Heinz Weiß. Tübingen (edition diskord) 1998.

Parsons, M. (2002): Quel est le cadre? In: André, J. (Hg.). Transfert et états limites. Paris (PUF).

Sklar, J. u. Parsons, M. (2000): The life cycle of the psychoanalyst. BPAS 36, 1–7.

Speziale-Bagliacca, R. (1991): The capacity to contain: Notes on its function in psychic change. Internat. J. Psychoanal. 72, 27–33.

Torras de Beà, E. (1990): Coderch J. Teoria y tecnica de la psicoterapia psicoanalítica [Review]. Internat. Rev. Psychoanal. 17, 263–265.

– (1991): Entrevista y diagnóstico en psiquiatría y psicología infantil psico-analítica. Barcelona (Paidós).

Zac De Goldstein, R. (1995): Torras De Beà E. Entrevista y diagnóstico en psiquiatría y psicología infantil psicoanalítica [Review]. Internat. J. Psy-choanal. 76, 420–423.

Rosine Jozef Perelberg
Raum und Zeit im psychoanalytischen Zuhören[1]

Vorbemerkung

Viele Jahre habe ich mich gefragt, was in meiner ersten Begegnung mit Patrick geschehen war und ob ich ihm tatsächlich ›diese Frage‹ gestellt hatte. Vor dem Hintergrund dessen, was er mir später in der Analyse berichten sollte, war ich mir auch unsicher, ob ich mir seine Antwort nur eingebildet hatte. Alles schien Teil eines nebulösen Ereignisses, von dem ich nicht wusste, ob es stattgefunden hatte, obwohl ich die Sitzung recht ausführlich protokolliert hatte.

Patrick hatte einem meiner Kollegen mitgeteilt, dass er wegen seiner Angst in Beziehungen eine Analyse beginnen wolle. In unserem Erstgespräch konnte ich dennoch sein Widerstreben und sogar seine Angst davor spüren, sich auf eine Analyse mit mir einzulassen. Während dieser ersten Begegnung erzählte er mir, wie er als Student in der Bibliothek immer wieder eingeschlafen war, ohne sich daran erinnern zu können, was er gelesen hatte. Wenn etwas schwierig wurde oder er etwas nicht verstehen konnte, zog sich Patrick zurück, wurde passiv oder schlief ein. Jahre später konnte ich zwei weitere relevante Dimensionen erkennen, die im Erstgespräch nur in Ansätzen deutlich geworden waren: seine Erotisierung von Beziehungen sowie sein Verlangen und zugleich seine Furcht davor, eine passive, masochistische Position einzunehmen. Ich nahm bei diesem Treffen auch wahr, welchen Aufwand er für seinen Körper betrieb: Patrick war ein großer, dunkelhaariger Mann Ende 20 mit einem schlanken muskulösen Körper, der auf viele Stunden Training schließen ließ. Ich spürte bereits, wie er sich durch diesen Aufwand für seinen Körper zusammenhielt. Diese Beobachtungen, Eindrücke und Gedanken brachten mich dazu, ihn im Erstgespräch zu fragen, ob er jemals eine homosexuelle Beziehung gehabt habe, was Patrick rasch verneinte.

In unserem zweiten Gespräch wurden einige der obengenannten

[1] Diese Arbeit wurde im Oktober 2006 auf der English Speaking Conference vorgestellt. Ich danke Don Campbell, Sira Dermen, Gregorio Kohon und Caroline Polmear für ihre Anmerkungen.

Themen deutlicher. Er sagte, er habe Angst, dass es so weit käme, »dass ich alles tun könnte, was Sie wollen, sogar den Bürgersteig auf meiner Straße abzulecken«, wenn er sich auf eine Analyse mit mir einließe. An dieser Stelle sagte ich ihm, dass ich dachte, dass er mir sowohl mitteile, wie ihn diese Möglichkeit erschrecke, aber auch, dass es um ein Verlangen in Bezug auf mich gehe. Das traf ihn, und eine Woche später rief er mich (wie vereinbart) an, um mir mitzuteilen, dass er sich für eine Analyse bei mir entschieden habe. Patrick musste zwei Monate warten, bis wir beginnen konnten; während dieser Zeit hatte er, wie er mir später erzählte, eine homosexuelle Begegnung mit einem Mann (Peter). Nach dieser Mitteilung begann ich daran zu zweifeln, ob der Dialog, den ich aufgeschrieben hatte, tatsächlich so stattgefunden hatte. Ich war auch beunruhigt, dass ich ihm durch meine Frage eine solche Handlung suggeriert haben könnte. War dies eine Suggestion oder ein Beispiel für das Rätsel, das Le Guen gestellt hat: Wie ist es möglich, dass etwas, das noch nicht existiert, etwas hervorruft, das es entstehen lässt? (1982, S. 532).

Einführung: Zeit und Raum

Die analytische Situation ist per definitionem traumatisch, weil sie die Hilflosigkeit des neugeborenen Kindes hervorruft, den Prototyp traumatischer Situationen, den Zustand, welcher der Erfahrung von Angst ursprünglich zugrunde liegt. Indem wir den Patienten auffordern, sich in einem Setting, in dem die Regeln von der Analytikerin bestimmt werden[2], auf die Couch zu legen und zu sagen, was immer ihm in den Sinn kommt, wird die Beziehung mit dem ursprünglichen Objekt wiederbelebt[3]. Innerhalb des analytischen Raumes entfalten sich ver-

---

[2] Die Analytikerin ist tatsächlich die *Hüterin* des Settings, da sowohl die Analytikerin als auch der Patient den Regeln des Settings als einem triangulierenden Element unterliegen. So verstehe ich Freuds Bemerkung zum Rattenmann, als der Patient Freud bittet, ihm die Schilderung der Details seiner Bestrafung zu ersparen. Freud antwortet: »… daß ich ihm natürlich aber nichts schenken könne, worüber ich keine Verfügung habe« (1909d, S. 391). Das Setting und seine Grundregeln bilden das Dritte in der Beziehung zwischen Patient und Analytikerin.

[3] »Die ersten sexuellen und sexuell mitbetonten Erlebnisse des Kindes bei der Mutter sind natürlich passiver Natur«, schreibt Freud (1931, S. 530).

schiedene Zeitdimensionen, eine Spannung zwischen dem Alten und dem Neuen kommt in Bewegung. Zwischen dem, was der Patient ausdrückt (sein Sprechen, seine Schweigepausen, seine Traumnarrative und seine Assoziationen) und der Antwort der Analytikerin aus ihrer inneren Arbeit heraus (in der ihre eigenen freien Assoziationen, ihre Reaktionen, ihre Gegenübertragung und ihre theoretischen Modelle sämtlich ihren Platz haben) entstehen spezifische Dimensionen von Zeit und Raum im Kontext dieser Beziehung.

Dieser Aufsatz beschäftigt sich mit der Assoziationskette zwischen diesem Zustand von Hilflosigkeit, Wiederholungszwang, Trauma, infantiler Sexualität, Vergnügen und Unbehagen, der im Kern der Übertragungserfahrung liegt, und der seinen ultimativen Ausdruck im Zuhören der Analytikerin findet (Rolland 1997). Die Übertragung ist per definitionem angefüllt mit dem Begehren unserer Patienten, das mit ihren unbewussten Phantasien und ihrer infantilen Sexualität verknüpft ist. Die Übertragung ist zudem überdeterminiert, wie Prousts Madeleine, die aus einem metaphorischen und metonymischen *Leuchten* hervortritt, mehrere Momente, Orte und Erinnerungen miteinander verbindet und das ganze kindliche Begehren des Erzählers zum Ausdruck bringt (Kristeva 1996).

Im Zentrum von Freuds *Studien zur Hysterie* hatte die Erinnerung gestanden. 1914 führte Freud jedoch den Begriff des Wiederholungszwanges ein (1914, S. 130). Die Entdeckung des Wiederholungszwanges leitete einen Paradigmenwechsel in Freuds Denken ein, indem er nun den Prozess der Wiederholung des Traumas hervorhob und diesen mit dem von mir oben beschriebenen Netzwerk von Konzepten verband.

Zeitlichkeit

Nachdem er mit einer archäologischen Metapher begonnen hatte, die ein bestimmtes lineares Verständnis von Zeit betonte, entwickelte Freud ein zunehmend komplexes Modell, das Zeitlichkeit als ein auf mehreren Achsen angesiedeltes Konzept begreift. In der *Traumdeutung* (1900) wird zudem eine Verbindung zwischen Raum und Zeit, Primär- und Sekundärprozess geschaffen. Verschiedene Autoren haben auf die Ähnlichkeit zwischen der Traumarbeit und der Arbeit in der analytischen Sitzung hingewiesen (z. B. Bollas 1993; Breen 2006; Khan 1962; Ogden 1997). Bollas äußert die Vorstellung, dass das Material unserer Patienten in einer Sitzung demselben Prozess unterworfen ist, wie er in der Traumarbeit erfolgt: »Er (der Analytiker) macht das Material des Patienten nicht einfach dadurch zu seinem eigenen, dass er es aufnimmt (›by containing it‹, um Bions Metapher zu verwenden), sondern indem er es verzerrt, verschiebt, ersetzt und verdichtet. Denn das ist die Arbeit des Unbewussten« (Bollas [1993] 2000, S. 100). Durch diesen Prozess kann das Material, das zu verschiedenen Räumen und Zeitlichkeiten zu gehören scheint, in einem Konstruktionsprozess zusammengebracht werden.

Die Idee, das Unbewusste bewusst zu machen, hatte Freud bereits in der *Traumdeutung* (1900). Wenige Jahre später, 1905, ergänzte er, dass auch die Überwindung des Widerstands eine notwendige Aufgabe für den Analytiker sei. Zu der Zeit, als Freud seine technischen Schriften verfasste, wurden die Träume und (freien) Einfälle der Patienten nicht direkt gedeutet, sondern die Deutungen wurden solange zurückgehalten, bis Widerstände auftauchten. 1911 schrieb er: »Es entsteht nun die Frage, soll der Arzt auch sofort dem Kranken alles übersetzen, was er selbst aus dem Traume herausgelesen hat« (1911, S. 355).

Seit dieser Zeit unterschied Freud zwischen dem Verständnis der unbewussten Konflikte in der Deutung und der Mitteilung der Deutung. So schrieb er in *Die Frage der Laienanalyse*: »Wenn Sie die richtigen Deutungen gefunden haben, stellt sich eine neue Aufgabe her. Sie müssen den richtigen Moment abwarten, um dem Patienten Ihre Deutung mit Aussicht auf Erfolg mitzuteilen« (1926b, S. 250).

Ein Rätsel stellt zudem die Frage dar, was es ist, das eine Analytikerin zu einer Deutung bringt. Manchmal fühlt es sich so an, als ob man sich an den Rhythmus einer spezifischen Dyade – diese Analytikerin und dieser Patient zu eben diesem Zeitpunkt – anpasst. Ein anderes Mal entsteht eine Art Drang, die einen dazu treibt, eine Deutung zu formulieren und sie dem Patienten mitzuteilen, bevor man sie gründlich in sich durcharbeiten konnte. Evelyne Sechaud (1997) nannte dies den »Drang zu deuten«, der dennoch ein unbewusster Ausdruck von Analytikerin wie von Patient im Rahmen der Übertragung ist. Es kann ein Traum, ein Wort, oder ein Einfall sein, der vom Patienten oder der Analytikerin stammt, der die Analytikerin in die Lage versetzt, auf eine tiefgründige Weise tatsächlich »das Unbewußte des Patienten mit seinem eigenen Unbewußten« aufzufangen (Freud 1923a, S. 215), ohne sich dessen gewahr zu sein. Psychoanalytisches Zuhören bezieht sich daher nicht nur auf die Wortinhalte des Patienten, sondern vielmehr – und dies ist noch wichtiger – auf die psychische Kraft dieses Diskurses, die das aus dem Unbewussten Stammende zum Ausdruck bringt. Die Zeitlichkeit, die damit eingeführt wird, manifestiert sich nicht nur in der Abfolge der Stunden, sondern auch in den vielfältigen, überdeterminierten Schichten des psychischen Raumes, die sich in jeder Sitzung zeigen.

Gegensätzliche Paradigmen durchziehen Freuds Arbeit: die Betonung der Traumdeutung gegenüber der Deutung der Übertragung, die Betonung von Rekonstruktionen gegenüber Konstruktionen und das Aufdecken versus das Aufbauen (*instituting*) von Unbewusstem. Wenn man so will, kann man diese unterschiedlichen Betonungen als Oszillieren zwischen mütterlichen Funktionen (Träumen und freies Assoziieren) und väterlichen Funktionen (Deuten) als Element des Dritten auffassen (Green 2000a). In einem kreativen analytischen Prozess findet ein ständiger Wechsel zwischen beiden statt.

Wiederholungszwang, Todestrieb und Sexualität

Die grundlegende Verknüpfung zwischen Wiederholungszwang und Sexualität, die sich immer deutlicher zeigt, gewinnt ihre volle Kraft mit der Einführung des Strukturmodells des Seelischen. Laplanche schlägt vor, dass der Todestrieb »selbst eine Vertiefung der Sexualität in ihren radikalsten Aspekten« ist (1999, S. 188). Was Freud 1914 mit dem Konzept des Narzissmus entdeckte, war nicht der Todestrieb, »sondern im Gegenteil die in das Objekt, in die Liebe zwischen Selbst und Objekt und in die Selbstliebe investierte Sexualität« (S. 188). 1920 wandelte sich die Auffassung von der Sexualität: Galt sie zuvor als mit der Liebe verbunden, so wurde sie nun als dämonisch und ungebunden verstanden. Daher begreift Laplanche das Konzept des Todestriebes im Sinne der Sexualität:

> »Er (der Patient) ist vielmehr genötigt, das Verdrängte als gegenwärtiges Erlebnis zu *wiederholen*, anstatt es, wie der Arzt es lieber sähe, als ein Stück der Vergangenheit zu *erinnern*. Diese mit unerwünschter Treue auftretende Reproduktion hat immer ein Stück des infantilen Sexuallebens, also des Ödipuskomplexes und seiner Ausläufer zum Inhalt ...« (Freud 1920g, S. 16–17).

Jenseits des Lustprinzips entwickelte eine Konzeption der infantilen Sexualität, die sich von der der *Drei Abhandlungen* (1905) deutlich unterscheidet. Rolland äußert die Auffassung, dass es sich hierbei um eine »spezifisch analytische« Konzeptualisierung der infantilen Sexualität handelt, die im analytischen Prozess durch die Übertragungsanalyse und durch ihren Drang, sich zu wiederholen, erkennbar wird. Diese Konzeptualisierung betont zudem die »tragischen, traumatischen und schmerzlichen« Aspekte der kindlichen Sexualität (1997, S. 1624).

Um in der analytischen Situation die Begegnung mit den infantilen Phantasien anzuregen, verwendet Freud die Methode der freien Assoziation, indem er den Patienten auffordert, »keinen Einfall von der Mitteilung auszuschließen, auch wenn man 1) ihn allzu unangenehm empfinden sollte, oder wenn man 2) urteilen müßte, er sei unsinnig, 3) allzu unwichtig, 4) gehöre nicht zu dem, was man suche« (Freud 1923a, S. 214–215).

Der Analytiker muss den Patienten nicht nur dazu auffordern, »ohne Kritik und Auswahl alles zu erzählen, was ihm einfällt« (Freud 1912e, S. 377) sondern Freud rät, dass der Analytiker »sich seiner eigenen unbewußten Geistestätigkeit überlasse« (Freud 1923a, S. 215).

Die analytische Situation schafft die Voraussetzungen dafür, dass die psychischen Konflikte sich wiederholen können und versieht sie zugleich mit neuen Bedeutungen. Wie Kohon schreibt, »entfaltet sich die unbewusste Bedeutung ausschließlich durch das Sprechen des Patienten, enthüllt wird sie jedoch durch die Fähigkeit des Analytikers, sie zu hören« (1999, S. 86).

In unserer Arbeit als Analytiker wissen wir, dass der nächste Augenblick in einer Sitzung, der nächste Tag oder das nächste Jahr etwas klären wird, was früher geschah. In vielerlei Hinsicht gibt es eine Art Bestätigung im Laufe des Prozesses, wenn man feststellt, dass man nie vollständig die Bedeutung dessen verstehen kann, was sich augenblicklich ereignet. In jeder Sitzung kann deshalb nur antizipiert werden, was in der nächsten geschehen wird.

Patrick und der Löwe im Zimmer[4]

Patrick, lateinamerikanischer Herkunft, war Ende 20, als er zum ersten Mal zu mir kam. Er war das zweite von drei Kindern, von denen das jüngste, Barbara, ein Mädchen war. Der Vater starb, als mein Patient noch sehr jung war und es hieß, dass er gegenüber der Mutter gewalttätig gewesen sei. Die Mutter zog die Kinder auf, sie arbeitete als Lehrerin. Die Familie lebte in einer kleinen Wohnung, in der die Jungen sich ein Zimmer teilten und das Mädchen im Zimmer der Mutter schlief. Mein Patient erinnert sich, seiner Mutter sehr nah gewesen zu sein. Er war ein guter Schüler, schloss die Schule mit Erfolg ab und erhielt einen Studienplatz. Er arbeitet als Wissenschaftler und hat sich vor kurzem erfolgreich auf einen deutlich höherrangigen Universitätsposten beworben.

Zu Beginn dieser Arbeit erwähnte ich mein Unbehagen nach dem Erstgespräch und meine Verwirrung darüber, was mit Blick auf spätere Ereignisse in diesem stattgefunden hatte. Als er mit der Analyse anfing, erzählte mir Patrick, dass er in den zwei Monaten Wartezeit bis zum Beginn der Analyse eine homosexuelle Begegnung mit Peter gehabt habe. Ich merkte, wie sehr ich in Zweifel darüber geriet, ob dies die Folge davon war, dass er meine Frage als »Vorschlag« aufgefasst, oder ob ich seine Antwort auf meine Frage missverstanden hatte. Einige Zeit später erfuhr ich, dass diese homosexuelle Begegnung nicht die erste in seinem Leben gewesen war, obwohl er seit einigen Jahren keine mehr gehabt hatte. Allmählich verstand ich, dass für ihn Homosexualität einen anderen inneren (*mind*) Raum einnahm als Heterosexualität. Seine Homosexualität gehörte zu einem nebulösen, fast geheimen Bereich, der auf manche Weise zu den Zweifeln passte, die ich in Bezug auf das Erstgespräch hegte. Diese Anfangsfrage evozierte eine andere Bedeutungsschicht, da sie seine Sehnsucht nach seinem (toten) Vater wiederbelebte, eine Dimension, die wir im analytischen Prozess entdeckten.

Das erste Analysejahr mit Patrick war geprägt durch seine Promiskuität, und seine Aufregung über den Beginn der Analyse konnte

---

[4] Dieses Fallbeispiel wurde zuerst in Perelberg 2006, dargestellt. In der vorliegenden Arbeit schildere ich es ausführlicher, um einige weitergehende Gesichtspunkte in Bezug auf diese Analyse und auf Fragen der analytischen Technik aufzugreifen.

kaum bearbeitet oder besprochen werden. Die Sitzungen waren angefüllt mit Erzählungen von sexuellen Begegnungen mit Frauen, die ich als Ausdruck seines Ringens darum verstand, sich einen Reim darauf zu machen, was die Begegnung mit seiner Analytikerin zu bedeuten hatte. Diese intensive sexuelle Aktivität ließ schließlich nach, und im folgenden Jahr entwickelte sich Patricks äußeres Leben auf vielfältige Weise. Bei seiner Arbeit wurde er effizienter und produktiver, er wurde befördert und kaufte ein Haus, zugleich sprach er kaum noch von seiner Sexualität. Das weckte in mir die Besorgnis, dass die Analyse möglicherweise einen kastrierenden Einfluss auf ihn haben könnte. Träume, Assoziationen und Schweigepausen ließen mich aber zugleich erkennen, dass mein Patient sich sehr intensiv mit der Art seiner Beziehungen sowohl zur äußeren Welt wie auch zu seinen inneren Objekten (Vater, Mutter, Schwester, Bruder, Freunde, ich) auseinandersetzte. Auch sein Oszillieren zwischen homosexuellem und heterosexuellem Begehren konnte ansatzweise durchgearbeitet werden.

Die Szene, die ich beschreiben möchte, fand einige Jahre nach Beginn der Analyse statt. Etwa zwei Monate bevor wir unsere Sitzungsfrequenz von vier auf fünf Wochenstunden erhöhten, hatte er eine Beziehung mit einer Frau begonnen. Er hatte von Anfang an täglich kommen wollen, aber ich hatte ihm zuvor keinen freien Platz für eine fünfte Stunde anbieten können.

Die Sitzung fand am Donnerstag der ersten Woche mit fünf Sitzungen und nach einer Ferienunterbrechung statt. Patrick kam herein und legte sich auf die Couch. Nach einigen Minuten sagte er, er habe in der vergangenen Nacht einen Traum gehabt.

Patient: Es fühlte sich wie ein guter Traum an. *Er hatte verschiedene Teile, aber sie waren miteinander verbunden, weil sie alle im selben Haus stattfanden. Teile des Hauses waren altmodisch eingerichtet. Es gab da eine Pflanze, die man extrem vernachlässigen kann und die trotzdem nicht verwelkt. Einige Teile des Hauses waren gut eingerichtet, andere heruntergekommen.*

Ich befand mich in einer Gruppe von Leuten. Wir versteckten uns unter etwas, und wir waren alle durstig. Wir wollten Wasser holen und dann fortgehen. Es gab einen Löwen in dem Haus, und wir versteckten uns vor ihm. Ich trank etwas Wasser, das ein wenig schmutzig war, aber das machte nichts. Ich ging dann in anderen Teilen des Hauses umher. Ich versteckte mich immer noch. Dann kam ich an einem Zimmer vorbei, das war Perils Zimmer [sein Bruder, aber auch ein Hin-

weis auf meinen Namen]. *Ich dachte, dass ich da nicht gefunden werden sollte. Aber es gab am Ende dieses Zimmers einen Weg zu einem anderen Teil des Hauses. Aber ich musste einen anderen Weg finden, weil ich nicht durch Perils Zimmer gehen konnte. Ich durfte da nicht gefunden werden. Dann war ich mit einer Frau zusammen …*

Ich mochte diesen Traum. Ich mochte das Haus, auch wenn ich nicht entdeckt werden wollte. Es fühlte sich sicher an und – auf eine merkwürdige Art – aufregend. Ich war voller Neugier. Ich mochte die Stoffe in dem Haus, die Möbel, die Teppiche, die ganze Atmosphäre des Hauses. Es war ein bisschen runtergekommen und vernachlässigt, aber gut … Als ich heute hierher kam, war ich mir unsicher mit der Zeit. Ich wusste es, ich denke, es hat etwas mit der fünften Stunde zu tun; es hat mit den Auswirkungen zu tun, die das auf mich hat.

[Schweigen].

Fünfmal in der Woche hierher zu kommen ist ein Privileg. Ich weiß zugleich, dass das auch seine zwei Seiten hat. Das Haus ist eingerichtet und schäbig zugleich.

Analytikerin: Da gibt es einen Gegensatz zwischen Ihrem Erleben auf der einen Seite, dass das Haus eingerichtet ist, die 5 Stunden in dieser Woche, und auf der anderen Seite Ihren Gefühlen von Vernachlässigung während der Ferienunterbrechung, Ihrem Gefühl, dass Sie nicht in Perils Raum sein durften. Das hinterlässt die Empfindung in Ihnen, dass Sie sich vor dem Löwen verstecken müssen, dem Löwen in Ihnen oder vielleicht auch in mir …

P.: Ich glaube, im Traum geht es auch um das Haus und darum, mit Ellen dorthin zu fahren [Dies ist ein Haus im Ausland, das er kürzlich gekauft hat; Ellen ist seine aktuelle Freundin]. *Ich will rote Vorhänge in meinem Zimmer. Wie Ihre. Ellen hat auch einen roten Vorhang in ihrem Zimmer. Sie hat auch eine rote Tagesdecke über dem Bett. Meine Mutter hatte rote Vorhänge, die sie selbst genäht hatte. Sie waren voluminös und fühlten sich so üppig an. Sie waren schön, schwer, wie Ihre. Sie schlossen die Welt draußen ab …*

[Ich dachte an dieser Stelle, dass er sich auf die gesamte Erfahrung von Verführtwerden in diesem Zimmer bezog. Ich sagte an dieser Stelle nichts und wartete ab].

P.: Teils fühlte sich der Traum auch wie ich an. Die ganze Welt war da drin, schöne Teile, nicht so schöne Teile. Ich war dieser Löwe, oder diese Frau, die die Menschen in meiner Welt beobachtet, so wie Sie das machen.

100

Letzte Nacht waren wir Schwimmen. Wir haben geredet, Ellen hat geredet. Dann hat sie mich gefragt: Wie lange willst Du das noch weiter machen? Sie hat gesagt, dass sie sich durch Sie bedroht fühlt. Außerdem hat ihr jemand erzählt, dass Sie attraktiv sind. All das hat sie im Guten gesagt, wir lagen im Bett. Sie hat mich gefragt, ob ich wüsste, was ich will.

A.: Vielleicht steht der Löwe im Traum für all das, was sich im Augenblick bedrohlich anfühlt. Der Reiz der üppigen roten Vorhänge.

P.: Wir wussten, dass der Löwe nicht gefährlich war, aber er war immer noch ein Löwe. Irgendwie hatte er seine beste Zeit hinter sich. Wir wollten uns um ihn kümmern, ihm Wasser geben. ... Das erinnert mich daran, wie ich mich um meine Mutter gekümmert habe, wenn sie krank war. ... Wenn man dem Löwen nicht in die Quere kommt, tut er einem nichts ... Es ist ja schon ein bisschen übertrieben, ein Löwe im Haus.

[Langes Schweigen].

P.: (langsam und zögernd): Als Kind, wenn ich im Bett lag ... Meine Mutter war mit meiner Schwester im anderen Zimmer; ich teilte mir das Zimmer mit meinem Bruder. Da war diese erste Nacht, in der ich aufwachte, und Peril rieb sich an mir. Das war so verwirrend, mit meiner Mutter und meiner Schwester nebenan ...

A.: Vielleicht dachten Sie, dass sie das Gleiche taten ...

[Schweigen].

P.: Ich glaube, Sie haben recht. Vielleicht habe ich das gedacht. Vielleicht haben wir das alle gedacht ...

A.: Die roten Vorhänge, die die Welt draußen ausschließen, Ihre Mutter und Schwester im anderen Zimmer, Sie und Ihr Bruder in Ihrem Zimmer.

[Während des Schweigens erinnerte ich mich an meine Unsicherheit wegen des Erstgesprächs, und ich dachte an das, was zwischen diesem Gespräch und dem Beginn der Analyse geschehen war. Vielleicht waren diese Gedanken zunächst durch die Sätze im Traum, dass »sie sich versteckten«, dass er »nicht in Perils Zimmer gefunden werden sollte«, und die folgenden, mit erotischen Empfindungen verbundenen Assoziationen in der Sitzung hervorgerufen worden].

A.: Wenn ich an diesen Raum denke, erinnert mich das an Ihre sexuelle Begegnung, kurz bevor wir mit der Analyse begonnen haben.

[Hierauf folgte ein langes Schweigen].

P.: Ist es nicht bemerkenswert, wie sich Dinge wiederholen ... In dem Traum *bin ich unsichtbar, ich habe alles beobachtet ...*
[Schweigen. Die Stunde war zu Ende].

In der folgenden Sitzung war Patrick sehr aufgeregt: »Es hat mich gestern so aufgeregt, die Verbindungen zwischen dieser ersten Sitzung und allem anderen zu erkennen ... In den Schlafzimmern zuhause, wo ich aufwuchs, meine Mutter und meine Schwester, ich und mein älterer Bruder ... Meine Befürchtung hier von Anfang an, ausgesaugt zu werden, worüber wir neulich gesprochen haben. Und jetzt wird das durch die fünfte Stunde alles wiederholt.«

In der von mir beschriebenen Stunde lassen sich verschiedene Dimensionen unterscheiden:

1. Ein Traum, der in einer Sitzung erzählt wird.
2. Der Traum wird von der Analytikerin zunächst im Hinblick auf das Hier und Jetzt gedeutet, wobei die Urlaubsunterbrechung und die Frequenzerhöhung auf fünf Stunden einbezogen werden.
3. Der Patient weitet das Assoziationsfeld auf seine Mutter aus. Die Atmosphäre im Haus seiner Mutter scheint im Behandlungszimmer zum Greifen nah. Dabei ist die Stimmung auch nachdenklich. Der Patient ruft all diese Erinnerungen wach, aber er kehrt zum Hier und Jetzt der Analyse zurück. Er sagt an dieser Stelle, dass *seine Freundin* sich von der Analytikerin bedroht fühle. In den üppigen roten Vorhängen verdichtet sich sein erotisches Verlangen nach seiner Mutter / Schwester, der Freundin und der Analytikerin. Eine Deutung der Analytikerin macht auf diese Verbindung aufmerksam und bereitet den Weg für seine weiteren Assoziationen zu seiner Mutter.
4. Der Patient bringt dann neues Material in die Analyse und erzählt zum ersten Mal von der sexuellen Beziehung zwischen den Brüdern. Dies wird von der Analytikerin nachträglich mit den gefährlich reizvollen Vorhängen verknüpft. Die sexuelle Handlung der beiden Brüder ist verbunden mit der Phantasie von Mutter und Schwester im anderen Zimmer. Dies verweist auf den Konflikt zwischen progressiven und regressiven Bewegungen, zwischen heterosexuellem und homosexuellem Begehren.
5. Die Analytikerin verknüpft dann diese Szene – das andere Zimmer – mit der Jahre zurückliegenden homosexuellen Begegnung, als der Patient auf den Beginn der Analyse wartete und sich ausmalte, was im Behandlungszimmer passierte / passieren würde

(Konflikt zwischen Phantasien einer homosexuellen oder heterosexuellen Begegnung mit der Analytikerin).

6. Der Patient deutet die Wiederholung selbst: die Gegenwart und die Zukunft der Analyse (Frequenzerhöhung auf fünf Wochenstunden) und die Kindheitsszene.

7. In den folgenden Monaten schließlich rief der alte Löwe, der »seine beste Zeit hinter sich hatte«, seine Sehnsucht nach seinem Vater wach; diese Dimension sollte sich in der nächsten Zeit in der Übertragung lebendiger entfalten.

Im Nachhinein lässt sich nun die Szene zwischen den Brüdern als Enactment dessen verstehen, was in der Vorstellung des Patienten im anderen Raum geschehen würde – eine homosexuelle Urszene zwischen Mutter und Schwester. Sie repräsentiert beides, sowohl ein Verlangen, in dieser Szene mitzumachen, als auch den Wunsch, sich von ihr zu distanzieren, indem er eine ganz und gar männliche Welt erschuf. Diesen Konflikt hatte ich im allerersten Vorgespräch gespürt, doch ohne die Tiefen der Bedeutung, die der analytische Prozess uns zu entdecken ermöglichen würde. Was in Folge meiner Frage und späterer Ereignisse in mir geschah, schien in bedeutsamer Weise etwas von Patricks eigener Erfahrung seiner homosexuellen Beziehung mit seinem Bruder zu enthalten. War sie wirklich geschehen? Sie war etwas, worüber die Brüder niemals gesprochen hatten, was dazu führte, dass er oft daran zweifelte, ob sie geschehen war oder nicht. Diese Szenen homosexueller Begegnungen gehörten zu einem anderen Bereich, den des »anderen Raumes«, der für Freud verbunden ist mit der Andersartigkeit des Unbewussten und den Ron Britton (1998) als den Raum der phantasierten Urszene auffasst.

Meine Frage in diesem Erstgespräch (»Hatte er eine homosexuelle Beziehung?«) war überdeterminiert und enthielt eine Vielzahl von Bedeutungsdimensionen, die ich niemals hätte vorhersagen können, obwohl ich überzeugt bin, dass Erstgespräche oft die entscheidenden Themen enthalten, die sich in einer Analyse entfalten werden. Die ganze Komplexität dessen kann nur in Begriffen des *après-coup* (Perelberg 2006) verstanden werden.

Nach einigen Jahre Analyse entfaltete Patricks Aussage im Erstgespräch weitere Bedeutungsschichten: sein Wunsch / seine Panik davor, dass er tun würde, was immer ich verlangen würde (er würde den Bürgersteig lecken, wenn ich ihn darum bäte), die Oralität des Verlangens, die Derivate der Erfahrung einer Brust, die hart und unnach-giebig geworden war, vielleicht wegen ihrer Weigerung, seine Wünsche zu erfüllen – all das kam zum Vorschein. Es war meine Frage, die eine von Oralität und Kastrationsgefahr charakterisierte homosexuelle Be-ziehung ausgelöst hatte (oder durch diese veranlasst worden war?). Vielleicht gab es gleich zu Beginn der Analyse eine Wiederholung eines Traumas, die analog ist zu der Szene mit seinem Bruder. Möglicher-weise gab es auch Phantasien über (homosexuelle) Verführung, Kas-tration und die Urszene.

Was in der analytischen Situation so bemerkenswert ist, ist das unvermeidliche Auftauchen der unbewussten Beziehungen im Zu-sammenhang mit der Übertragung. Das erinnert mich an Freuds Text über das Unheimliche, in dem er schreibt, dass »das Unheimliche das Heimliche-Heimische ist, das eine Verdrängung erfahren hat und aus ihr wiedergekehrt ist« (1919h, S. 259). Der Analytiker muss nur aus-reichend Raum und Zeit lassen, damit diese Prozesse sich entwickeln können. Vergangenheit und Gegenwart entfalten sich in der Unmittel-barkeit des Hier-und-Jetzt mit enormer Intensität und Druck, und man kann die Auswirkungen der eigenen Kommentare, Deutungen oder sogar Bewegungen in einer Sitzung nicht vorhersagen, da sie ein kom-plexes Netzwerk von »affektiven, ideatorischen, erinnerungsträchti-gen, somatischen und kognitiven Wirkungen im Analysanden« (Bollas [1993], 2000 S. 47) evozieren. Was stattfindet ist nicht das Wieder-finden einer Erinnerung, die verdrängt war, sondern »das Herstellen einer Erfahrung … die zuvor in der Form, die sie jetzt annimmt, nicht existiert hatte« (Ogden 2004, S. 178).

Ein Vater wird geschlagen

Es dauerte noch einige weitere Jahre, damit das volle Ausmaß des mit der Sexualität verbundenen Hasses und der Gewalt in der Übertragung auftauchen konnte. Ungefähr zwei Wochen vor einer Sommerurlaubs-Unterbrechung war eine zunehmende Spannung zwischen Patrick und einem Arbeitskollegen entstanden. Ich werde das Analyse-Material einer Woche zusammenfassen.

Ein Traum, den Patrick in der Montagsstunde brachte, erlaubte es mir, auf etwas Zwiespältiges seiner Verbindung zu mir hinzuwei-sen, nämlich auf die Bindung als auch auf die Aggression in seinem

Wunsch, an mir festzuhalten, mich nicht gehen zu lassen, auf eine liebevolle Weise, aber auch voller Hassgefühle. Auch gab es eine weitere Assoziation in der Sitzung, die mit der Sehnsucht nach seinem Vater zusammenhing.

Am folgenden Tag brachte er einen Traum, in dem eine weibliche Arbeitskollegin durch einen privaten Anruf ihres Mannes während der Arbeitszeit abgelenkt wurde, was ihn wütend zurückließ. Er wandte sich an seinen männlichen Vorgesetzten (den Abteilungsleiter) und da war ein sexuelles Gefühl zwischen ihnen. Er berichtete mir auch von einem Streit mit einem Arbeitskollegen (Robert), der anschließend einen Autounfall hatte. Patrick war wütend und ängstlich zugleich angesichts der Idee, dass er einen solchen Einfluss auf seinen Kollegen gehabt haben könnte. Diese Erfahrung hing offensichtlich mit der analytischen Situation und seinem Erleben von Ausgesetztsein und Gefahr während unserer bevorstehenden Pause zusammen. Er war in Panik darüber, was wir einander antun könnten. Musste er mich gegen seinen Zorn und die Wirkung, die dieser auf mich haben könnte, schützen? Er war wütend auf seine mit sich selbst beschäftigte Analytikerin, die mitten in der Arbeit ihren Urlaub nahm, wahrscheinlich mit ihrem Ehemann. Es gab viele Themen in dieser Sitzung, aber im Mittelpunkt standen die zwei Versionen seiner selbst: der Abteilungsleiter und der niedergeschlagene Mann. Gibt es keinen anderen Weg, mit heterosexueller Eifersucht umzugehen, als homosexuell zu werden? Würde er seine mörderischen Gefühle mir gegenüber, gegenüber meinem Ehemann, dem Anruf / der Ferienunterbrechung aushalten oder war zu befürchten, dass dieser Hass zu Gewalt oder einem Zusammenbruch (crash) führen könnte? All das war unterlegt von der Furcht vor der Identifizierung mit einem gewalttätigen Vater und der Gleichsetzung von Potenz und Gewalt.

In der Donnerstagssitzung war Patrick immer noch wütend auf seinen männlichen Kollegen. Dann berichtete er mir von dem sehr harten Tennismatch, das er am Tag zuvor mit seinem Bruder gespielt hatte, und wie sie sich währenddessen verausgabt hatten. (Die Anspielung betraf irgendetwas, das sowohl erotisch als auch ein Kampf war.) Dann schwieg er und wir versanken beide für einen Moment in dieser Stille, die voller Ängstlichkeit zu sein schien. Danach berichtete er mir davon, wie er in der Vergangenheit von seinem Bruder oft wütend gemacht worden war: »Er wollte Unterwürfigkeit, der Bastard, er wollte alles nach seinen Wünschen. Es ist gemeines, gehässiges Zeug ... jetzt kann ich meine Eifersucht auf ihn verstehen. Es war verhängnisvoll (ominous). Er verließ die Schule, gründete seine eigene Firma, machte eine Menge Geld. Eine Zeitlang habe ich für ihn gearbeitet. Ich war viel zu sehr mit ihm beschäftigt. Er konnte sehr großzügig sein, aber das hatte seinen Preis.«

In der Freitagssitzung brachte Patrick einen Traum, in dem ein Mann schwer geschlagen, vielleicht umgebracht wurde. In seinen Assoziationen zeigte sich, dass dieser Mann mit seinem Vater verknüpft war, und ich kommentierte: »Ein Vater wird zu Tode geschlagen (geprügelt).« Diese offene Form der Deutung legte die Verbindung zwischen dem inneren Vater, dem äußeren Vater und mir im Hier-und-Jetzt der Übertragung nahe, ohne sie gleichsam ›durchzubuchstabieren‹. Ich habe in dieser Analyse die Erfahrung gemacht, dass Patrick in der Lage ist, mit dieser Art von Deutungen selbstständig weiterzuarbeiten.[5] Es folgte ein langes Schweigen, in dem ich spürte, dass eine Menge verarbeitet wurde. Dann sagte er: »Es wird großartig sein, nicht hierher zu kommen während der Pause. Aber es wird eine lange, lange Zeit. Ich werde das hier vermissen, mit Ihnen zu sprechen, mich hinzulegen, Ihre Vorhänge anzuschauen. Ich fühle mich steif, ängstlich und zugleich enorm erleichtert …, ich denke dass dies ein ungewöhnlicher Prozess ist … Zu merken wie ärgerlich ich zuhause auf Peril war, das Durcheinander zwischen Robert (dem Arbeitskollegen), Peril und Ihnen diese Woche … und jetzt mein Vater! Ich war selbst überrascht, dass ich den Ausdruck ›verhängnisvoll‹ gebraucht habe für meine Beziehung mit Peril, wie Sie betont haben. Es ist, als ob ich sagen wollte, dass etwas aus der Vergangenheit Ärger für die Zukunft bereithielt.«

Ich dachte, dass eine Menge Arbeit getan war. Dies war die Woche vor der Sommerpause. Das Narrativ dieses Textes ist noch unvollendet, und die Analyse geht weiter.

[5]   Diese Deutung war durch Julia Kristevas Vortrag »Ein Vater wird zu Tode geschlagen« inspiriert, den sie auf der »Toter Vater-Konferenz« in der Columbia Universität im April 2006 gehalten hat. Ihr Vortrag und unsere diesbezüglichen Gespräche waren mir in diesem Moment in der Sitzung in den Sinn gekommen.

Diskussion

Hilflosigkeit⁶ und die erotische Dimension der Anfänge

Freud hat vorgeschlagen, dass das Stadium der Hilflosigkeit des neugeborenen Kindes der Prototyp der traumatischen Situation und der
Ursprung der Erfahrung von Angst ist (1926a). Laplanche und Pontalis zeigen die verschiedenen Untersuchungsrichtungen, zu denen diese
Vorstellung im psychoanalytischen Denken geführt hat (1985, S. 190).
Zunächst ist sie intrinsisch mit der entscheidenden (crucial) Rolle verknüpft, welche die Erfahrung von Befriedigung spielt, der halluzina-
torischen Wunscherfüllung; zweitens hat die totale Abhängigkeit von
der Mutter ihren Gegenpol in der mütterlichen Omnipotenz, die die
enorme Wichtigkeit betont, die diese andere Person für das Kind hat.⁷

Drittens wird Hilflosigkeit innerhalb des Rahmens der zweiten
Angsttheorie zum »Prototyp der traumatischen Situation« (S. 190).
In dieser zweiten Theorie schlägt Freud vor, dass das Angstsignal einst
verbunden war mit Verlust- oder Trennungsangst, die das Individuum
nicht beherrschen kann und von der es überwältigt wird.⁸ Am Ursprung von Schmerz sowie von Angst und Begehren steht der Verlust
des Objekts (Pontalis 1977, S. 262).

In der Traumdeutung (1900) berichtet uns Freud, dass sobald der
Säugling eine Befriedigungserfahrung macht, beispielsweise das erste
Stillerlebnis an der Brust, eine Spur ins Gedächtnis gelegt wird, die er
als Gedächtnisspur bezeichnete. Wenn der Säugling das nächste Mal
Hunger hat, wird es die gleiche Erfahrung an der Brust, die seinen
Hunger gestillt hatte, wiederholen wollen. Nun wird das Objekt –

---

6   Anm. d. Ü.: dt. im Original.

7   Winnicott verweist auf das Stadium der »absoluten Abhängigkeit«, in
    dem die Umgebung »Teil des Säuglings« ist (1989, S. 253), der das Gefühl
    hat, er habe sie halluziniert. Diese beiden Aspekte, die halluzinatorische
    Wunscherfüllung und die mütterliche Omnipotenz, »schaffen die Voraus-
    setzungen für die Entwicklung gewöhnlicher Verrücktheit«, wie es Kohon
    beschreibt (2005a, S. 68 f.), oder, in den Worten Greens, »ursprünglicher
    Verrücktheit« oder »›privater‹ Verrücktheit«, die sich »im Kern des Un-
    bewussten des Individuums« befindet (1986, S. 244, 246).

8   H. S. Klein⁶ hat vorgeschlagen, dass die frühe Erfahrung der Mutter als
    Container den Prototyp für alle späteren Erfahrungen von Raum und
    mentalem Raum bereithält. Ich danke Kate Barrows dafür, dass sie mich
    auf diesen Artikel aufmerksam gemacht hat.

die Brust – gesucht und zum Prototyp für alle späteren Erfahrungen, inklusive der Liebe. Das Finden des Objekts ist immer ein Wiederfinden.

»Wer ein Kind gesättigt von der Brust zurücksinken sieht, mit geröteten Wangen und seligem Lächeln in Schlaf verfallen, der wird sich sagen müssen, daß dieses Bild auch für den Ausdruck der sexuellen Befriedigung im späteren Leben maßgebend bleibt« (Freud 1905d, S. 82).

Die Mutter ist also die Quelle der Lusterfahrung des Säuglings. Diese findet in der Intimität des Kontakts mit dem Körper der Mutter statt. Die ›richtige‹ Menge Erotik ist wichtig, sodass sie nicht zu viel ist und das Kind übererregt, oder zu wenig, ohne erotisches ›Investment‹ für den Säugling, was ebenfalls höchst bedeutsam ist für seine Beziehung zu seinem eigenen Körper. In jedem Falle ist es unvermeidlich, dass die Mutter zwischen »Gratifikations- und Frustrationsexzess« (Green 1986) oszilliert. Diese erotische Dimension ist am Ursprung dessen, was Laplanche als die Verführung des Kindes durch den Erwachsenen bezeichnet, durch die rätselhafte Botschaft, die der Erwachsene einseitig an das Kind richtet und die sich genau im Kern der ›primären Phantasien‹ findet.

Es gibt daher ein Maß von Masochismus in dieser primären Beziehung, den Freud als den primären erogenen Masochismus bezeichnet, der so entscheidend wird für die individuelle Entwicklung (s. auch Rosenberg 1991). Ein gewisses Maß von erotischem Leiden im frühen Leben ist in dieser Idee als wichtige Voraussetzung enthalten. Diese masochistische, erotische Dimension der primären Beziehung wird in allen Beziehungen wiederbelebt und ist, so möchte ich vorschlagen, ein intrinsischer Teil des analytischen Settings. Diese Idee setzt das Trauma ins Zentrum der analytischen Erfahrung.

Es ist diese primäre erotische Dimension der Beziehung mit der Mutter, die in Patricks Analyse, ja schon im Erstgespräch, mit aller Macht auftaucht. Die erotische Sehnsucht nach der Mutter war bisher aus einer passiven Position erlebt worden und enthielt lediglich eine blasse Repräsentation des Vaters. Es dauerte noch einige weitere Jahre Analyse, bevor der Vater kraftvoller in die Übertragung gelangen konnte, und nicht mehr als »Löwe, der seine besten Zeiten hinter sich hat«.[9] Freuds Sicht beinhaltet ein Paradox, nämlich dass die

[9] Als wir in dieser Phase an seiner Vatersehnsucht in der Übertragung ar-

Tötung des Vaters nur eine metaphorische sein kann, um zugleich die Voraussetzung für die Errichtung einer sozialen und psychischen Ordnung zu sein, als Ergebnis des Ödipuskomplexes und als Ursprung des Über-Ichs. Die Phantasie, dass der Vater »zu Tode geschlagen« wird, wird zu einem wichtigen Fortschritt in Patricks Analyse. Sie eröffnet den Weg hin zu einer stärkeren männlichen Identifizierung, zur Mobilisierung von Rache- und Gewaltphantasien, sowie zur Fähigkeit, seine Aggression in einer mehr kreativen Weise zu nutzen. Man ist hier an den Rattenmann erinnert, als er zum ersten Mal die Lust sexuellen Verkehrs empfand: »das ist doch großartig; dafür könnte man seinen Vater ermorden!« (1909, S. 423).

Deutung

Seit Freuds ersten systematischen Darstellungen seiner Ansichten über psychoanalytische Technik (1912a, 1912b, 1913, 1914, 1917, 1926b) gibt es widersprüchliche Annäherungen an dieses Thema. Sie reichen von einer Betonung der Formulierung von Deutungen auf der einen bis hin zu Überlegungen zur analytischen Haltung an sich auf der anderen Seite. Ella Sharpe und Strachey sind Beispiele für solche konträren Positionen. In ihren Seminarvorträgen über Technik schlägt Sharpe vor, dass »Psychoanalyse aufhört, eine lebendige Wissenschaft zu sein, wenn Technik aufhört, eine Kunst zu sein« (1930) und Strachey (1934) betont den »point of urgency« in der Formulierung von Deutungen, der sich auf die Angst in der unmittelbaren Übertragung in der analytischen Situation beziehen sollte. Sein Modell ist der Analytiker als gütiger Deuter der Realität, der als vorläufiges neues Objekt internalisiert wird und hilft, das Unbewusste bewusst zu machen und das Über-Ich zu modifizieren (vgl. Cooper 1987).

In der Britischen Schule wurde die Einbeziehung der affektiven Zustände des Analytikers in den Sitzungen – das Verstehen der Gegenübertragung – zunehmend Teil der zentralen analytischen Aufgabe.[10] Die analytische Arbeit findet im Prozess des Haltens, Con-

---

beiteten, suchte Patrick zum ersten Mal seit seiner Kindheit Kontakt zum Bruder seines Vaters.

[10] Seit Ella Sharpe (1927, in Wheelan 2000) und Heimann (1950, 1956) wurde diese Untersuchungsrichtung von Money-Kyrle (1956), Bion (1957), Grinberg (1962), Racker (1968), Sandler (1976), Joseph (1975,

tainens und Transformierens von Gefühlen statt, die nicht vom Patienten alleine durchgearbeitet werden können. Bereits Klein sprach von »präverbalen Emotionen ... (die) in der Übertragungssituation wiederbelebt (werden) ... (und die) als Erinnerungen in Gefühlen ... auftauchen«, die mit Hilfe des Analytikers rekonstruiert und in Worte gefasst werden (1936, S. 316).[11] Seit dreißig Jahren wird das Verstehen der Gegenübertragung zunehmend als wichtigstes Arbeitsgebiet gesehen, aus dem das Verständnis von Gefühlszuständen in der analytischen Sitzung hervorgeht.

Die Literatur scheint jedoch entweder die haltenden und containenden Aspekte (mütterlich?) der Analytikerin beim Herausarbeiten der Prozesse des Patienten oder die väterliche Deutung zu betonen. Man könnte trotzdem vermuten, dass ein ödipaler Konflikt auf der Eben der Theorie selbst stattfindet. Chasseguet-Smirgel (1986) hat betont, dass der Analysand in der Analyse einen Schoß angeboten bekommt, eine Regressionsmöglichkeit, aber im Setting selbst, mit seinem Rahmen und seinen Regeln, sind die Grenzen ebenso enthalten wie in der Art und Weise, in der der Vater Mutter und Kind voneinander trennt. Das Schweigen der Analytikerin würde das wiederbeleben, was zwischen Mutter und Kind stattfindet, wohingegen Deutungen die väterliche Funktion wachrufen, die die Trennung zwischen der Mutter-Kind-Dyade einleitet.

Bollas schlug vor, dass »der assoziative Ort in der mütterlichen Ordnung operiert, der deutende innerhalb der väterlichen, und die Beteiligung des Patienten in beiden Welten – tatsächlich das Bedürfnis des Patienten nach beiden Positionen – würde eine strukturelle Verwendung des elterlichen Paares konstituieren« (1996, S. 12).

1985), Segal (1997), Brenman Pick (1985), Feldman (1997) Britton (2003) und Steiner (2006) weiterentwickelt. Für diese Autoren wurde die Gegenübertragung zu einem Zugang zur unbewussten Kommunikation der Patienten. Autoren wie Bollas (1993), Duncan (1989), Casement (1985), Parsons (2000), Sedlak (2000), Kohon (1999, 2005a, 2005b) und Perelberg (1999, 2003, 2004) haben das Durcharbeiten der Gedanken und Gefühle des Analytikers während einer Sitzung als essentiellen Teil der analytischen Arbeit beschrieben.

[11] Winnicott charakterisiert die analytische Arbeit in Begriffen wie »dem Patienten zurückgeben, was er bringt« (1971, S. 138). Dies ist ein Derivat des mütterlichen Gesichts, das dem Säugling dasjenige zurückreflektiert, das da ist, um gesehen zu werden.

In einer anderen Arbeit habe ich eine Unterscheidung zwischen »offenen« und »geschlossenen« Formen von Deutungen vorgeschlagen (Perelberg 2003). Die erste ist schwerer fassbar, bezieht sich gleichzeitig auf mehrere Schichten und erlaubt es dem freien Assoziationsfluss des Patienten, diejenige Ebene zu wählen, auf welcher er fortfahren möchte. Eine typische Form einer offenen Deutung ist die oben erwähnte: »Ein Vater wird zu Tode geschlagen.« Daraufhin beschrieb Patrick selbst die unterschiedlichen Ebenen, auf denen er die Deutung verstanden hatte.[12] Geschlossene Deutungen bieten einen eher vollständigen Bericht dessen, was in einem bestimmten Moment in der Sitzung geschieht und beschreiben das Zusammenspiel von Identifikationen genauer. In der Sitzung, die ich ausführlicher dargestellt habe, habe ich eine »geschlossene« Deutung angeboten, als ich Patrick seine Identifizierungen in dem Traum aufzeigte.

Die Grundvoraussetzungen für eine Analyse sind der Patient, der Analytiker und der analytische Rahmen. Dies beinhaltet eine radikale Asymmetrie zwischen dem Imaginären und dem Symbolischen. Das Imaginäre bietet eine duale Perspektive, Deutungen, auf den Analytiker zentriert, die nach O'Shaughnessy (1992) »Enklaven« in einer Analyse schaffen können. Das Symbolische bietet eine trianguläre Perspektive (die auf die Struktur des Bündnisses zwischen Mutter, Vater und Kind verweist), die stets das Dritte (siehe Bleger 1967, Green 2004, Ogden 2004) oder den analytischen Raum (Viderman 1970) in die analytische Situation hineinbringt.

Auf einer Ebene kann man sehen, wie so viele dieser Fragen Derivate des Ödipusmythos sind – was es ist, das man von seiner Mutter und seinem Vater hat, und wie man aus zweien hervorgehen kann. Um es mit Lévi-Strauss zu sagen: Worum es geht, ist die Frage, ob der Mensch aus einer oder aus zweien geboren wird. Wie kann es sein, dass wir nicht nur einen Erzeuger haben, sondern eine Mutter plus einen Vater. Wenn der Anthropologe enorme Variationen finden kann, in denen – durch Rituale – verschiedene Gesellschaften sich dieses Problems anzunähern suchen, kann der Psychoanalytiker eine ganze Reihe von Psychopathologien identifizieren, die Individuen bei ihren Versuchen, mit dieser Frage umzugehen, entwickeln. Die zentrale Bedeutung, die Freud dem Ödipuskomplex bei der Bildung des Individuums zugeschrieben hat, zeigt, dass in seinen Bemühungen Fragen

---

[12] Siehe Roth (2001).

nach den Ursprüngen an vorderster Stelle standen. Es geht um die Lösung, die jedes Individuum für diese Fragen sowie für seine innere Beziehung zu Vater, Mutter und Geschwistern findet, die in einer Analyse untersucht werden muss.

Das Durcharbeiten des Ödipuskomplexes (in unseren Patienten und in unseren theoretischen Modellen) und das Verzichten auf die inzestuösen Phantasien (Inzest mit den Eltern in unseren Phantasien, ihre wahren Nachfolger zu sein) setzt das Individuum in eine zeitliche Dimension ein. Dies erfordert, das Bedürfnis anzuerkennen, den Vater töten zu wollen, oder »den Vater zu Tode zu schlagen,« wie in Patricks Traum. Es leitet den Trauerprozess ein.

Die Geschmeidigkeit (fluidity) der Bewegung zwischen den verschiedenen Positionen im Dreieck, vom Schweigen über das Containen von Projektionen bis hin zum Deuten, ist der Schlüssel zur analytischen Technik.

Die bisherigen Überlegungen bedeuten nicht, dass die Gegenwart der Analyse und die Vergangenheit gleichgestaltig sind. Das Kindliche in einer Analyse ist nicht das Kind der Vergangenheit (Green 2000b). Die Gegenwart deutet die Vergangenheit neu, insofern die Vergangenheit die Saat hinterlässt, die in der Gegenwart aufgeht, wenn auch ohne Sinn für Prädetermination. Dies ist die Bedeutung des dynamischen Konzepts des *après-coup* (Nachträglichkeit), das für Freuds Vorstellung von Zeitlichkeit zentral war. Ich habe an anderer Stelle vorgeschlagen, dass das Konzept des dynamischen *après-coup*, das zutiefst in Freuds Metapsychologie eingebettet ist, Trauma, Wiederholung und infantile Sexualität miteinander verbindet (Perelberg 2006).

Es dauerte einige Jahre, bis etwas, das im Erstgespräch kaum wahrgenommen worden war, im analytischen Prozess Bedeutung gewann. Meine Frage an Patrick, ob er eine homosexuelle Beziehung gehabt hatte, seine Leugnung und seine späteren Informationen riefen eine Verwirrung in mir hervor, über die ich einige Jahre lang Stillschweigen bewahrte. Erst als ich spürte, dass ich – im Zusammenhang mit der Entwicklung der Übertragung – etwas von seiner Bedeutung verstanden hatte, formulierte ich mein Verständnis in einer Deutung.

Die Bedingung des analytischen Settings, mit den Grundregeln des Liegens auf der Couch und des freien Assoziierens, ist insofern inhärent traumatisch, als sie den Patienten passiv macht (Green 1986, S. 248), der eingeladen ist, sich der Obhut (care) des Analytikers anzuvertrauen. Jede Analyse wird in irgendeiner Weise die traumatische infantile Situation wiederholen. In Patricks Analyse gibt es die Szene eines Kindheitstraumas (die Szene zwischen den Brüdern), die retrospektiv verständlich wird durch das, was sich in zwei Momenten der Übertragungssituation abspielt. Freud sagte uns, dass alles, was in der Übertragungssituation entdeckt wird, niemals vergessen wird. Der gesamte Prozess geschieht auf dem »analytischen Feld« (Donnet 2005), wo sich Übertragung, Prozess, Deutung und Gegenübertragung bündeln und das dynamische après-coup stattfindet. Im vorgestellten Fallbeispiel wird der psychoanalytische Prozess durch das Primat der Sexualität definiert, durch die erotische Passivierung in der Übertragung, welche die traumatische sexuelle Szene der Kindheit wiederbelebt. Im Freudschen Modell wie auch im Verständnis dieses Fallbeispiels, das auf eben diesem Modell fußt, finden sich Sexualität und sexuelle Phantasien im Zentrum der Bedeutungsfindung.

Aus dem Englischen von Angela Hanke und Torsten Siol

Bibliographie

Bion, W. (1957): Differentiation of the psychotic from the non-psychotic personalities. Internat. J. Psychoanal. 38, 266–75.

Bleger, J. (1967): Psycho-analysis of the psycho-analytic frame. Internat. J. Psychoanal. 48, 511–9. Dt.: Die Psychoanalyse des psychoanalytischen Rahmens. Forum Psychoanal. 9, 268–280.

Bollas, C. (1993): Being a character: Psychoanalysis and self experience. London (Routledge). Dt.: Genese der Persönlichkeit. Psychoanalyse und Selbsterfahrung, übersetzt von Brigitte Flickinger. Stuttgart (Klett-Cotta) 2000.

Bollas, C. (1996): Figures and their functions: On the oedipal structure of a psychoanalysis. Psychoanal. Quart. 65, 1–20.

Breen, D. (2006): The work of interpretation. Unpublished.

Brenman Pick, I. (1985): Working through in the countertransference. Internat. J. Psychoanal. 66, 157–66. Dt.: Durcharbeiten in der Gegenübertragung, übers. von E. Vorspohl. In: Spillius, E. (Hg.) Melanie Klein heute, Bd. 2, Stuttgart (Klett-Cotta) 1995, 45–64.

Breuer, J. u. Freud, S. (1895): Studien über Hysterie. GW 1, 77–312.

Britton, R. (1998): Belief and imagination: Explorations in psychoanalysis. London (Routledge) and The Institute of Psychoanal. (New Library of Psychoanal.). Dt.: Glaube, Phantasie und psychische Realität, übers. von Antje Vaihinger. Stuttgart (Klett-Cotta) 2006.

Britton, R. (2003): Hysteria: The erotic countertransference. In: Sex, death, and the super-ego: Experiences in psychoanalysis, 7–27. London (Karnac). Dt.: Sexualität, Tod und Über-Ich, übers. von Antje Vaihinger. Stuttgart (Klett-Cotta) 2006.

Casement, P. (1985): On learning from the patient. London (Tavistock). Dt.: Vom Patienten lernen. Stuttgart (Klett-Cotta) 1989.

Chasseguet-Smirgel, J. (1986): Sexuality and mind. New York, NY (Intern. UP). Dt.: Zwei Bäume im Garten, übers. von Eva Moldenhauer. Stuttgart (Verl. Intern. Psychoanalyse) 1992.

Cooper, A. M. (1987): Changes in psychoanalytic ideas: Transference interpretation. J. Amer. Psychoanal. Ass. 35, 77–98.

Donnet, J.-L. (2005): La situation analysante. Paris (PUF). (Le fil rouge series).

Duncan, D. (1989): The flow of interpretation – The collateral interpretation, force and flow. Internat. J. Psychoanal. 70, 693–700.

Feldman, M. (1997): Projective identification: The analyst's involvement. Internat. J. Psychoanal. 78, 227–41.

Freud, S. (1900): Die Traumdeutung. GW Bd. 2 und 3.

Freud, S. (1905): Drei Abhandlungen zur Sexualtheorie. GW 5, 27–145.

Freud, S. (1909d): Bemerkungen über einen Fall von Zwangsneurose. GW 7, 381–463.

Freud, S. (1911): Die Handhabung der Traumdeutung in der Psychoanalyse. GW 8, 350–357.

Freud, S. (1912a): Zur Dynamik der Übertragung. GW 8, 364–374.

Freud, S. (1912b): Einige Bemerkungen über den Begriff des Unbewußten in der Psychoanalyse. GW 8, 430–439.

Freud, S. (1912e): Ratschläge für den Arzt bei der psychoanalytischen Behandlung. GW 8, 376–387.

Freud, S. (1913): Zur Einleitung der Behandlung. GW 8, 454–478.

Freud, S. (1914): Erinnern, Wiederholen und Durcharbeiten. GW 10, 126–136.

Freud, S. (1917): XXVII. Vorlesung: Die Übertragung. (Vorlesungen zur Einführung in die Psychoanalyse). GW 11, 447–465.

Freud, S. (1919h): Das Unheimliche. GW 12, 229–268.

Freud, S. (1920): Jenseits des Lustprinzips. GW 13, 1–69.

Freud, S. (1923a): »Psychoanalyse« und »Libidotheorie«. GW 13, 211–233.

Freud, S. (1926a): Hemmung, Symptom und Angst. GW 14, 111–205.

Freud, S. (1926b): Die Frage der Laienanalyse. Nachwort zur »Frage der Laienanalyse«. GW 14, 209–296.

Freud, S. (1931): Über die weibliche Sexualität. GW 14, 517–537.

Freud, S. (1940): Abriß der Psychoanalyse. GW 17, 97–138.

Green, A. (1986): Passions and their vicissitudes. In: On private madness,

214–53. London (Hogarth). (International Psycho-analytical Library, no. 117).

Green, A. (2000a): On thirdness. In: Abram J., editor. André Green at the Squiggle Foundation, 39–68. London (Karnac). (Winnicott Studies monographs).

Green, A. (2000b): What kind of research for psychoanalysis. In: Sandler, J., Sandler, A.-M., Davies, R., editors. Clinical and observational psychoanalytic research: Roots of a controversy: André Green and Daniel Stern, 41–72. London (Karnac). (Psychoanalytic Monograph no. 5).

Green, A. (2004): Thirdness and psychoanalytic concepts. Psychoanal. Quart. 73, 99–135.

Green, A., Kohon, G. (2005): Love and its vicissitudes. London (Routledge).

Grinberg, L. (1962): On a specific aspect of countertransference due to the patient's projective identification. Internat. J. Psychoanal. 43, 436–40.

Heimann, P. (1950): On counter-transference. Internat. J. Psychoanal. 31, 81–4. Dt.: Bemerkungen zur Gegenübertragung. Psyche 18, 483–493 (1964).

Heimann, P. (1956): Dynamics of transference interpretations. In: About children and children-no-longer. Collected papers 1942–80, 108–21. London (Routledge) 1989. (New Library of Psychoanalysis, no. 10.)

Joseph, B. (1975): The patient who is difficult to reach. In: Spillius, E. B., Hg. Melanie Klein today: Developments in theory and practice, vol. 2: Mainly practice, 48–60. London (Routledge) 1988. Dt.: Der unzulängliche Patient, übers. von E. Vorspohl. In: Melanie Klein Heute, Bd. 2, Stuttgart (Klett-Cotta) 1995, 65–83.

Joseph, B. (1985): Transference: The total situation. Internat. J. Psychoanal. 66, 447–54.

Khan, M. M. R. (1962): Dream psychology and the evolution of the psychoanalytic situation. In: The privacy of the self: Papers on psychoanalytic theory and technique, 27–41. London (Hogarth) and The Institute of Psycho-Analysis.

Klein, H. S. (1993): Emotion, time and space. Unpublished manuscript.

Klein, M. (1957): Envy and Gratitude. London (Tavistock). Dt.: Neid und Dankbarkeit, übers. von E. Vorspohl. In: Gesammelte Schriften Bd. III, Stuttgart (fromann-holzboog), S. 288 f.

Kohon, G. (1999): No lost certainties to be recovered: Sexuality, creativity, knowledge. London (Karnac).

Kohon, G. (2005a): Love in times of madness. In: Green, A., Kohon, G. Love and its vicissitudes. London (Routledge).

Kohon, G. (2005b): The Oedipus complex II. In: Budd, S., Rusbridger, R., editors. Introducing psychoanalysis: Essential themes and topics, 166–80. London (Routledge).

Kristeva, J. (1996): Time and sense: Proust and the experience of literature, New York, NY (Columbia Univ. Press).

Kristeva, J. (2006): A father is being beaten to death. Paper presented to The Dead Father conference, Association for Psychoanalytic Medicine, Columbia Univ., unpublished.

Laplanche, J. (1999): Essays on otherness. London (Routledge).

Laplanche, J., Pontalis, J.-B. (1985): Fantasme originaire, fantasme des origines, origines du fantasme. Paris (Hachette). Dt.: Urphantasie: Phantasien über den Ursprung, Ursprünge der Phantasie, Frankfurt a. M. (Fischer) 1992.

Le Guen, C. (1982): L'après-coup. Rev. Franç. Psychanal. 3, 527–34.

Money-Kyrle, R. (1956): Normal counter-transference and some of its deviations. Internat. J. Psychoanal. 37, 360–6.

Ogden, T. (1997): Reverie and interpretation. Psychoanal. Quart. 66, 567–95.

Ogden, T. (2004): The analytic third: Implications for psychoanalytic theory and technique. Psychoanal. Quart. 73, 167–95.

O'Shaughnessy, E. (1992): Enclaves and excursions. Internat. J. Psychoanal. 73, 603–11.

Parsons, M. (2000): The dove that returns, the dove that vanishes: Paradox and creativity in psychoanalysis. London (Routledge).

Perelberg, R. J. (1999): The interplay between identifications and identity in the analysis of a violent young man: Issues of technique. Internat. J. Psychoanal. 80, 31–45.

Perelberg, R. J. (2000): Discussion. In: Sandler, J., Sandler, A.-M., Davies, R., editors. Clinical and observational psychoanalytic research: Roots of a controversy: André Green and Daniel Stern, 91–9. London (Karnac). (Psychoanalytic Monograph no 5).

Perelberg, R. J. (2003): Full and empty spaces in the analytic process. Internat. J. Psychoanal. 84, 579–92.

Perelberg, R. J. (2004): Narcissistic configurations: Violence and its absence in treatment. Internat. J. Psychoanal. 85, 1065–79.

Perelberg, R. J. (2006): The Controversial Discussions and après-coup. Internat. J. Psychoanal. 87, 1199–220.

Pontalis, J.-B. (1977): Entre le rêve et la douleur. Paris (Gallimard).

Racker, H. (1968): Transference and countertransference. London (Karnac) 1982. Dt.: Übertragung und Gegenübertragung. Studien zur psychoanalytischen Technik. München (Reinhardt) 2006.

Rolland, J.-C. (2005): The metapsychological papers. In: Perelberg, R. J., editor. Freud: A modern reader. Chichester (Wiley).

Rosenberg, B. (1991): Masochisme mortifère et masochisme gardien de la vie. Paris (PUF). (Monographies de la Rev. Franç. de Psychanal.).

Roth, P. (2001): Mapping the landscape: Levels of transference interpretation. Internat. J. Psychoanal. 82, 533–43.

Sandler, J. (1976): Countertransference and role responsiveness. Internat. Rev. Psychoanal. 3, 43–7.

Sechaud, E. (1997): L'urgence interprétative. Rev. Franç. Psychanal. 61, 1765–71.

Sedlak, V. (2000): The dream space and countertransference. In: Perelberg, R. J., editor. Dreaming and thinking. London (Karnac).

Segal, H. (1997): The uses and abuses of countertransference. In: Steiner, J., editor. Psychoanalysis, literature and war, 111–22. London (Routledge).

Sharpe, E. F. (1930): The technique of psycho-analysis. Internat. J. Psychoanal. 11, 251–77; 11, 361–86.

Sodré, I. (2004): Florence and Sigmund's excellent adventure. Paper presented to: the English Speaking Conference.

Steiner, J. (2006): Interpretative enactments and the analytic setting. Internat. J. Psychoanal. 87, 315–20.

Strachey, J. (1934): The nature of the therapeutic action of psycho-analysis. Internat. J. Psychoanal. 15, 127–59.

Viderman, S. (1970): La construction de l'espace analytique. Paris (Gallimard).

Winnicott, D. W. (1971): Mirror-role of mother and family in child development. In: Playing and reality, 130–8. Harmondsworth (Penguin). Dt.: In: Vom Spiel zur Kreativität, übers. von Michael Ermann. Stuttgart (Klett-Cotta) 2006.

Winnicott, D. W. (1989): The mother-infant experience of mutuality. In: Winnicott, C., Shepherd, R., Davis, M., editors. Psychoanal. explorations, 251–60. London (Karnac).

Whelan, M., Hg. (2000): Mistress of her own thoughts: Ella Freeman Sharpe and the practice of psychoanalysis. London (Rebus).

II
Psychoanalytische Kontroversen und theoretische Beiträge

Rachel B. Blass und Zvi Carmeli

Plädoyer gegen die Neuropsychoanalyse. Fehlschlüsse, die dem neuesten wissenschaftlichen Trend in der Psychoanalyse zugrunde liegen und ihre negativen Auswirkungen auf den analytischen Diskurs

Einleitung

Seit einem Jahrzehnt gibt es im psychoanalytischen Diskurs einen zunehmend breiter werdenden neurowissenschaftlichen Trend. Neben der Tatsache, dass neuropsychoanalytische Schriften und Aktivitäten sowohl hinsichtlich ihres Ausmaßes als auch ihrer Popularität rasch anwachsen, zeigt sich dieser Trend auch in der von führenden analytischen Denkern und bei offiziellen Gelegenheiten vertretenen Überzeugung, dass die Neurowissenschaften wertvoll oder sogar notwendig für die Entwicklung der Psychoanalyse seien. Sie zu ignorieren bedeute, sich an analytische Theorien und Praktiken zu klammern, weil man die Tatsache fürchte, dass es in der Macht der modernen Neurowissenschaften liege, diese Theorien und Praktiken zu bestätigen oder zu entkräften (Kernberg 2004; Mayes 2003). Es bedeute, Einsichten in mentale Vorgänge zu verleugnen, die von vitalem Interesse für die Psychoanalyse seien und folglich eine tiefgreifende neue Vision von Theorie und Praxis abzulehnen, die aus der Vereinigung verschiedener Disziplinen im Entstehen begriffen sei, vielleicht sogar früher als gedacht (Sacks [Internet]). In der Tat ist der Ton manchmal prophetisch[1], seine Herkunft Respekt einflößend und seine Anziehungskraft weit verbreitet. Als über tausend Psychoanalytiker den leuchtenden Bildern der farbenfrohen Positronenemissionstomographie-(PET)-Scans Beifall zollten, die der Hauptredner und namhafte Kognitionsforscher Prof. Antonio Damasio in seinem Eröffnungsvortrag auf dem 44. IPA-Kongress 2004 zeigte, war die Vormachtstellung des aktuellen

---

[1] »Ich denke, es wird nicht mehr so lange dauern, bis es zu einer tiefgreifenden und kaum vorstellbaren Form von Vereinigung zwischen den Neurowissenschaften und der Psychoanalyse, zwischen den äußeren und den inneren Zugangsweisen kommt ... Ich nehme an, zumindest die Jüngeren unter Ihnen werden das erleben ...« (Sacks, Internet).

neurowissenschaftlichen Trends in der Psychoanalyse so offenkundig wie nie zuvor.

Obwohl man denken könnte, dass nicht alle Analytiker von diesem neurowissenschaftlichen Trend so begeistert sind, gibt es in der analytischen Literatur nur sehr spärliche Hinweise auf spezifische Gegenargumente (Edelson 1984, 1986; siehe auch Boesky 1995; Smith 1997). In dieser Arbeit versuchen wir, diese Gegenargumente darzulegen und die Gründe für den Widerstand gegen die Neuropsychoanalyse aufzuzeigen. Unser Hauptargument lautet, dass die Anwendung der Neurowissenschaften auf die Psychoanalyse auf ungerechtfertigten Schlüssen beruht, die einen erheblichen negativen Einfluss auf die zukünftige Entwicklung der Psychoanalyse haben könnten. Der Grund dafür ist, wie wir zeigen werden, dass die Neuropsychoanalyse nicht bloß eine bestimmte Sichtweise bezüglich der Beziehung zweier unterschiedlicher Disziplinen, Neurowissenschaften und Psychoanalyse, anbietet (wie ihre Anhänger behaupten), sondern vor allem zu einer neuen, biologistischen Sichtweise bezüglich des Charakters der Psychoanalyse führt. Folglich ist die Debatte über die Neuropsychoanalyse tatsächlich eine Debatte über das innerste Wesen und die Ziele der Psychoanalyse. In Frage steht nicht irgendein Lehrsatz dieser oder jener psychoanalytischen Theorie, sondern vielmehr die Beschäftigung mit Bedeutungen als mentalen Phänomenen – ein Anliegen, das alle analytischen Theorien miteinander verbindet.

Unsere Grundthesen sind allgemein theoretischer Art und hätten im Grunde durch eine konzeptuelle Analyse dargestellt werden können, ohne die spezifischen Details neurowissenschaftlicher Befunde und ihre spezifische Anwendung auf die Psychoanalyse zu benennen. Aber um in einen direkteren Dialog mit denjenigen zu treten, die mit neuropsychoanalytischer Literatur vertraut und von ihr beeinflusst sind, haben wir uns entschlossen, diese Thesen durch konkrete Beispiele zu verdeutlichen. Wir diskutieren vier Gebiete neurowissenschaftlicher Forschung, die in der neueren psychoanalytischen Literatur als von beträchtlichem Nutzen für die Psychoanalyse angeführt wurden – Trauma und Gedächtnis, Motivation und Affekt, Traumtheorie und Theorien des Mentalen (*theories of the mind*) – und konzentrieren uns auf bestimmte Publikationen, die typisch sind für die Art von Texten, die zur Zeit auf die Psychoanalyse Einfluss ausüben. Das sind Artikel, die jüngst im offiziellen psychoanalytischen Rahmen erschienen sind, von bekannten Psychoanalytikern oder von Experten auf dem Gebiet der Neuropsychoanalyse geschrieben wurden und die klar die Sicht vertreten und erläutern, dass die Neurowissenschaften maßgeblich zur Psychoanalyse beitragen. Zwecks Verdeutlichung unseres Standpunkts an manchen Stellen beziehen wir uns dort auf zusätzliche Artikel, vor allem auf einige, die in den letzten zwei Jahren im *International Journal of Psychoanalysis* erschienen sind.

In unserer Untersuchung jedes der vier Gebiete neurowissenschaftlicher Forschung stellen wir zuerst die Grundthesen vor, die eine Relevanz der neurowissenschaftlichen Befunde beanspruchen, und beleuchten dann die diesen Thesen zugrunde liegenden Annahmen. Diese Annahmen sind von besonderer Wichtigkeit, weil sie es sind, die Analytiker, die nicht neurowissenschaftlich ausgebildet oder nicht notwendig mit diesen Erkenntnissen vertraut sind, zum Schluss kommen lassen, dass die Neurowissenschaften in der Tat für ihre Arbeit relevant seien. Dann legen wir unsere kritische Untersuchung dieser Annahmen vor und weisen auf die negativen Folgen hin, wenn weiterhin an ihnen festgehalten wird. Nachdem wir in dieser Weise alle vier Gebiete untersucht haben, arbeiten wir ein umfassendes Bild vom problematischen Status und Einfluss des aktuellen neuropsychoanalytischen Trends heraus. Bevor wir uns der Studie selbst zuwenden, sollten folgende drei Punkte beachtet werden:

(a) Die theoretischen oder konzeptuellen Argumente, die wir bezüglich der begrenzten Relevanz neurowissenschaftlicher Befunde für die Psychoanalyse vorbringen, sind nicht völlig neu. Es gibt eine lange und wichtige philosophische Tradition, die ähnliche Thesen bezüglich der Verbindung zwischen Psychologie und Biologie aufgestellt hat, und, genauer, zwischen der Psychologie und den Neurowissenschaften (Edelson 1986; Fodor 1974, 1975, S. 1–26; Polanyi 1968; Shanon 1992, 1993; siehe auch Bennett und Hacker 2003). Unser Beitrag zu dieser andauernden Debatte liegt darin, dass wir dieses Thema der begrenzten Relevanz der Neurowissenschaften speziell für die Psychoanalyse untersuchen und die Anziehungskraft, welche die Neurowissenschaften trotz dieser Beschränkungen haben, aufklären.

(b) Unser Widerstand gegen die Bemühungen, Psychoanalyse und Neurowissenschaften zu integrieren, bedeutet nicht, dass die Psychoanalyse zu verletzbar für einen interdisziplinären Dialog sei, sondern hebt eher die Stärke und den besonderen Wert der Psychoanalyse als einer Disziplin hervor, die mit Bedeutungen beschäftigt ist, zu denen die Neurowissenschaften nicht wesentlich beitragen können. In der Tat können neurowissenschaftliche Befunde helfen, die Grenzen der Psychoanalyse zu markieren. Sie können festlegen, wann neuronale Abnormalitäten von solcher Art sind, dass eine psychologische Intervention, also auch Psychoanalyse, zwecklos wären. Aber das ist kein Beitrag zur Psychoanalyse an sich, sondern zeigt nur, wann Psychoanalyse nicht länger wichtig sein könnte.

(c) Wenn wir den Beitrag der Neurowissenschaften zur Psychoanalyse an sich ablehnen, stellen wir in keiner Weise in Frage, dass alle geistigen Phänomene notwendigerweise ein biologisches Substrat benötigen. Wir hinterfragen nur die Relevanz und den Wert des Verstehens des biologischen Substrates, der ›Hardware‹ des Geistes (mind), für das Verstehen des Geistigen (mental). Man kann diesen Artikel als eine Einladung auffassen, sich mit dieser Frage, die in den jüngsten Debatten als Selbstverständlichkeit betrachtet wurde, ernsthaft auseinanderzusetzen.

Wir wenden uns jetzt der Untersuchung der vier Forschungsgebiete zu.

Vier Gebiete neurowissenschaftlicher Forschung
Trauma und Gedächtnis

Die Behauptung

Neurowissenschaftliche Befunde bezüglich des expliziten und des impliziten Gedächtnisses zeigen, dass das Gedächtnis so organisiert ist, dass viele traumatische Erinnerungen nicht explizit kodiert werden und dadurch als Erinnerungen an sich nicht abrufbar sind. Zwar entstand in der Tat unabhängig von den Neurowissenschaften in der Psychoanalyse eine Debatte über die Abrufbarkeit von Erinnerungen. Aber die Neurowissenschaften entscheiden in dieser Debatte zugunsten der Unabrufbarkeit mancher Erinnerungen, indem sie den biologischen Hintergrund der relevanten Prozesse enthüllen (Pulver 2003, Yovell 2000). Die Unabrufbarkeit der Erinnerungen ist nicht die Folge einer begrenzten klinischen Technik, die mit der Zeit verbessert werden könnte, sondern wird eher durch die Biologie des Gehirns bestimmt, einem durch psychoanalytische Deutungen nicht modifizierbaren Faktor. Das hat klinische Implikationen, da man nicht länger nach bestimmten traumatischen Erinnerungen suchen oder dem

Patienten vermitteln muss, dass es notwendig oder immer möglich sei, sich zu erinnern. Überdies unterscheiden die Neurowissenschaften, gestützt auf der Bildgebung der Hirnanatomie (*neuroimaging*), weiter zwischen verschiedenen Formen des expliziten Gedächtnisses (generisch und episodisch) und des impliziten Gedächtnisses (assoziativ und prozedural). Diese Unterscheidungen hinsichtlich der grundlegenden Natur des Mentalen (*mind*) werden von jeder psychoanalytischen Theorie des Mentalen berücksichtigt werden müssen. Westen und Gabbard, zum Beispiel, erklären:

»Obwohl viele bildgebende Hirnstudien von primärem Interesse sind, weil sie die Gehirn/Verhalten-Beziehungen begründen, sind solche wie die hier beschriebenen Studien wichtiger für die Psychoanalyse, weil sie dokumentieren, dass bestimmte funktionelle Unterscheidungen auch strukturelle sind (im neuroanatomischen Sinne), und folglich, dass die Verwendung desselben Terminus [z. B. Gedächtnis] für die Beschreibung zweier verschiedener Systeme unangemessen wäre. Das ist ein Beispiel, in dem neurowissenschaftliche Daten psychoanalytische Theorien einschränken, welche entweder Unterscheidungen machen müssen, die jenen in der experimentellen Literatur dokumentierten entsprechen oder begründen, warum solche Unterscheidungen in Bezug auf bestimmte klinische Daten unangemessen sind« (2002a, S. 69).

Da alle verschiedenen Formen des Gedächtnisses im Verlauf der analytischen Arbeit zum Einsatz kommen, kann uns das Wissen über die unterschiedlichen Auswirkungen dieser verschiedenen Gedächtnisformen unter jeweils anderen Bedingungen ermöglichen, unsere therapeutischen Ziele besser zu erreichen. Yovell beschreibt dies mit einem Fallbeispiel. Er kommt zu dem Schluss:

»Die neurobiologische Einsicht in die Auswirkungen von Stress auf den Aufbau des Gedächtnisses bei Patienten mit einer traumatischen Geschichte erzwang eine Änderung bezüglich des Zeitpunkts meiner therapeutischen Interventionen ... Patienten mit PTBS kommen zur Therapie mit bereits gefährdeten Hippokampi und mit einer hypersensitiven Amygdala. In diesem Setting könnte eine überstarke Kortisolantwort auf emotionalen Stress, ausgelöst durch ihre Amygdala, ihre Hippokampi überwältigen und sie unfähig machen, auch die beste Deutung zu behalten. Darüber hinaus kann ein exzessiver negativer Affekt während einer Sitzung zu nicht viel mehr führen als zu einer traumatischen Wiederholung der ursprünglichen Verletzung bei einem Patienten, der an PTBS leidet. Mit Patienten wie Tara könnte es deshalb besser sein, das ›Eisen zu schmieden, während es kalt ist‹, und Deutungen in Augenblicken von emotionaler Ruhe zu liefern, wenn sie verarbeitet und erinnert werden können« (2000, S. 179).

Mit anderen Worten, die Entdeckung der neurologischen Zustände, die verschiedenen Störungen zugrunde liegen und des neurologischen Einflusses auf die Bildung von Erinnerungen durch Deutungen erlaubt uns, besser vorherzusagen und zu verstehen, nicht nur ob ein schmerzhaftes oder traumatisches Ereignis erinnert werden wird, sondern auch welche Methoden dessen Erinnerung erleichtern und welche Folgen dieses Erinnern hat. [Ein ähnliches Argument kann man bei Tutte (2004) und Cimino und Correale (2005) finden.]

Die zugrunde liegende Annahme

Sollen unsere psychoanalytischen Theorien über das Gedächtnis gültig sein, dürfen sie bekannten Tatsachen hinsichtlich der Biologie des Geistes (*mind*) nicht widersprechen. Wenn die Neurowissenschaften daher zeigen, dass es Erinnerungen gibt, die nicht abrufbar sind, kann die psychoanalytische Theorie nicht weiter behaupten, dass sie es seien, und in der Folge eine klinische Theorie der Heilung entwickeln, die auf Erinnerung basiert. Gäbe es darüber hinaus neurowissenschaftliche Methoden oder Techniken, die zwischen den erinnerungsfähigen und den nicht erinnerungsfähigen, zwischen den explizit erinnerungsfähigen und den nur implizit erinnerungsfähigen Ideen unterscheiden könnten, und zeigten diese Methoden die therapeutischen Folgen der Erinnerung unter diesen verschiedenen Bedingungen auf, dann könnte man einen sensibleren und effektiveren therapeutischen Prozess entwickeln. Mit dem technologischen Fortschritt können wir uns auf die Entwicklung solcher Methoden und Techniken freuen.

Die Probleme

1. *Die objektive Erinnerung ist nicht notwendigerweise das Ziel der analytischen Behandlung.* Die neurowissenschaftlichen Befunde zum Gedächtnis wären nur für diejenigen Analytiker relevant, für welche die tatsächliche Erinnerung an Fakten vergangener Ereignisse ein Hauptziel der psychoanalytischen Behandlung ausmacht. Das ist ein umstrittenes Thema. Abgesehen von Fällen, in denen es ganz besondere und massive Formen von frühem Trauma gibt, betrachtet der

vorherrschende Trend in der Psychoanalyse die Erinnerung von Ereignissen an sich als von eher begrenzter Wirkung auf den analytischen Prozess. Der Freudschen Wendung zur Konzentration auf Phantasie und Übertragung folgend, wurden zwei verwandte Prozesse sehr viel wichtiger als die Erinnerung von Fakten an sich: (a) die Entfaltung der Tendenzen des Patienten, sich auf eine bestimmte Art zu erinnern – die Art und Weise, wie Bedeutungen zugeschrieben werden und die unbewusste Dynamik, die diese Zuschreibung determiniert; und (b) die Erfahrung und das Verständnis in der Gegenwart (in der Übertragung) der vergangenen Ereignisse oder Bedeutungen, die zu keinem Zeitpunkt als solche wirklich erinnert werden müssen (Caper 1999, S. 61; Feldman [Internet]; siehe auch Kris 1956, S. 55; Laplanche 1992).

Man kann sehen, dass die Betrachtung der neurowissenschaftlichen Befunde als hochrelevant für den analytischen Prozess jener Position Vorherrschaft erteilt, welche die Frage der Erinnerbarkeit für den analytischen Prozess als immer schon entscheidend ansieht (Pulver 2003; Tutte 2004; Yovell 2000) und/oder jener Position, dass der analytische Prozess verändert werden muss, um das neurowissenschaftlich entdeckte Faktum unterzubringen, dass Erinnerung nicht immer abgerufen werden kann (Andrade 2005). Es ist wichtig zu erkennen, dass die Ansicht, dass Erinnerung für die traditionelle Psychoanalyse zentral sei, nicht etwa durch irgendeinen neurowissenschaftlichen Befund unterstützt wird, sondern eher aus der Einschätzung entspringt, dass die Neurowissenschaften wertvoll für die Psychoanalyse seien.

2. *Erinnerungsfähigkeit und ihre Folgen sind kein speziell neurowissenschaftlicher Befund.* Die Frage, ob Traumata explizit, implizit oder gar nicht erinnert werden, kann Gegenstand einer empirischen Forschung sein, aber solch eine Studie gehört nicht in besonderer Weise zum Gebiet der Neurowissenschaften. Eine adäquate Antwort auf diese Frage erforderte die Untersuchung der Häufigkeit von Erinnerung in einer Gruppe von Individuen, die bekannterweise ein Trauma erlitten haben. Alternativ könnte man untersuchen, ob Erinnerungen an das Trauma wahrheitsgetreu sind und auch die therapeutischen Konsequenzen solcher Erinnerungen feststellen. Stellte man tatsächlich fest, dass nur wenige Erinnerungen wieder aufrufbar oder wahrheitsgetreu wären, dann machte es wenig Sinn, zu hoffen, solche Erinnerungen im Verlaufe von Analysen zu erhalten. Die Psychoanalyse sollte von solchen Befunden Kenntnis nehmen. Tatsächlich ist Freuds Anerkennung dieses empirischen Faktums einer der Gründe

für seinen Wechsel zu einer ätiologischen Theorie, die eher auf Phantasie zentriert ist als auf ein äußeres Trauma. Es wäre indessen ein Fehler, solche empirischen Fakten als neurowissenschaftlich zu betrachten.

3. *Neurowissenschaftliche Befunde können nur die biologischen Prozesse von Gedächtnisformen beschreiben, die bereits phänomenologisch als solche erkannt wurden.* Die von Analytikern im Kontext von Trauma und Gedächtnis zitierten neurowissenschaftlichen Befunde erklären, wie es dazu kam, dass bestimmte vergessene Ereignisse, vor allem traumatische, vergessen wurden. Zum Beispiel beschreiben sie verschiedene Hirnzentren und Bahnen, die in das generische, episodische, assoziative und prozedurale Gedächtnis involviert sind. Die Aufklärung der Prozesse, Bahnen und Mechanismen, die bei der Erinnerung oder beim Vergessen von Ereignissen beteiligt sind, erfordert allerdings, dass zuvor die verschiedenen Formen von Erinnern und Vergessen phänomenologisch unterschieden worden sind. Das heißt, wir müssen zunächst zur Kenntnis nehmen, dass bestimmte Ereignisse des Erinnerns und Vergessens stattfinden und erst danach können wir ihre neurowissenschaftliche Basis erforschen. Da es klar ist, dass es der Analyse um Ereignisse geht, die phänomenologisch stattfinden – darum, was der Patient auf einer psychologischen, und nicht auf einer biologischen, Ebene denkt, fühlt und erinnert – fügt die konsequente neurowissenschaftlich-biologische Beschreibung dieser Ereignisse dem Verständnis des Gedächtnisses in keiner Weise etwas hinzu, das für einen Analytiker bedeutungsvoll sein könnte. Entdeckte ein Analytiker, dass zwei verschiedene Erinnerungsformen die gleichen neuronalen Strukturen einbeziehen, würden diese zwei Phänomene (die phänomenologisch und psychologisch unterschieden werden) dadurch nicht als weniger unterschiedlich angesehen werden. In ähnlicher Weise machte die Entdeckung, dass identische Erinnerungsformen eigentlich zwei verschiedene Hirnzentren betreffen, diese Erfahrungen für einen Analytiker nicht unterschiedlicher. Oder, um noch ein weiteres Beispiel zu verwenden, wiese man nach, dass man tatsächlich erinnern kann, was auf neurowissenschaftlicher Basis als eine nicht abrufbare Erinnerung galt, dann würden wir dazu neigen, die Neurowissenschaften zu modifizieren, um diese neue Gedächtnistatsache unterzubringen. Dementsprechend wäre für den Verlauf einer Analyse relevant, dass bestimmte Ereignisse im Verlaufe der Analyse niemals erinnert werden, und nicht ob ein neuronaler Zustand tatsächlich vorhanden

wäre, mit welchem das Fehlen von Erinnerungen möglicherweise zusammenhängt.[2]

4. *Neurowissenschaftliche Befunde geben keine Auskunft über die Wahrscheinlichkeit des Erinnerns oder des Vergessens bestimmter Ereignisse oder über deren Folgen.* Wenn ein frühes traumatisches Ereignis vergessen wurde, können die Neurowissenschaften diejenigen neuronalen Prozesse beschreiben, die uns sagen, warum. Sie können uns jedoch nicht aus sich heraus vorhersagen, ob dieses frühe traumatische Ereignis vergessen werden wird, mit welcher Wahrscheinlichkeit es vergessen werden wird, oder die Folgen seines Erinnertwerdens.

Zur Erklärung: Man ist sich einig darüber, dass die Neurowis-

---

[2] Analog gilt: Ob eine Person mathematisch denken kann, hängt von ihrer entsprechenden Fähigkeit ab, nicht vom Vorhandensein neuronaler Zustände, die mit dieser Fähigkeit korrelieren. Unter extremen Umständen (z. B. wenn ganze Areale des Gehirns zerstört sind, die mit dem Gedächtnis zusammenhängen) könnten wir natürlich aufgrund des neuronalen Status erkennen, dass es sinnlos wäre, eine Analyse überhaupt zu versuchen. In solchen Fällen kann man allerdings auch davon ausgehen, dass sich der Zustand in einem Erstinterview zeigen würde.

Wir machen darauf aufmerksam, dass dieses Argument auf viele verschiedene Arten der neuropsychoanalytischen Forschung anwendbar ist, die das Wesen psychologischer Phänomene durch die Beschreibung ihrer zugrunde liegenden neurowissenschaftlichen Determinanten oder Korrelate aufzuzeigen versuchen. Es wurde zum Beispiel die Meinung vertreten, dass wir die Borderline-Pathologie durch die Beobachtung der neuronalen Korrelate der emotionalen und behavioralen Hemmung bei Borderline-Patienten besser verstehen könnten (Beutel et al. 2004) oder die Identifikationsprozesse durch die Erforschung der Aktivierung von ›Spiegelneuronen‹ (Olds 2006; Scalzone 2005). Es wurde weiter argumentiert, dass man die tatsächlichen Auswirkungen psychodynamischer Interventionen durch eine Beobachtung auf neuronalem Niveau nachweisen könnte. Unser Argument hier stellt allerdings die Tatsache in den Vordergrund, dass die Erforschung neuronaler Korrelate unser Verständnis von bereits auf psychologischer Ebene erkannten Phänomenen nicht vertiefen und uns nicht über psychologische Phänomene sinnvoll aufklären kann, die nicht als solche erkannt worden sind. Das ist auch ein Grund, warum die Wirkungen psychodynamischer Interventionen nicht von neurowissenschaftlichen Befunden abhängen. Aus Platzgründen können wir diesen Punkt im vorliegenden Kontext nicht weiter ausführen. Er wird in einer folgenden Arbeit in größerer Ausführlichkeit diskutiert werden.

senschaften die Bedingungen aufklären, die dem Vergessen traumatischer Ereignisse zugrunde liegen, und so könnte man einwenden, dass die Anwendung des umgekehrten Weges es tatsächlich ermöglichen würde, zu diagnostizieren, ob ein bestimmtes Ereignis für immer vergessen bleiben wird oder wie es erinnert werden wird, und auch ob die Folgen des Erinnertwerdens für den analytischen Prozess günstig wären. Es könnte nämlich der Fall eintreten, dass irgendeine Art eines Hirnscans uns zu irgendeinem zukünftigen Zeitpunkt erlauben könnte, zu wissen, ob es traumatische Ereignisse gibt, die auf Weisen registriert worden sind, die sie für die Erinnerung zugänglich machen oder diese Möglichkeit ausschließen. Solch ein Scan könnte uns auch etwas über die Folgen des Erinnerns sagen.

Dieses Argument ist jedoch problematisch. Man muss beachten, dass dieser Scan nur dann solche Informationen liefern könnte, wenn Erinnerungen als diskrete Entitäten gespeichert wären. Um klinisch relevant zu sein, müsste der Scan nämlich zeigen, dass es bestimmte Ereignisse von besonderer Bedeutung für die aktuellen Schwierigkeiten des Patienten gibt, die auf eine Weise gespeichert wurden, die die Möglichkeit ihrer Erinnerung für immer ausschließt. Würde der Scan lediglich nachweisen, dass es gespeicherte Ereignisse gibt, die nicht erinnert werden können (in keiner Form), wäre diese offenkundige Schlussfolgerung trivial. Wir alle wissen, dass wir nicht sämtliche Ereignisse unserer Geschichte erinnern können. Die Vorstellung einer diskreten Speicherung würde jedoch umfassende Informationen über die Geschichte des Patienten erfordern, die er selbst nicht kennt, ebenso wie Informationen darüber, was in seinem Gedächtnis registriert oder nicht registriert wurde. Wie könnte man solche Informationen gewinnen? Ebenso problematisch ist die Tatsache, dass die Vorstellung einer diskreten Speicherung mit sämtlichen allgemein akzeptierten Theorien der Gedächtnisprozesse unvereinbar ist. Die vorherrschenden Theorien konzeptualisieren diese Prozesse (im Einklang mit konnektionistischen Hirnmodellen) im Bezug auf die mentale Fähigkeit, eine Erinnerung zu rekonstruieren und nicht im Bezug auf die Fähigkeit, eine fixierte, festgelegte und kodierte Erinnerung abzurufen (siehe Shanon 1993, S. 227–30; Leuzinger-Bohleber und Pfeifer 2002). Die Vorstellung der diskreten Speicherung ist deshalb so anziehend, weil wir Menschen die irreführende Neigung haben, uns Repräsentationen konkretistisch vorzustellen. Obwohl wir es besser wissen mögen, neigen wir dazu, uns vorzustellen, dass uns zustoßende Ereignisse bildlich an bestimmten Orten unseres Gehirns gespeichert werden und dort auf ihren Abruf warten. Diese Neigung kann jedoch die Aufnahme und Bewertung neurowissenschaftlicher Befunde in diesem Zusammenhang verzerren.

Ein letztes Problem mit dem angeblichen Nutzen der umgekehrten Anwendung neurowissenschaftlicher Befunde liegt in der Begrenztheit einer solchen Methode, die *Auswirkungen* des Erinnerns spezifischer Ereignisse herauszufinden. Wie bereits erwähnt, behaupten die Anhänger der Neuropsychoanalyse, dass neurowissenschaftliche Befunde uns nicht nur über die Erinnerungsmöglichkeit von Ereignissen informieren, sondern auch über die Auswirkungen solcher Erinnerungen. Angesichts der Tatsache, dass die Auswirkungen des Erinnerns nicht vom jeweiligen analytischen Zusammenhang abgetrennt werden können, in dem sich die Erinnerung ereignet, ist es allerdings schwer, diese Behauptung aufrecht zu halten. Selbstverständlich könnten wir neurowissenschaftliche Befunde akzeptieren, wie z. B. dass eine gesteigerte Kortisolantwort auf emotionalen Stress, ausgelöst durch die Amygdala, den Hippokampus von Patienten mit PTBS überwältigen kann (der Befund, auf den Yovell sich in seinem oben erwähnten Beispiel beruft). Und es könnte auch sein, dass bestimmte Interventionen bei solchen Patienten stressreiche Erinnerungsprozesse auslösen werden. Aber solche neurowissenschaftlichen Befunde sagen uns nicht, ob die Erfahrung von Stress analytisch wünschenswert ist. Dass Stress in bestimmten Situationen einen Hippokampus überwältigen wird, erklärt gar nichts, denn ein »überwältigter Hippokampus« kann von einer analytischen Perspektive aus gut oder schlecht sein in Abhängigkeit von vielen Faktoren. Wenn zum Beispiel innerhalb des analytischen Kontextes Stress contained und verstanden werden kann, dann ist der zugrunde liegende »überwältigte Hippokampus« eine gute Sache, und wenn nicht, dann vielleicht eine schlechte. Was ist eigentlich ein überwältigter Hippokampus wenn nicht eine Person, die sich zeitgleich mit einer Zustandsänderung ihres Hippokampus überwältigt fühlt? Ob eine derartige Überwältigung für den analytischen Prozess wünschenswert ist oder nicht, ist keine Sache, die die Neurowissenschaften zu entscheiden oder vorherzusagen hätten. Der analytische Kontext umfasst unzählige Faktoren, die nicht vom zugrunde liegenden neuronalen Zustand eingefangen werden und als solche nicht im Voraus für jeden Patienten und jede Erinnerung definiert werden können. Anders zu denken hieße, unsere Erinnerungen und ihre Bedeutungen als Ereignisse anzusehen, welche wie das biologische Substrat des Gehirns vollständig definierbar wären, ohne dass wir den komplexen Kontext verstehen müssten, in welchem sie Ausdruck finden (siehe Cavell 1993, S. 9–42; Davidson 1980, S. 207–24).[3]

Motivation und Affekt

Hinsichtlich Motivation und Affekt werden von den Befürwortern der Neuropsychoanalyse ähnliche Behauptungen vorgebracht, und ebenso ähneln sich auch die Probleme mit diesen Behauptungen und die ihrer Akzeptanz zugrunde liegenden Annahmen. Wir konzentrieren uns zuerst auf das Thema der Motivation und gehen dann kurz darauf ein, wie diese Ideen auch auf die neurowissenschaftliche Untersuchung der Affekte übertragen werden können.

Die Behauptung

Die neurowissenschaftliche Forschung enthüllt die Existenz mehrerer motivationaler Zentren. Diese Forschung unterstützt die Entwicklung neuer psychoanalytischer Theorien, die das Individuum unter dem Aspekt einer Vielzahl von Motivationen betrachten und zeigt die Unzulänglichkeit der klassischen Theorie, welche die Motivation auf Triebmotive begrenzt (Pulver 2003, S. 764). Pulver stellt fest:

»Veränderung ... liegt in der Luft. Der klare neurowissenschaftliche Nachweis spezifischer Motivationssysteme im Gehirn beginnt, Einfluss zu nehmen. Diese Systeme beinhalten solche Motivationen wie Sexualität, Aggression, soziale Bindung, mütterliche Hingabe, Hunger, Durst und Sicherheit, so wie auch ein

[3] In diesem Zusammenhang besteht eine Gefahr für die Praxis darin, dass ein Analytiker mit blindem Vertrauen in biologische Theorien in Situationen, in denen Erinnerungen nicht ohne weiteres auftauchen, schnell annehmen wird, dass das Ereignis in einer nicht explizit abrufbaren Form gespeichert wurde und er seine diesbezüglichen Bemühungen aufgeben könnte (z. B. Pulver 2003; Yovell 2000). Wie bereits erwähnt, wird die Frage der Erinnerbarkeit von den Anhängern dieses Ansatzes überbetont, aber das könnte paradoxerweise zu einer Intoleranz für den langsamen Prozess der Entdeckung und Enthüllung führen, wie er für die analytische Situation charakteristisch ist.

allgemeineres Suchsystem (Panksepp 1998), das verantwortlich ist für das Gefühl des Begehrens (von der Triebtheorie Druck genannt) und das alle Motivation begleitet. Wir fangen gerade an, diese Befunde in unsere eigenen Hypothesen zu integrieren« (S. 764).

Die zugrunde liegende Annahme

Das Wesen der menschlichen Motivation ist eine biologische Angelegenheit, die von den Arten der im Gehirn befindlichen Motivationszentren bestimmt wird. Diese Zentren können am unmittelbarsten durch die neurowissenschaftliche Hirnforschung erkannt werden. Die psychoanalytische Motivationstheorie versucht, grundlegende Motivationen durch das Studium klinischer oder anderer phänomenologischer Daten zu bestimmen. Die motivationalen Kategorien, die sie durch dieses Studium hervorbringen kann, werden indes lediglich Annäherungen an die biologische Realität des tatsächlich im Gehirn befindlichen Motivationssystems sein. Demzufolge kann die Richtigkeit oder Unrichtigkeit solcher psychoanalytischer Theorien von der neurowissenschaftlichen Forschung beurteilt werden.

Die Probleme

1. *Die psychoanalytische Triebtheorie behauptet nicht, dass Triebe die einzige Motivation seien.* Es ist augenscheinlich, dass Menschen viele verschiedene Motivationen haben: neben sexuellen und aggressiven Trieben soziale Bindung, mütterliche Hingabe, Hunger, Durst, Sicherheit, usw. Die Anhänger der psychoanalytischen Triebtheorien verneinen diese offensichtliche Tatsache nicht. Sie versuchen eher, die psychischen Dimensionen zu formulieren, welche die vielfältigen Motivationen sinnvoll organisieren, wie sie funktionieren und auf einer psychodynamischen Ebene in Wechselbeziehung stehen. Hierfür liefert die Triebtheorie eine theoretische Formulierung (Freud 1915, 1938). Infolgedessen stellt das Argument, dass es Motivationen gibt, die zu jenen von der Triebtheorie beschriebenen hinzukommen, nicht etwa die Theorie in Frage, sondern liegt ihr eigentlich zugrunde.

2. *Neurowissenschaftliche Befunde bezüglich der Motivation enthüllen das biologische Substrat von Motivationen, nicht ihre psychologische Struktur.* Sicherlich haben nicht die Neurowissenschaften die Phänomene der mütterlichen Hingabe, des Hungers oder irgendeiner

anderen der Motivationen, auf die sie sich beziehen, entdeckt. Vielmehr ist zuerst das Phänomen da und dann erforschen die Neurowissenschaften, wie das Gehirn für dieses Phänomen verantwortlich sein könnte. Wäre etwas, das wir als mütterliche Hingabe beschreiben, niemals (direkt oder indirekt) ausgedrückt oder als solches erkannt worden, gäbe es keine Möglichkeit, ihr zugehöriges Zentrum zu finden und es ergäbe keinen Sinn, dies als Motivation zu bezeichnen. Selbst wenn also das Vorhandensein zusätzlicher Motivationen die Triebtheorie entkräften könnte, hinge ihr Vorhandensein nicht von den Neurowissenschaften ab.

Offensichtlich kommt aber genau an dieser Stelle die Grundannahme vom Nutzen der Neurowissenschaften zum Tragen. Es wird nämlich argumentiert, dass es in der Tat viele *augenscheinliche* Motivationen gibt, aber erst das biologische Substrat der Motivationen enthüllt ihre grundlegende Struktur. Es könnte, zum Beispiel, zahlreiche Motivationen auf der Ebene der Erfahrung geben und nur eine Handvoll identifizierter Zentren, die für sie auf der biologischen Ebene des Gehirns verantwortlich wären. Diese identifizierten Zentren sind die fundamentalsten Strukturelemente der menschlichen Motivation und infolgedessen muss jede psychoanalytische Motivationstheorie den neurowissenschaftlichen Befunden hinsichtlich dieser Zentren angepasst werden.

Unsere Antwort auf dieses Argument lautet, dass die These, die grundlegende Struktur der Motivation sei biologisch, eine unbegründete Annahme darstellt, und eine, die von Anfang an den Nutzen einer analytischen Erforschung in Frage stellt. Genauso wie wir auf ästhetische oder mathematische Kategorien hinweisen können, um Kunst oder Zahlen zu erklären, ohne dass diesen Kategorien unbedingt spezifische Hirnstrukturen entsprechen müssen, können wir auf Kategorien hinweisen, die menschliche Erfahrung und Verhalten erklären, ohne dass diese Kategorien als biologische Motivationszentren identifiziert sein müssen. Mit anderen Worten, wir können ein Dutzend Faktoren unmittelbar als Motivation erleben; wir können herausfinden, dass diese Motivationen auf der biologischen Ebene mit einer Handvoll biologischer Zentren assoziiert sind, und wir können immer noch behaupten, dass menschliche Erfahrung und psychisches Funktionieren am besten mit dem Vorhandensein zweier Triebe erklärt werden.

Wie oben erwähnt, kann diese Debatte über die Relevanz neurowissenschaftlicher Befunde zur Motivation auch auf das Gebiet der

Affekte übertragen werden. Im letzteren Kontext wird behauptet, dass die Neurowissenschaften die Existenz von Grundaffekten aufdecken und der klassischen analytischen Theorie widersprechen, die Affekte als Entladungsprodukte von Trieben auffasst (Pulver 2003, S. 764). Die zugrunde liegende Annahme ist, dass die Biologie bestimmt, wie Affekte kategorisiert werden sollten. Die mit dieser Auffassung entstehenden Probleme, sowohl in Bezug auf die Vereinfachung des Charakters der psychoanalytischen Affekttheorie als auch in Bezug auf das Diskursniveau dieser Theorie, entsprechen denen, die im Kontext von Motivation aufgetaucht sind.

Traumtheorie

Die Behauptung

Neurowissenschaftliche Befunde können die psychoanalytische Traumtheorie bestätigen oder entkräften. Die Psychoanalyse postuliert, dass der Traum ein Produkt des libidinösen Druckes ist, der einen Ausgang sucht. Auf der Ebene des Bewusstseins ist er Ausdruck komplexer mentaler Prozesse, einschließlich motivationaler Mechanismen, die normalerweise »das Subjekt veranlassen, nach äußeren Objekten zu suchen und mit ihnen in Kontakt zu treten, um innere biologische Bedürfnisse zu befriedigen« (Solms [Internet]). Die frühen Studien über die Beziehung zwischen REM-Aktivität und Traum stellten diese Theorie in Frage, da die REM-Aktivität von der automatischen, mit gewisser Regelmäßigkeit erfolgenden Aktivität einer bestimmten Hirnstammregion abgeleitet wurde. Gemäß diesen Studien konnte das Träumen nicht mit der Aktivierung motivationaler Mechanismen in Verbindung gebracht werden. Mark Solms [Internet], der führende neuropsychoanalytische Traumforscher, fasst diesen Punkt zusammen:

»Wenn wir annehmen, dass das physiologische Substrat des Bewusstseins im Vorderhirn liegt, ist aufgrund dieser Fakten [d. h. die automatische Generierung von REM-Aktivität durch Hirnstammmechanismen] jede Möglichkeit eines Beitrags von Ideen (oder ihrer neuronalen Substrate) zur primären Triebkraft des Traumprozesses vollkommen hinfällig (Hobson & McCarley 1977, S. 1346, 1338).
Auf dieser Grundlage schien der Schluss berechtigt, dass die kausalen Mechanismen des Traumes ›motivational neutral‹ waren (McCarley & Hobson

135

1977, S. 1219) und dass die Traumbilder nicht mehr waren als ›die bestmögliche Passung von intrinsisch entstehenden Daten, die von dem auto-aktivierten Gehirn-Geist produziert wurden‹« (Hobson 1988, S. 204).

Neuere neurowissenschaftliche Befunde haben indes gezeigt, dass es nicht möglich ist, das Träumen vollständig mit der REM-Aktivität gleichzusetzen und dass eine höher gelegene Hirnaktivität, die sowohl die Frontal- als auch die Okzipitallappen involviert, erforderlich ist, damit dieser Prozess stattfinden kann. Dies, so wird argumentiert, weist auf die Tatsache hin, dass somatische Stimuli (einer davon die REM-Aktivität) eine Reihe von Ereignissen in Gang setzt, die schließlich zum Traum führen, aber dass Motivationsprozesse höherer Ordnung erforderlich sind, damit der Traum erscheint. (Solms [Internet]). Die Beteiligung dieser Motivationsprozesse bedeutet eine Unterstützung für Freuds Traumtheorie seitens der Neurowissenschaften (Solms 1997a).

Die zugrunde liegende Annahme

Die psychoanalytische Traumtheorie gründet auf der Vorstellung, dass der Traum das Produkt motivationaler Faktoren höherer Ordnung ist. Wenn das dem Träumen zugrunde liegende neurowissenschaftliche Substrat anzeigt, dass höher gelegene Motivationszentren nicht beteiligt sein können, dann kann die Theorie nicht wahr sein, und wenn es anzeigt, dass solche Zentren beteiligt sind, dann erhält die Theorie Unterstützung. Es ist notwendig, sich auf solche neurowissenschaftliche Befunde zu stützen, weil die Freudsche Traumtheorie auf der Basis der innerhalb des analytischen Settings gewonnenen Daten wissenschaftlich nicht validiert wurde.

Die Probleme

1. *Die begrenzte Relevanz der Motivationsquelle für die psychoanalytische Theorie, dass Träume bedeutungsvoll sind.* Der Anspruch bezüglich der Bedeutsamkeit der Neurowissenschaften gründet auf der These, dass im Zentrum der psychoanalytischen Traumtheorie der Lehrsatz stünde, dass die Bedeutung der Träume aus der Aktivierung einer Motivationsquelle stamme. Wenn es also solche traumauslösenden Motivationsquellen nicht gibt, dann ist die Ungültigkeit der

analytischen Traumtheorie bewiesen. Während aber das Postulat, dass Träume eine Bedeutung haben, für jede psychoanalytische Theorie wesentlich ist, trifft dies nicht für die Vorstellung zu, dass Träume oder ihre Bedeutung an eine Motivationsquelle gebunden sein müssen. Infolgedessen würden Befunde, dass der Traum keine Motivationsquelle haben kann, die psychoanalytische Traumtheorie nicht außer Kraft setzen.

Freud spricht natürlich von der Traumquelle oder vom Traumverursacher und deren Motivation durch libidinöse Spannungen in Form von Triebwünschen. Man sollte aber zwei Faktoren berücksichtigen: (a) er hält diese Wünsche nicht für die *einzige* Traumquelle – es gibt auch vorbewusste und somatische Traumquellen (Freud 1900) sowie den Druck der traumatischen Fixierung (Freud 1920); und (b) die psychoanalytische Traumtheorie seit Freud unterscheidet zwischen *Bedeutung* und *Quelle*. Es ist die *Bedeutung*, die seit jeher das Hauptanliegen der psychoanalytischen Praxis und ihrer Traumtheorie darstellt, unabhängig von der Frage nach der *Quelle* der Bedeutung. Wie Freud ganz zu Beginn der Traumdeutung erklärt:

»Auf den folgenden Blättern werde ich den Nachweis erbringen, daß es eine psychologische Technik gibt, welche gestattet, Träume zu deuten, und daß bei Anwendung dieses Verfahrens jeder Traum sich als ein sinnvolles psychisches Gebilde herausstellt, welches an angebbarer Stelle in das seelische Treiben des Wachens einzureihen ist« (1900, S. 1.).

Diese Betonung des Sinns verneint nicht, noch vermindert sie die Rolle des Wunsches. Der Sinn eines Traums kann ein Wunsch sein, und nach Freud ist er das normalerweise auch. Es ist in diesem Falle aber nicht notwendig, dass der Traum zuerst durch einen Wunsch oder durch einen anderen Motivationsmechanismus *angeregt* werde. Freud führte auch an, dass der Wunsch während der Traumarbeit in den Traum eingefügt werden könne und dass der Sinn des Traums, ob Wunsch oder etwas anderes, nicht davon abhänge, ob er eine Motivationsquelle habe. Er schreibt zum Beispiel, dass traumatische Träume von dem »Auftrieb der traumatischen Fixierung« motiviert wären, und dass sie deshalb nicht die Bedeutung eines Wunsches zeigten, weil die »Leistung der Traumarbeit« versage, »die die Erinnerungsspuren der traumatischen Begebenheit in eine Wunscherfüllung umwandeln möchte« (1933 S. 31). Mit anderen Worten, es ist die Traumarbeit, die das (aus welchen Gründen auch immer) aufsteigende Material im

Verlauf des Schlafes transformiert und so den Sinn eines Traumes als Wunsch bestimmt. Andere Analytiker sind dieser Unterscheidung zwischen Quelle des Traumes und seiner Bedeutung gefolgt (siehe Sandler et al. 1997, S. 120; Blass 2002). Auch das äußerst geringe Interesse in der analytischen Literatur, sich mit der Frage des ursprünglichen Traumverursachers oder der Traumquelle statt mit der Frage der Bedeutung (Etchegoyen 1991, S. 331; Flanders 1993) zu beschäftigen, verweist hierauf. Jedenfalls lag der Schwerpunkt analytischer Arbeit immer auf der Aufdeckung der unbewussten Bedeutungen des Traums (einschließlich der motivationalen Bedeutungen) und nicht auf der Frage, ob diese Bedeutungen den Traum zuallererst verursacht haben.

Für diesen Gesichtspunkt sind die neurowissenschaftlichen Befunde bezüglich der Traumquelle nicht wirklich relevant. Selbst wenn REM-Studien also zeigen sollten, dass der Traum »automatisch von Hirnstammmechanismen generiert« ist, schließt das die Möglichkeit nicht aus, dass der Traum spezifische Bedeutungen enthält.

2. *Neurowissenschaftliche Befunde bezüglich der Hirnaktivität während des Traumes geben keine Auskunft über die Sinnhaftigkeit jener Aktivität.* Man könnte einwenden, dass auch jenseits der Frage nach der Traumquelle die Vorstellung, dass der Traum Bedeutung enthalte, die Beteiligung höherer Hirnaktivität voraussetze, und das könne ja tatsächlich von der neurowissenschaftlichen Forschung festgestellt werden. Solch ein Argument wäre irreführend. Zunächst spiegelt der Trauminhalt selbst ein höheres Funktionsniveau wider. In unseren Träumen denken wir, überlegen, entscheiden, planen usw. Die Neurowissenschaften werden nicht dafür gebraucht, dies nachzuweisen, genauso wenig wie wir auf die Neurowissenschaften warten, um zu erfahren, dass in unserem Wachzustand höhere Funktionsniveaus involviert sind.

Zweitens bedeutet der Nachweis der Beteiligung eines höheren Funktionsniveaus nicht, dass dieses sinnvoll angewendet wird. Mit anderen Worten, selbst wenn die Neurowissenschaften beweisen, dass während des Träumens eine höhere Hirnaktivität in Gang ist, bedeutet das nicht, dass diese Hirnaktivität in einer sinnvollen Weise aktiv wäre. Es könnte auch sein, dass unsere höheren geistigen Aktivitäten sinnlos arbeiten: dass die Verbindungen zufällig, unsere Erinnerungen durcheinander und unsere Überlegungen unlogisch sind, und dass unsere Entscheidungen auf der Vernachlässigung unserer ureigensten Interessen gründen. Eigentlich haben Neurowissenschaftler nie verneint, dass während des Träumens eine höhere Hirnaktivität stattfindet, und haben doch zugleich konsequent die Sinnhaftigkeit jener Aktivität in Frage gestellt (Domhoff 2004). Man kann daher sehen, dass der Nachweis des Vorhandenseins höherer Hirnaktivität nichts zur Unterstützung der psychoanalytischen Traumtheorie beiträgt.

Es ist an dieser Stelle wichtig zu erkennen, dass die für die Psychoanalyse in der Tat relevante Frage nach sinnhafter Aktivität des Gehirns während des Traumes keine neurowissenschaftliche Frage ist (siehe Blass 2002). Zwar müssen sinnvolle Gedanken ein biologisches Substrat haben, aber die *Sinnhaftigkeit* dieser Gedanken ist eine Funktion des menschlichen Diskurses, nicht der Biologie. Sie wird bestimmt von Sprache, Kultur, persönlicher Erfahrung und Kontext – dem Rahmen, innerhalb dessen unsere Gedankenwege miteinander verbunden und bewertet werden. Genauso wie die Bedeutung und Sinnhaftigkeit von Worten nicht durch die ausgesprochenen Worte selbst bestimmt werden kann, sondern eher davon abhängt, ob und wie die Person, die sie spricht, die Sprache der ausgesprochenen Worte versteht, so findet sich die Sinnhaftigkeit der Träume und der Gedanken jenseits der bloß objektiven Beschreibung ihrer zugrunde liegenden neuronalen Korrelate.

Die Theorien des Mentalen (theories of the mind)

Die Behauptung

Die Theorie der Denkprozesse, auf der die psychoanalytische Theorie beruht, ist überholt und sollte durch ein neurowissenschaftliches Modell ersetzt werden. Diese Forderung hat drei Aspekte:

(a) die klassische analytische Theorie der Denkprozesse ist begrenzt; (b) sie sollte durch eine zeitgenössische neurowissenschaftliche Theorie ersetzt werden; und (c) das Annehmen dieser zeitgenössischen Theorie beeinflusst die psychoanalytische Praxis.

Es wird argumentiert, dass die Freudschen Modelle des Geistes (*mind*) mit den von experimentellen kognitiven Studien erbrachten Daten nicht vereinbar seien. Zum Beispiel schreiben Westen und Gabbard:

»Die Daten einiger Stränge experimenteller Forschung zeigen jetzt deutlich, dass viele von Freud dem Primärprozess zugeschriebene Qualitäten – dass er unbewusst ist, bildhaft, wunscherfüllend oder triebdominiert, irrational, vom Entwicklungsstand her primitiv, vorsprachlich und assoziativ – eigentlich voneinander trennbar sind, das heißt, für verschiedene Arten von unbewussten (und einigen bewussten) Prozessen charakteristisch und nicht eine einzige Form des Mentalen (form of mentation) konstituieren ... Manche assoziative Prozesse sind bildhaft, und andere, so wie jene in semantischen Bahnungsexperimenten, sind es nicht ... Manche assoziative Prozesse beinhalten Wünsche, während andere Ängste beinhalten ... Manche assoziative Prozesse ... haben überhaupt wenig zu tun mit Affekt oder Motivation. Und viele unbewusste Prozesse sind vom Entwicklungsstand her ziemlich fortgeschritten, so wie die Prozesse, die zur Wahl des Zeitpunktes einer Deutung in einer analytischen Stunde führen« (2002a, S. 56).

Daraus schließen die Autoren, dass Freuds Beitrag zwar wichtig zum Verständnis des Geistes (*mind*) gewesen war, aber dass man ›keine andere Wahl habe‹, als die über Jahre systematisch gesammelten Daten zu berücksichtigen und die psychoanalytische Theorie der Denkprozesse entsprechend zu verändern (S. 55–6). Anschließend fordern sie, dass diese durch kognitive Modelle ersetzt werden muss, welche den umfassendsten Rahmen zum Verständnis und zur weiteren Erforschung neuer Daten lieferten. Aus ihrer Sicht stellen die neurokognitiven Modelle solche Modelle dar.

Durch die Übernahme solcher neurokognitiver Modelle können nicht nur fehlerhafte theoretische Konzepte vermieden, sondern auch psychoanalytische Kontroversen gelöst werden. Zum Beispiel löst die Anerkennung der Gültigkeit des neurokognitiven Modells des Konnektionismus die Kontroverse über die Beteiligung realer Aspekte der analytischen Beziehung bei der Ausgestaltung der Übertragung. Wie das? Kurz gefasst, der Konnektionismus ist ein Erklärungsmodell dafür, wie das Gehirn Informationen durch ein komplexes Netzwerk von interaktiven Arbeitseinheiten verarbeitet. Die Struktur und die Architektur des Netzwerkes bestimmen die – und werden zu einem großen Anteil bestimmt von den – Erfahrungen einer Person. Folglich wird das Netzwerk immer sowohl von neuen Erfahrungen und Stimuli als auch von seiner bereits entstandenen Form beeinflusst. Es wird dann argumentiert, dass man auf dieser theoretischen Basis zu dem Schluss gelangen muss, dass die Übertragung nicht allein von früheren Realitäten gestaltet wird, sondern auch vom Einfluss der aktuellen analytischen Beziehung. Frühere Realitäten determinieren die Art der im Netzwerk zwischen verschiedenen Knotenpunkten geschlossenen Verbindungen, und die aktuelle Realität (in der Analyse die analytische Beziehung) bestimmt, welche dieser Verbindungen zu einem gegebenen Zeitpunkt wachgerufen werden (Westen und Gabbard 2002b).

Allgemeiner ausgedrückt, das Verständnis der zugrunde liegenden neuronalen Netzwerke würde auch eine breite Wirkung auf die Praxis entfalten, denn »die Veränderung problematischer innerer Objektbeziehungen bedeutet die Veränderung von Netzwerken, die wichtige Andere repräsentieren« (Gabbard und Westen 2003, S. 828). Das brächte uns dazu, unsere Bemühungen auf die Veränderung der neuronalen Netzwerke zu konzentrieren, um das Ziel der Modifikation problematischer Objektbeziehungen zu erreichen. Das könnte zwar teilweise durch traditionelle analytische Methoden erreicht werden, beinhaltete aber auch eine Erweiterung dieser Methoden und deren Integration mit nicht-analytischen Methoden, welche die neuronalen Netzwerke direkter beeinflussen (2003, S. 828).

Die zugrunde liegende Annahme

Sowohl die Psychoanalyse als auch die neurowissenschaftlichen kognitiven Theorien stellen Versuche dar, die Arbeitsweise des Geistes (*mind*) zu erklären und in diesem Sinne »verfolgen sie letztendlich die gleiche Aufgabe« (wie auf der einführenden Seite des *Journal of Neuropsychoanalysis* festgestellt wird). Die neurowissenschaftlichen Theorien erklären die empirischen Daten bezüglich der Arbeitsweise des Geistes (*mind*) adäquat und ihre Modelle wurden gemäß geltenden empirischen Standards getestet. In dieser Hinsicht hat die Psychoanalyse versagt. Folglich wird die Psychoanalyse diese neurowissenschaftlichen Theorien übernehmen müssen, um ihre Aufgabe adäquat zu erfüllen. Mit ihrer Annahme profitiert die Psychoanalyse auch vom Beitrag dieser Theorien hinsichtlich des Verstehens menschlicher Aktivität und Veränderung.

Die Probleme

1. *Irreführende Darstellung der Reichweite und Ziele der psychoanalytischen Theorie.* Psychoanalytische Theorien des Mentalen (*theories of mind*) zielen darauf, mentale Phänomene und Arbeitsweisen zu erklären, die für die Psychoanalyse relevant sind. Sie befassen sich nicht direkt mit dem Verständnis mentaler Arbeitsweisen *im allgemeinen,*

wie etwa dem Verständnis der Grundlagen von Logik und Mathematik, der beim Lernen und bei der Wahrnehmung beteiligten Prozesse, dem Spracherwerb oder dem automatischen Denken. In der Regel hat die Psychoanalyse nicht behauptet, ein umfassendes Modell zur Erklärung aller Denkprozesse auf allen Ebenen anzubieten (Brook 1992, S. 278; Edelson 1986, S. 508; Freud 1905, S. 29; 1914, S. 94). Man kann aber erkennen, dass die neuropsychoanalytische Kritik an analytischen Theorien des Mentalen (mind) auf der Annahme beruht, dass diese Theorien neue kognitive Befunde bezüglich mentaler Funktionsweisen im allgemeinen abdecken sollten; dass sie mit neurokognitiven Theorien bei der Erklärung des gleichen Untersuchungsgegenstandes in Wettbewerb stehen. Das ist eine unbegründete und irreführende Annahme, welche die besondere Reichweite von Erklärungen in analytischen Modellen unterschlägt.[4]

Auch wo es um die Untersuchung der klinischen Relevanz neurowissenschaftlicher Modelle des Mentalen (*mind*) geht, scheint die psychoanalytische Theorie nicht richtig dargestellt zu werden. Die klinischen Konzepte, für welche diese Modelle als relevant angesehen werden, scheinen in einer solchen Weise beschnitten und vereinfacht zu werden, dass Raum für einen neurowissenschaftlichen Beitrag geschaffen wird. Um das Beispiel der Übertragung wieder aufzunehmen: man geriete in Bedrängnis, wollte man einen Analytiker finden, der nicht der Ansicht wäre, dass sowohl innere als auch äußere Einflüsse den Charakter der Übertragung gestalten. Freud war sich sicherlich beider Arten von Einflüssen bewusst (wie aus seinen Fallstudien und technischen Schriften deutlich wird). Die psychoanalytische Kontroverse bezüglich der Übertragung dreht sich nicht um die Frage, ob es äußere Einflüsse auf die Beziehung des Patienten zum Analytiker *gibt* oder *nicht gibt*, sondern eher, ob solche Einflüsse den Fokus der Aufmerksamkeit in einer Analyse bilden sollten, oder ob der Fokus primär auf den inneren unbewussten Determinanten liegen sollte (z. B. Caper 1997, S. 23; Ponsi 1997 S. 245). Die Frage ist, welche Formen von Aufmerksamkeit und Intervention dem analytischen Prozess am besten dienen. Zu dieser letzteren Frage haben die Neurowissenschaften nichts zu sagen.

4 Psychoanalytische Modelle dürfen natürlich den neuen kognitiven Befunden nicht widersprechen, aber das ist es nicht, was in diesem Kontext behauptet wird.

Auch die Idee, dass eine neurokognitive Sicht der Denkprozesse (*mind*) analytischen Zielen dient, da sie mittels der Modifikation der zugrunde liegenden neuronalen Netzwerke positive Veränderungen ermöglicht, verfälscht das Wesen der Psychoanalyse: die Tatsache, dass Psychoanalyse durch eine bestimmte Methode der Veränderung definiert ist. Ein Analytiker, der Verhaltenstherapie macht und sich bemüht, die Beziehungen seines Patienten anpassungsfähiger zu machen, kann etwas sehr Wertvolles tun, aber er macht keine Psychoanalyse, er macht Verhaltenstherapie. Ebenso kann die Modifikation neuronaler Netzwerke zu positiven Veränderungen führen, aber das bedeutet nicht, dass solch eine Modifikation Psychoanalyse ist und die Förderung einer solcher Modifikation ist kein Beitrag zur Psychoanalyse (Blass 2003).

2. *Der begrenzte Nutzen neurowissenschaftlicher Modelle des Denkens (mind).* Kognitive Theorien des Denkens versuchen, menschliche Denkprozesse in Bezug auf psychologische Funktionen oder Strukturen zu erklären, und die neurowissenschaftliche Variante dieser Theorien versucht, diese Funktionen und Strukturen in Bezug auf ihr neuronales Korrelat zu erklären. Auf dem Feld der Kognition ist dieser Fokus auf die Neurowissenschaften umstritten und wird von einigen führenden kognitiven Psychologen als eine Verschiebung angesehen, die von der psychologischen Dimension wegführe, welche für die Kognition als einer psychologischen Domäne charakteristisch sei (siehe Fodor and Pylyshyn 1988; Shanon 1992). Mit anderen Worten, lässt man die Frage nach der Relevanz für die Psychoanalyse an sich beiseite, bleibt die Frage, ob es für das Verständnis kognitiver Prozesse notwendig ist, sich den Neurowissenschaften zuzuwenden. Was gebraucht wird, sind gute Theorien des Mentalen (*mind*), nicht unbedingt gute neurowissenschaftliche Theorien des Mentalen.

Der begrenzte Nutzen neurowissenschaftlicher Theorien in diesem Zusammenhang kann durch das nachfolgende Beispiel verdeutlicht werden. Stellen wir uns eine Patientin vor, die immer alle Menschen als auf sie neidisch betrachtet. Diese augenscheinlich paranoide Sicht herrscht ungeachtet der aktuellen Situation vor. Es sähe dann in diesem Fall so aus, als ob die aktuelle Situation keinen Einfluss auf die Übertragung hätte. Im Widerspruch zu dem, was man auf der Grundlage der konnektionistischen Sicht erwartet hätte, haben die aktuellen Realitäten mit den Verbindungen, die hier zum Ausdruck kommen, absolut nichts zu tun. Wurde die konnektionistische Theorie also widerlegt? Nein, wurde sie nicht. Die Anhänger dieser Theorie würden eher behaupten, dass bei dieser Person eine bestimmte innere Verbindung derart dominiere, dass es keines besonderen Stimulus bedürfe, um sie wachzurufen. Zwar gibt es sowohl innere wie äußere Einflüsse, aber in diesem Fall wäre der äußere Einfluss praktisch gleich null.

Dieses Beispiel verdeutlicht, dass die neurowissenschaftliche Ebene der phänomenologischen untergeordnet ist und deren Verständnis nicht bereichert. Darauf zu bestehen, dass die aktuelle äußere Realität immer einen Einfluss habe, aber dieser Einfluss manchmal gleich null sei, bedeutet, dass man einfach zu sagen vermeidet, dass die äußere Realität manchmal keinen Einfluss hat. Man vermeidet anzuerkennen, dass das Vorhandensein oder Nichtvorhandensein eines solchen Einflusses ein phänomenologisches Faktum ist und kein neurowissenschaftlicher Befund. Die Neurowissenschaften helfen uns hier nicht zu verstehen, ob ein Patient von der aktuellen Realität beeinflusst wird, sondern bieten eine biologische Erklärung dieses Einflusses, nachdem er klinisch festgestellt worden ist.

3. *Der Trugschluss, dass nur die biologische Erklärungsebene beschreiben kann, was auf mentaler Ebene real ist.* Wie wir gesehen haben, führt die Suche nach einer kognitiven Theorie, die neue kognitive Daten besser erklärt, die Anhänger des neurowissenschaftlichen Trends dahin, neurokognitive Theorien zu übernehmen. Wie wir aber auch erkennen konnten, ist der Wechsel zur biologischen Ebene weder notwendig noch gut begründet. Er scheint auf der Annahme zu beruhen, dass nur jene Erklärungsebene sich auf etwas Reales und Konkretes bezieht, während die psychologischen Erklärungsebenen (ob psychoanalytischer oder anderer Art) lediglich metaphorisch sind und für immer hypothetisch bleiben werden (siehe Westen und Gabbard 2002a, S. 57). Es werden keine Gründe angegeben für die Verleihung dieses bevorzugten Status an die biologische Erklärungsebene.

Zusammenfassung und Folgerungen

Alle psychologischen Phänomene erfordern ein biologisches Substrat, und die Biologie kann der psychologischen Erfahrung Grenzen setzen. Diese Tatsachen stehen nicht in Frage. Verständlicherweise kann das diejenigen, die an der Beziehung zwischen den psychologischen und den biologischen Domänen interessiert sind, dahin führen, einige der jüngsten neurowissenschaftlichen Schriften zu studieren. Im vorliegenden Artikel hinterfragen wir, ob das Studium solcher Arbeiten in irgendeiner Weise zum Verständnis oder zur Entwicklung der Psychoanalyse als Theorie und Praxis beiträgt; ob die Neurowissenschaften für die Psychoanalyse an sich nützlich sind. In unserer Untersuchung der neuropsychoanalytischen Thesen stellten wir die Argumente vor, die ein solches Studium befürworten und ihm einen solchen Nutzen zuschreiben und wir wiesen auf die Annahmen hin, die sie verwenden: Psychoanalyse beschäftige sich mit Gedächtnis, mit Traumdeutung, mit Motivation und mit Denkprozessen (*mind*). Wenn diese von neuronalen Netzwerken determiniert und limitiert werden, dann müssen wir natürlich, so wird argumentiert, die Beschaffenheit dieser biologischen Netzwerke kennen. So könnten wir zwecklose Versuche begrenzen, die Vergangenheit zu erinnern und Träume zu verstehen, wo oder wenn dies nicht wirklich möglich ist. Unsere analytischen Theorien über Motivation, Affekt und Denken könnten modifiziert werden, so dass sie mit dem übereinstimmten, was über diese Systeme auf biologischem Gebiet bereits getestet und bestätigt wurde und infolgedessen könnten sie wissenschaftliche Gültigkeit erlangen. Das sind verheißungsvolle Anschauungen.

Wie wir im Verlauf dieser Arbeit gezeigt haben, sind diese Anschauungen jedoch irreführend. Sie schreiben den Neurowissenschaften ein Potential jenseits ihrer Reichweite zu. Die Neurowissenschaften können die den psychologischen Phänomenen, Mustern und Tendenzen zugrunde liegenden neuronalen Netzwerke beschreiben, aber diese Phänomene, Muster und Tendenzen und deren Gesetze werden ohne irgendeine Information über die gleichzeitig arbeitenden Neurone erkannt und erfasst. Erst wenn dies auf psychologischer Ebene geschehen ist, können die Neurowissenschaften mit ihrer Beschreibung fortfahren, aber sie tun dies, ohne dem bereits gewonnenen psychologischen Wissen irgendetwas hinzuzufügen. Die Neurowissenschaften können etwas aussagen über die Biologie des Geistes (*mind*) während wir träumen, uns motiviert fühlen oder eine affektive Erfahrung machen, aber sie können uns nichts sagen über die Sinnhaftigkeit jenes biologischen Substrats oder darüber, wie es sinnvoll verstanden und kategorisiert werden kann. Da die Psychoanalyse ein Prozess und eine Theorie darstellt, die auf das Verständnis der latenten Bedeutungen und psychischen Wahrheiten gerichtet ist, welche die menschliche Psyche determinieren, sind solche neurowissenschaftlichen Befunde irrelevant für ihre Ziele und ihre Praxis.

Uns kommt es hier darauf an, dass die Psychoanalyse weniger als andere wissenschaftliche Disziplinen daran interessiert sein sollte, sich mit den biologischen oder anderen physischen Korrelaten der Erfahrung zu befassen. Während in vielen anderen Disziplinen die natürliche Entwicklung der Wissenschaft von der Erfahrung zum Verständnis der physischen Grundlage der Erfahrung fortschreitet (z. B. von der Erfahrung des Wassers zum Verständnis der chemischen Grundlage des Wassers), fördert eine solche Entwicklung in der Psychoanalyse nicht den Fortschritt der Disziplin. Dafür gibt es zwei Hauptgründe: erstens ist der Gegenstand der Psychoanalyse kein klar definiertes Phänomen. Ihr Gegenstand, die Bedeutungen von Gedanken und Erfahrungen, sind niemals ganz in den spezifischen Gedanken und Erfahrungen enthalten, die diese zum Ausdruck bringen, sondern eher durch einen unendlich breiteren menschlichen Kontext determiniert, in welchem sie auftreten. Die gleichen Gedanken, Worte oder Ideen haben verschiedene Bedeutungen, je nachdem, was ihnen vorausging oder was während ihres Ausdrucks geschah. Keine Disziplin hat diesen Punkt deutlicher gemacht als die Psychoanalyse. Wenn diese Bedeutungen daher nicht allein durch die eine klar definierbare Erfahrung definiert sind, dann wird die Beobachtung der biologischen neuronalen Korrelate der Erfahrung niemals das Thema der Psychoanalyse einfangen. Zum Beispiel gibt es kein spezifisches biologisches Korrelat der Idee »Vater«, welches die unzähligen Bedeutungen der Idee für ein gegebenes Individuum einfangen würde (siehe Edelson 1986).

Der zweite Faktor, der die Psychoanalyse von anderen Disziplinen unterscheidet, die sich für die physischen Korrelate von Phänomenen interessieren, liegt im Bestreben der Psychoanalyse, durch einen psychoanalytischen Prozess Veränderung zu fördern, und nicht durch einen physischen oder biologischen. Während der Nachweis physischer Korrelate von Phänomenen uns erlauben mag, diese auf physischem Wege zu manipulieren, fördert dies nicht das Verständnis der rein mentalen, psychologischen Ebene des Geistes (*mind*), die für den analytischen Prozess an sich relevant ist. Selbst wenn es möglich wäre, neuronale Korrelate nachzuweisen, die Bedeutungen einfingen, brächten daher diese nicht die Psychoanalyse voran, sondern eher nur jene Therapieformen, beispielsweise die Psychiatrie, die sich damit befassen, das Mentale (*mind*) durch die Manipulation der neurologischen Ebene zu verändern.

Natürlich könnte man menschliche Handlungen und Erfahrungen auf mannigfaltigen biologischen Wegen erklären und unzweifelhaft könnte man Handlungen und Erfahrungen durch die Einführung biologischer Veränderungen beeinflussen. Aber biologische Erklärungen werden unser Verständnis des Einflusses der latenten Bedeutungen oder der psychischen Wahrheiten – die Domäne der Psychoanalyse – nicht vertiefen. Natürlich wäre es falsch, die Wirkungen von Hirnschäden oder Hirnkrankheit zu ignorieren und sinnlose biologische Vorgänge zu interpretieren, als ob sie psychische Bedeutung hätten. Während es jedoch wichtig ist, solche Fehler zu vermeiden, erfordert das nicht vom Analytiker, dass er in Dialog mit den Neurowissenschaften tritt, sondern dass er sich vielmehr mit den klinischen Bildern vertraut macht, in denen Einflüsse nicht-psychischer, nicht-sinnhafter Art eine zentrale Rolle zu spielen scheinen.

Es ist schwierig, diese Argumente dem aktuellen neuropsychoanalytischen Trend entgegenzusetzen, weil er von einem breiteren, in der westlichen Kultur erstarkenden Trend unterstützt wird – dem Biologismus. Das ist die Ansicht, dass nur das Biologische wirklich ist. Zwei Aspekte dieses zeitgenössischen Trends sind hier relevant. Einer davon ist die Vorstellung, dass im Vergleich zur konkreten Realität handfester neuronaler Strukturen unsere Gedanken und Erfahrungen als subjektive psychologische Gebilde sekundär und flüchtig sind. Das ist der Grund, warum uns Behauptungen wie diejenige, dass wir die Motivationszentren im Gehirn sehen müssten, um zu wissen, was menschliche Motivationen wirklich sind, oder dass wir neuronale Netzwerke sehen müssten, um zu wissen, was der Geist (*mind*) wirklich ist, sinnvoll erscheinen.

Der zweite Aspekt ist die Konzentration auf materielle Ziele statt auf Prozess oder Methode. Aus dieser Perspektive ist es wichtig, Gesundheit oder Wohlbefinden zu erlangen, und daher ist der beste Weg dorthin der am wenigsten aufwändige. So ist man versucht zuzustimmen, dass wir uns künftigen Möglichkeiten öffnen sollten, neurowissenschaftlich begründete Veränderungsmethoden in die Psychoanalyse zu integrieren, wenn die Neuropsychoanalyse zeigen kann, wie Modifikationen neuronaler Netzwerke unseren psychischen Zustand verändern können.

Wir behaupten, dass diese der Neuropsychoanalyse zugrunde liegende biologistische Perspektive dem Wesen einer psychoanalytischen Weltsicht zuwiderläuft. Während die Befürworter der Neuropsychoanalyse behaupten, dass sie die psychologische Domäne nicht auf eine biologische reduzieren (siehe z. B. Solms 1995, 1997b; Kandel 1999, S. 519; Westen und Gabbard 2002a, S. 58–60), erteilt die Neuropsychoanalyse in Wirklichkeit trotzdem der Biologie eine Art von Bedeutsamkeit, in welcher der Wert von Sinn und psychischer Wahrheit, die das Fundament der Psychoanalyse bilden, abgeschafft wird. Es ist genau diese Bedeutsamkeit von Sinn und psychischer Wahrheit, die den Kern der Psychoanalyse bildet, und die von den Neurowissenschaften nicht eingefangen werden kann. Überdies bleiben, aus psychoanalytischer Sicht, Sinn und psychische Wahrheit immer in gewissem Maße unbekannt und in einem ständigen Entfaltungsprozess begriffen – sehr ferne Vorstellungen für die neurowissenschaftliche Sicht der mentalen Realität als eines gegebenen biologischen Substrats. Von den Neurowissenschaften und von der Psychoanalyse als von zwei irreduziblen Sichtweisen auf die menschliche Erfahrung zu sprechen, wäre demzufolge so, wie Chemie und Kunst als zwei irreduzible Sichtweisen auf die Gemälde von van Gogh zu betrachten. In der Tat gäbe es kein Gemälde ohne die chemischen Bestandteile von Farbe und Leinwand, aber vorzuschlagen, dass diese Bestandteile eine Erklärung des Gemäldes liefern, die für den Künstler wertvoll wäre, bedeutet, den Wert von Kunst und den Wert dessen zu verneinen, das nur durch eine künstlerische Perspektive gesehen werden kann.

Die Ablehnung der einzigartigen psychoanalytischen Sichtweise durch die Neuropsychoanalyse kann man daran ablesen, wie die psychoanalytische Theorie und Praxis in den neuropsychoanalytischen Beschreibungen modifiziert werden. Wie wir dargelegt haben, wird die Psychoanalyse in diesen Beschreibungen zu einer Praxis, die vor allem mit dem Problem des Erinnerns von Fakten befasst ist, ferner ist der Kern ihrer Traumtheorie die Beschreibung des Wunsches als Traumquelle und ihre Theorie der Denkprozesse (*mind*) ist ein auf die Erklärung aller kognitiven Funktionen zielendes Modell. Um den neurowissenschaftlichen Befunden Relevanz für die Psychoanalyse einzuräumen, wird in all diesen Verschiebungen die Rolle der psychischen Sinnhaftigkeit herabgemindert. In der Folge wird behauptet, dass psychoanalytische Fragestellungen durch Hinwendung zu diesen Befunden entschieden werden könnten und nicht etwa durch die Teilnahme an einem komplexen Diskurs über Verständnis und Konzeptualisierung von klinischem Material. Auch die Ansicht, dass die durch neurowissenschaftliche Methodik bewirkte Veränderung sich nicht erheblich von der auf psychoanalytischem Wege bewirkten Veränderung unterscheide, zeugt von dieser Ablehnung der psychoanalytischen Weltsicht. Hauptsache, es verändert sich etwas. An eine psychoanalytische Leserschaft gerichtet, erklären Gabbard und Westen:

»Die Leser werden sich an verschiedenen Punkten fragen, inwiefern gewisse der von uns befürworteten technischen Vorschläge analytisch sind. Wir würden vorschlagen, die Frage zurückzustellen, ob diese Prinzipien oder Techniken analytisch sind und stattdessen darauf zu fokussieren, ob sie *therapeutisch* sind. Wenn die Antwort auf diese Frage positiv ausfällt, ist die nächste Frage, wie man sie in eine psychoanalytische oder psychotherapeutische Praxis auf eine Weise, die für den Patienten am hilfreichsten ist, integrieren kann. Die Frage, ob etwas analytisch ist, kann bisweilen nützlich sein, aber sie kann unserer Ansicht nach auch zu einer Gegenübertragungsfalle werden, die unsere Aufmerksamkeit vom Verstehen des therapeutischen Handelns ablenkt – das heißt, vom Verständnis dessen, was Menschen hilft, Aspekte ihres Charakters und ihrer problematischen Kompromissbildungen zu verändern, so dass sie ihr Leben zufriedener leben können« (2003 S. 826–7).

Für die Psychoanalyse ist jedoch die Überzeugung wesentlich, dass der Prozess des Sich-selbst-Verstehens, der Erlangung von Einsicht und Selbsterkenntnis oder sogar nur der Versuch, dies zu tun, die Form von Befriedigung darstellen, die die Psychoanalyse anzubieten hat (Blass 2003). Und genauso wie Bedeutung und psychische Wahrheit real sind, unabhängig von der Betrachtung ihrer neuronalen Substrate, ist das analytische Streben nach Entdeckung von Sinn real und wertvoll, unabhängig von anderen therapeutischen Ergebnissen, die daraus erwachsen mögen.

Schlussfolgerung

Im zweiten Teil der dritten Abhandlung seiner Schrift »Der Mann Moses und die monotheistische Religion« beschreibt Freud den Fortschritt der menschlichen Natur, der durch Moses' Verbot, sich ein Bild von Gott zu machen, eingeleitet wurde. Wenn dies akzeptiert würde, erklärte er, würde es eine tiefgreifende Wirkung ausüben. »Denn es bedeutete eine Zurücksetzung der sinnlichen Wahrnehmung gegen eine abstrakt zu nennende Vorstellung, einen Triumph der Geistigkeit[5] über die Sinnlichkeit« (1939 S. 220). Die Neuropsychoanalyse hat im Verlauf des vergangenen Jahrzehnts die Psychoanalyse in Richtung des Sinnlichen, Physischen, Visuellen geführt auf Kosten von psychischer Bedeutung, Wahrheit und Ideen, die nicht in den Bildern eines PET-Scans eingefangen werden können, sei er technologisch noch so fortgeschritten. Mit dem vorliegenden Plädoyer gegen die Neuropsychoanalyse war es unsere Absicht, Argumente anzubieten, die dieser zeitgenössischen Biologisierung der Psychoanalyse entgegenwirken und die das besondere Interesse der Psychoanalyse an der psychischen Dimension der menschlichen Existenz legitimieren [»das Höherwertige« nach Freud (1939 S. 223)], das von diesem neuen Trend in Frage gestellt wurde.

Aus dem Englischen von Christine Gerstenfeld

Bibliographie

Andrade, V. M. (2005): Affect and the therapeutic action of psychoanalysis. Internat. J. Psychoanal. 86, 677–97.

Bennett, M. R. u. Hacker, P. M. S. (2003): Philosophical foundations of neuroscience. Oxford (Blackwell).

Beutel, M. E. u. Dietrich, S. u. Stark, R. u. Brendel, G. u. Silbersweig, D. (2004): Pursuit of the emerging dialogue between psychoanalysis and neuroscience: Clinical and research perspectives. Internat. J. Psychoanal. 85, 1493–6.

Blass, R. B. (2002): The meaning of the dream in psychoanalysis. Albany, NY (SUNY Press). –

– (2003): On ethical issues at the foundation of the debate over the goals of psychoanalysis. Internat. J. Psychoanal. 84, 929–43.

Boesky, D. (1995): Commentaries. J. Amer. Psychoanal. Assoc. 43, 356–60.

Brook, A. (1992): Psychoanalysis and commonsense psychology. Ann. Psychoanal. 20, 273–303.

Caper, R. (1997): Psychic reality and the interpretation of transference. Psychoanal. Quart. 66, 18–33.

– (1999): A mind of one's own: A Kleinian view of self and object. London (Routledge).

[5] Dieser Ausdruck hat keine unmittelbare Entsprechung im Englischen und Strachey übersetzte ihn widerstrebend mit »intellectuality«.

Cavell, M. (1993): The psychoanalytic mind: From Freud to philosophy. Cambridge, MA (Harvard Univ. Press) Dt.: Freud und die analytische Philosophie des Geistes: Überlegungen zu einer psychoanalytischen Semantik, übers. von Max Looser. Stuttgart (Klett-Cotta) 1997.

Cimino, C. u. Correale, A. (2005): Projective identification and consciousness alteration: A bridge between psychoanalysis and neuroscience? Internat. J. Psychoanal. 86, 51–60.

Davidson, D. (1980): Essays on actions and events. Oxford (Oxford Univ. Press). Dt.: Handlung und Ereignis, übers. von Joachim Schulte. Frankfurt a. M. (Suhrkamp) 1990.

Domhoff, G. W. (2004): Why did empirical dream researchers reject Freud? A critique of historical claims by Mark Solms. Dreaming 14, 3–17.

Edelson, M. (1984): Hypothesis and evidence in psychoanalysis. Chicago, IL (Univ. Chicago Press).

– (1986): The convergence of psychoanalysis and neuroscience – Illusion and reality. Contemp. Psychoanal. 22, 479–519.

Etchegoyen, R. H. (1991): The fundamentals of psychoanalytic technique. London (Karnac).

Feldman, M. (2005): The illumination of history. Paper read at the annual conference of the European Psychoanalytic Federation, Vilamoura [cited 2007 Jan 16]. Available from: http://www.spdecaracas.com.ve/download/cdt_107.doc.

Flanders, S. (1993): The dream discourse today. London (Routledge).

Fodor, J. A. (1974): Special sciences: Or the disunity of science as a working hypothesis. Synthese 28, 77–115.

– (1975): The language of thought. Cambridge, MA (Harvard Univ. Press).

– u. Pylyshyn, Z. (1988): Connectionism and cognitive architecture: A critical analysis. Cognition 28, 3–71.

Freud, S. (1900): Die Traumdeutung. GW 2 u. 3.

– (1905): Drei Abhandlungen zur Sexualtheorie. GW 5, 27–145.

– (1914): Zur Geschichte der psychoanalytischen Bewegung. GW 10, 44–113.

– (1915): Triebe und Triebschicksale. GW 10, 210–232.

– (1920): Jenseits des Lustprinzips. GW 13, 1–69.

– (1933): Neue Folge der Vorlesungen zur Einführung in die Psychoanalyse. GW 15.

– (1939): Der Mann Moses und die monotheistische Religion. GW 16, 103–246.

– (1940): Abriß der Psychoanalyse. GW 17, 97–138.

Gabbard, G. O. u. Westen, D. (2003): Rethinking therapeutic action. Internat. J. Psychoanal. 84, 823–41.

Hobson, J. A. (1988): The dreaming brain. New York, NY (Basic Books).

– u. McCarley, R. (1977): The brain as a dream-state generator. Amer. J. Psychiatr. 134, 1335–48.

Kandel, E. R. (1999): Biology and the future of psychoanalysis: A new intellectual framework for psychiatry revisited. Amer. J. Psychiatr. 156, 505–24.

Kernberg, O. F. (2004): Psychoanalytic affect theory in the light of contemporary neurobiology. Paper presented at 6th International Psychoanalytic Symposium, Delphi, October.

Kris, E. (1956): The recovery of childhood memories in psychoanalysis. Psychoanal. Study Child 11, 54–88. Dt.: Die Aufdeckung von Kindheitserinnerungen in der Psychoanalyse. Psyche 31, 732–768.

Laplanche, J. (1992): Interpretation between determinism and hermeneutics: A restatement of the problem. Internat. J. Psychoanal. 73, 429–45. Dt.: Deutung zwischen Determinismus und Hermeneutik. In: Laplanche, J.: Die unvollendete kopernikanische Revolution, Gießen (Psychosozial) 2005.

Leuzinger-Bohleber, M. u. Pfeifer, R. (2002): Remembering a depressive primary object: Memory in the dialogue between psychoanalysis and cognitive science. Internat. J. Psychoanal. 83, 3–33.

Mayes, L. C. (2003): Partnering with the neurosciences. J. Amer. Psychoanal. Ass. 51, 745–53.

McCarley, R. u. Hobson, J. A. (1977): The neurobiological origins of psychoanalytic dream theory. Amer. J. Psychiatr. 134, 1211–21.

Olds, D. D. (2006): Identification: Psychoanalytic and biological perspectives. J. Amer. Psychoanal. Ass. 54, 17–46.

Polanyi, M. (1968): Life's irreducible structure. Science 160, 1308–12.

Ponsi, M. (1997): Interaction and transference. Internat. J. Psychoanal. 78, 243–63.

Pulver, S. E. (2003): On the astonishing clinical irrelevance of neuroscience. J. Amer. Psychoanal. Ass. 51, 755–72.

Sacks, O. (2004): Neuroscientific and psychoanalytic perspectives on emotion [cited 2007 Jan 16]. Available from: https://www.scl.co.uk/neuro-psa/centre/joinoursociety.html.

Sandler, J. u. Holder, A. u. Dare, C. u. Dreher, A. U. (1997): Freud's models of the mind. London (Karnac). Dt.: Freuds Modelle der Seele: eine Erfahrung, mit einem Vorwort von Robert S. Wallenstein, übers. von Regine Strotbek. Gießen (Psychosozial) 2003.

Scalzone, F. (2005): Notes for a dialogue between psychoanalysis and neuroscience. Internat. J. Psychoanal. 86, 1405–23.

Shanon, B. (1992): Are connectionist models cognitive? Philos. Psychol. 5, 235–55.

– (1993): The representational and the presentational: An essay on cognition and the study of mind. Hemel Hempstead, Herts (Harvester Wheatsheaf).

Smith, H. F. (1997): Creative misreading: Why we talk past each other. J. Amer. Psychoanal. Ass. 45, 335–7.

Solms, M. (1995): Commentaries. J. Amer. Psychoanal. Ass. 43, 1028–35.

– (1997a): The neuropsychology of dreams: A clinico-anatomical study. Mahwah, NJ (Erlbaum).

– (1997b): What is consciousness? J. Amer. Psychoanal. Ass. 45, 681–703.

– (2000): The interpretation of dreams and the neurosciences [cited 2007 Jan 16]. Entnommen aus: http://www.psychoanalysis.org.uk/solms4.htm

Tutte, J. C. (2004): The concept of psychical trauma: A bridge in interdisciplinary space. Internat. J. Psychoanal. 85, 897–921.

Westen, D. u. Gabbard, G. O. (2002a): Development in cognitive neuroscience: I. Conflict, compromise and connectionism. J. Amer. Psychoanal. Ass. 50, 53–98.

– (2002b). Development in cognitive neuroscience: II. Implications for theories of transference. J. Amer. Psychoanal. Ass. 50, 99–134.

Yovell, Y. (2000): From hysteria to posttraumatic stress disorder: Psychoanalysis and the neurobiology of traumatic memories. J. Neuro-psychoanal. 2, 171–81.

Briefe an die Herausgeber zum Artikel »Plädoyer gegen die Neuropsychoanalyse«

Mauro Mancia[1]

Der Artikel von Blass und Carmeli (2007) verlangt nach einem Kommentar zu den wissenschaftlichen und epistemologischen Fragen, die er aufwirft. Die Autoren beginnen mit der Klage, dass die Neurowissenschaften in das Feld eindringen, das eigentlich der Psychoanalyse gehöre und warnen Psychoanalytiker davor, dass »die Anwendung der Neurowissenschaften auf die Psychoanalyse auf ungerechtfertigten Schlüssen beruht, die einen erheblichen negativen Einfluss auf die zukünftige Entwicklung der Psychoanalyse haben könnten«. Sie begründen dies, indem sie die Tatsache hervorheben, dass die Psychoanalyse und die Neurowissenschaften auf zwei verschiedenen – getrennten – epistemologischen Feldern tätig sind. Schließlich zielen sie auf Analytiker, »die nicht neurowissenschaftlich ausgebildet oder nicht notwendig mit diesen Erkenntnissen vertraut sind [und die zum Schluss kommen], dass die Neurowissenschaften in der Tat für ihre Arbeit relevant seien«.

Ich bin durchaus bereit, diese letzte Sorge zu teilen, aber ich denke nicht, dass neurowissenschaftliche Beobachtungen irgendeine Gefahr für die Psychoanalyse darstellen. Sie können sie eher bereichern durch die Bereitstellung der anatomisch-funktionellen Grundlagen der Ereignisse und Funktionen, auf denen die psychoanalytische Theorie des Mentalen (theory of the mind) gründet. Natürlich hängt eine Menge davon ab, welchen Gebrauch die Psychoanalyse von den neurowissenschaftlichen Befunden macht. Wir sprechen nicht von einer »Übernahme« der Psychoanalyse durch die Neurowissenschaften, oder davon, dass die Psychoanalyse die gleichen Methoden verwende wie die Neurowissenschaften. Die ideale Situation wäre eine Kooperation, in der wir von den Neurowissenschaften nehmen, was immer zur Erweiterung und Konsolidierung psychoanalytischer Theorien nützlich ist. In offensichtlichem Gegensatz zu ihrem Argument sagen die Autoren allerdings selbst: »[Wir] stellen in keiner Weise in Frage, dass alle geistigen Phänomene notwendigerweise ein biologisches Substrat benötigen.«

---

[1] Prof. Mauro Mancia ist im Sommer 2007 leider verstorben.

Ich finde es offensichtlich, dass wenn die Neurowissenschaften zeigen, »dass es Erinnerungen gibt, die nicht abrufbar sind, die psychoanalytische Theorie nicht weiter behaupten kann, dass sie es seien, und in der Folge eine klinische Theorie der Heilung entwickeln, die auf Erinnerung basiert«. Aber das scheint den Autoren, die erläutern, dass »die objektive Erinnerung nicht notwendigerweise das Ziel der analytischen Behandlung« darstelle, nicht so klar zu sein. Sie hätten den wichtigen Beitrag der Neurowissenschaften zur emotionalen und affektiven Dimension des impliziten Gedächtnisses berücksichtigen sollen, in dem frühe traumatische Erfahrungen niedergelegt, aber später nicht erinnert werden können. Das weist auf eine Verbindung zur Organisation des frühen unverdrängten Unbewussten, das in der Übertragung und in Träumen wieder auftauchen kann, und findet daher weitreichende Resonanz in der Psychoanalyse.

Die Autoren zitieren keine der Arbeiten zu dieser Frage (Fonagy 1999; Mancia 2003, 2006a, 2006b; Pally 1997). Hätten sie diese berücksichtigt, wäre ihnen deutlich geworden, dass einige neurowissenschaftliche Beobachtungen zum Gedächtnis der Psychoanalyse wertvolle Informationen liefern, um Theorien und Konzepte zu erweitern und den Grund für einen anderen klinischen Zugang zum Unbewussten zu bereiten.

In der Frage der Träume zitieren die Autoren die Arbeiten von Hobson (Hobson 1988, Hobson und McCarley 1977) und Solms (1995, 1997a, 1997b [Internet]), übersehen aber andere (Mancia 1999, 2006b), welche die grundlegende Rolle der Psychoanalyse bei der Sinnzuschreibung zu Träumen und den faszinierenden theoretischen Beitrag der neurophysiologischen, neuropsychologischen und experimentalpsychologischen Forschung zum Traum betonen. Die Autoren täten gut daran, einige kürzlich publizierte neurophysiologische und neuropsychologische Studien näher in Augenschein zu nehmen: die Studien zur Empathie und diejenigen zu affektiven und emotionalen Zuständen, die unter Verwendung von Bio-Imaging entstanden (Osaka 2006; Singer et al. 2004), zu Spiegelneuronen (Gallese 2001, 2006) und zur Verdrängung (Anderson et al. 2004). Sie zeigen die Bedeutsamkeit dieser Beobachtungen sehr deutlich und verleihen den Prozessen und mentalen Zuständen des Unbewussten und der Übertragung und Gegenübertragung lebendige wissenschaftliche Konsistenz. Sie bieten eine anatomisch-funktionelle Basis für solche Prozesse wie die projektive Identifizierung, die für die Psychoanalyse grundlegend sind. Eine kürzlich erschienene Arbeit von Beauregard (2007) erweitert den Dialog zwischen den Neurowissenschaften und der Psychoanalyse erheblich.

Ich komme zum Schluss: die ›Beschuldigung‹ der Autoren, dass die Neurowissenschaften für die Psychoanalyse nicht von Interesse seien, klingt für mich eher wie eine Provokation als ein konstruktiver, gut überlegter Beitrag zu einer Debatte, die, was Blass und Carmeli auch immer daran kritisieren mögen, im Lauf der Zeit zwangsläufig fruchtbarer werden wird.

Aus dem Englischen von Christine Gerstenfeld

Bibliographie

Anderson, M. C. u. Ochsner, K. N. u. Kuhl, B. u. Cooper, J. u. Robertson, E. u. Gabrieli, S. W., et al. (Hg.) (2004): Neural systems underlying the suppression of unwanted memories. Science 303, 232–7.

Beauregard, M. (2007): Mind does really matter: Evidence from neuroimaging studies of emotional self-regulation, psychotherapy, and placebo effect. Progress in Neurobiology 81, 218–36.

Blass, R. B. u. Carmeli, Z. (2007): The case against neuropsychoanalysis. Internat. J. Psychoanal. 88, 19–40.

Fonagy, P. (1999): Memory and therapeutic action. Internat. J. Psychoanal. 80, 215–23. Dt.: Gedächtnis u. therapeutische Wirkung. Psyche 57, 841–856.

Gallese, V. (2001): The ›shared manifold‹ hypothesis. From mirror neurons to empathy. J. Consciousness Studies 8, 33–50.

– (2006): Intentional attunement: Embodied simulation and its role in social cognition. In: Mancia, M. (Hg.). Psychoanalysis and neuroscience. Milan (Springer).

Hobson, J. A. (1988): The dreaming brain. New York, NY (Basic Books).

– u. McCarley, R. (1977): The brain as a dream-state generator. Amer. J. Psychiatr. 134, 1335–48.

Osaka, N. (2006): Human anterior cingulate cortex and affective pain induced by mimic words: A functional magnetic resonance imaging study. In: Mancia, M. (Hg.). Psychoanal. and neurosc. 257–68. Milan (Springer).

Mancia, M. (1999): Psychoanalysis and the neurosciences: A topical debate on dreams. Internat. J. Psychoanal. 80, 1205–13.

– (2003): Dream actors in the theatre of memory: Their role in the psychoanalytic process. Internat. J. Psychoanal. 84, 945–52.

– (2006a): Implicit memory and early unrepressed unconscious: Their role in the therapeutic process (How the neurosciences can contribute to psychoanalysis). Internat. J. Psychoanal. 87, 1–19.

– (2006b): Psychoanalysis and neuroscience. Milan (Springer).

Pally, R. (1997): Memory: Brain systems that link past, present and future. Internat. J. Psychoanal. 78, 1223–34.

Singer, T. u. Seymour, B. u. O'Doherty, J. u. Kaube, . u., Dolan, R. I. u. Frith, C. D. (2004): Empathy for pain involves the affective but not sensory components of pain. Science 303, 1157–64.

Solms, M. (1995): Commentaries. J. Amer. Psychoanal. Ass. 43, 1028–35.

– (1997a): The neuropsychology of dreams: A clinico-anatomical study. Mahwah, NJ (Erlbaum).

– (1997b): What is consciousness? J. Amer. Psychoanal. Ass. 45, 681–703.

– [internet]. The interpretation of dreams and the neurosciences ©2000 [cited 2005 April]. Entnommen aus: http://www.psychoanalysis.org.uk/solms4.htm.

Gilbert Pugh

Allein schon der Titel des Artikels von Blass und Carmeli (2007) beunruhigte mich, weil er versäumt, zwischen Kooperation und der Inkorporation zweier Disziplinen ineinander zu unterscheiden (Pugh 2006). Obwohl ich stark gegen das Amalgam »Neuropsychoanalyse« eingestellt bin, wäre es für die Psychoanalyse absurd, nicht von manchen wichtigen empirischen neurowissenschaftlichen Fortschritten Notiz zu nehmen, besonders im Hinblick auf jene Aspekte der Freudianischen Theorie, die heute wegen der Beschränkungen des 19. Jahrhunderts unvollständig erscheinen, zum Beispiel das Thema des Gedächtnisses. Wie verschieden wäre die heutige Psychoanalyse, hätte Freud von den subkortikalen Gedächtnisschaltkreisen gewusst, von denen einige bei Geburt voll funktionsfähig sind und andere erst nach einigen Jahren ›online gehen‹ (*come online*)? Ich frage mich, wie man gegen neues Wissen plädieren kann. Es ist auch interessant, dass bei beiden Gelegenheiten, an denen die Zeitschrift *Neuro-Psychoanalysis* in diesem Artikel zitiert wird, ihr Titel fälschlich als *Neuropsychoanalysis* wiedergegeben wird, eine sonderbare Inkorporation, die zu vermeiden die ursprünglichen Herausgeber sorgsam bedacht waren.

Die Heftigkeit des Widerstands gegen jegliche Hilfestellung seitens der Neurowissenschaften gibt dem Artikel einen Beigeschmack von Maschinenstürmerei und führte vielleicht zum verwirrenden und wenig überzeugenden Diskussionsformat. Jedem der vier Gebiete neurowissenschaftlicher Forschung gaben die Autoren drei Überschriften: »Die Behauptung«, »Die zugrunde liegende Annahme« und »Die Probleme.« Da allerdings »Die Behauptung« und »Die zugrunde liegende Annahme« von den Autoren als Sicht der Neurowissenschaften vorgestellt wurde, und nicht vielmehr als Sicht einiger ausgesuchter Autoren, erschien die nachfolgende Demolierung unecht. Beispiele aus »Trauma und Gedächtnis« müssen genügen. Der hier von den Autoren aufgestellte Strohmann lautet: wenn die Neurowissenschaften zeigten, dass Erinnerungen nicht abrufbar seien, dann könne die psychoanalytische Theorie keine klinische Theorie der Heilung entwickeln, die auf Erinnerung basiere. Aber dann demolieren sie ihre aus der Warte der Neurowissenschaften vorgestellte Sicht durch die Erklärung, dass objektive Erinnerung nicht notwendigerweise das Ziel der analytischen Behandlung sei. Ebenso mutmaßen die Autoren, dass »die Entdeckung, dass identische Erinnerungsformen eigentlich zwei verschiedene Hirnzentren betreffen, diese Erfahrungen für einen Analytiker nicht unterschiedlicher« machte. Aber warum die wirkliche Situation ignorieren, dass nämlich die Erinnerungsformen, die zwei verschiedene Hirnzentren betreffen, völlig unterschiedlich sind und zu der sehr wichtigen und weit reichenden Einsicht führten, dass es neben dem Freudschen verdrängten Unbewussten auch ein unverdrängtes Unbewusstes gibt (Mancia 2006)?

Der Widerstand der Autoren gegen eine Integration ist voll gerechtfertigt, wenn sie erklären, dass die Neurowissenschaften nicht zur Entwicklung der psychoanalytischen Praxis beitragen können oder dass die neuronalen Korrelate einer Erfahrung niemals das Wesen der Psychoanalyse einfangen können. Die Daten zweier grundverschiedener Disziplinen werden nie austauschbar sein. Die psychologische und die neurologische Wahrheit wohnen auf verschiedenen Planeten – mögen sie das noch lange tun – aber die oft in diesem Artikel wiederholte Aussage, dass Bedeutung und psychische Wahrheit das Vorrecht der Psychoanalyse seien, ist doch ein wenig parteiisch. Im gleichen Abschnitt, nach einer ziemlich offensichtlichen »Verneinung«, bieten die Autoren die respektlose Einschätzung an, dass die Neurowissenschaften bei der Entscheidung von Nutzen sein könnten, ob ein Patient neurologisch zu geschädigt sei, um von einer Therapie profitieren zu können!

Gegen Ende des Artikels wird die Kunst van Goghs bemüht, um die Kunst der Psychoanalyse im Gegensatz zur Farbe und Leinwand der Neurowissenschaften zu veranschaulichen, eine geistreiche Metapher, die dem letzten Abschnitt der Autoren doch ein wenig widerspricht! Ich würde allerdings gerne darauf hinweisen, dass so manches herausragende Renaissancegemälde für die Zivilisation verloren ging, weil der Vorbereitung der Oberfläche, auf die das Meisterwerk aufgetragen wurde, unzureichendeAufmerksamkeit zuteil wurde.

Aus dem Englischen von Christine Gerstenfeld

Bibliographie

Blass, R. B u. Carmeli, Z. (2007): The case against neuropsychoanalysis: On fallacies underlying psychoanalysis' latest scientific trend and its negative impact on psychoanalytic discourse. Internat. J. Psychoanal. 88, 19–40.

Mancia, M. (2006): Implicit memory and early unrepressed unconscious: Their role in the therapeutic process (How the neurosciences can contribute to psychoanalysis). Internat. J. Psychoanal. 87, 83–103.

Pugh, G. (2006): Cooperation not incorporation: Psychoanalysis and neuroscience. In: Mancia, M. (Hg.). Psychoanalysis and neuroscience, 33–61. Milan (Springer).

Erwiderung der Autoren
auf die Briefe von Mauro Mancia und Gilbert Pugh

Rachel B. Blass und Zvi Carmeli

In unserem Artikel (Blass und Carmeli 2007) vertraten wir die Ansicht, dass die Beziehung zwischen der Biologie und der Psychoanalyse so geartet sei, dass neurowissenschaftliche Befunde (so stichhaltig oder wahr sie auch sein mögen) für die Psychoanalyse irrelevant seien und dass die These, dass die Neurowissenschaften für die Psychoanalyse relevant seien, auf Fehlschlüssen beruhe. Wir erläuterten dies an Hand der Untersuchung einer repräsentativen Auswahl von Arbeiten, die alle in offiziellen psychoanalytischen Kontexten erschienen und von namhaften Psychoanalytikern oder neuropsychoanalytischen Experten geschrieben wurden.

Die Briefe von Mancia und Pugh zeugen von der tiefen Überzeugung ihrer Verfasser von dem, was sie für den offensichtlichen Wert der Neuropsychoanalyse halten. Sie behaupten, dass die Ablehnung der Relevanz der Neurowissenschaften für die Psychoanalyse die Ablehnung eines interdisziplinären Dialogs, von Fortschritt und Wissen an sich bedeute. Sie begründen jedoch diese Behauptungen und Annahmen nicht und versäumen es, Argumente oder Beweise vorzulegen, die nachwiesen, dass unsere Position irrig ist.

Um genauer zu sein, die Briefe enthalten hauptsächlich drei Arten von Aussagen: erstens finden sich zahlreiche einfache positive Behauptungen ohne unterstützende Argumente, dass die korrekt durchgeführte Integration der neurowissenschaftlichen Beobachtungen keine »Gefahr für die Psychoanalyse« darstelle und dass sie bereits »sehr wichtige und weit reichende« Ergebnisse erbracht habe. In unserem Artikel machten wir auf eine irreführende Annahme aufmerksam, die der Ansicht zugrunde liegt, dass neurowissenschaftliche Befunde zum Gedächtnis zur Psychoanalyse beitragen können. Mancia zitiert diese Annahme, ignoriert unsere detaillierte Argumentation, warum darauf nicht gebaut werden könne, und erklärt einfach, dass er sie »offensichtlich« finde und dass er bestürzt darüber sei, dass »dies den Autoren nicht so klar zu sein« scheine. In ähnlicher Weise erklärt Pugh, dass es für die Psychoanalyse »absurd« wäre, von neurowissenschaftlichen Befunden keine Notiz zu nehmen, aber er erklärt nicht wirklich, warum. In der Tat erwähnt er seiner Ansicht nach wichtige

Entdeckungen, die durch die Neurowissenschaften ermöglicht wurden (z. B. das unverdrängte Unbewusste). Aber solche Beiträge einfach zu erwähnen, ohne unsere Argumente zu widerlegen, dass die Art des Denkens, auf der sie beruhen, fehlgeleitet sei, bedeutet, der eigentlichen Frage auszuweichen.

Eine zweite Art von Aussage ist, dass wir relevante Literaturhinweise übersehen hätten. Auch hier behaupten sowohl Mancia als auch Pugh, dass es Literatur gäbe, die – sei sie erst einmal berücksichtigt – den bedeutenden und faszinierenden Beitrag der Neurowissenschaften zur Psychoanalyse offensichtlich mache. Da unsere Studie nur eine repräsentative Auswahl von Publikationen erforderte, kann sie nicht wegen Unterlassung getadelt werden mit der bloßen Begründung, dass es zusätzliche Arbeiten gäbe. Was eher nötig wäre, und in den Briefen fehlt, ist eine Erklärung, warum diese zusätzlichen Arbeiten gegen unsere Kritik immun wären. Alternativ könnte man einwenden, dass die von uns gewählte Literatur (z. B. Solms über Träume) für die neuropsychoanalytische Literatur nicht repräsentativ sei. Pugh scheint an manchen Stellen für die Nicht-Repräsentativität zu optieren, aber er bietet keine Beweise an, um seine Position zu stützen (ein besonders auffälliger Mangel, weil das Beispiel von Pugh, wie wir einen Strohmann erschufen, sich auf eine Behauptung bezieht, die Mancia in seinem Brief als »offensichtlich« bezeichnet).

Die dritte Art von Aussagen weist auf Widersprüche hin. Mancia schreibt: »In deutlichem Gegensatz zu ihrem Argument, sagen die Autoren allerdings selbst: ›[Wir] stellen in keiner Weise in Frage, dass alle geistigen Phänomene notwendigerweise ein biologisches Substrat benötigen.‹« Während die Aufdeckung eines Widerspruchs in unserem Denken ein sehr relevantes Argument gegen unsere Arbeit wäre, liegt das Problem darin, dass Mancia sich wieder auf bloße Behauptung verlässt und daher nicht versucht, den Widerspruch nachzuweisen. Seiner Ansicht nach ist der Widerspruch »offensichtlich«. Wir denken, dass er es nicht ist und in unserer Arbeit erklären wir, warum. Tatsächlich lautet ein Hauptargument unseres Artikels, dass obwohl alle geistigen Phänomene ein biologisches Substrat benötigen, das Verständnis dieses Substrates uns nicht im Verständnis der geistigen Phänomene, die mit Bedeutungen assoziiert sind, voranbringen (genauso wie chemische Erklärungen eines Gemäldes nicht für den Künstler relevant sind). Ebenso betont Pugh, dass es in unserem letzten Abschnitt einen Widerspruch gäbe, aber er erwähnt nicht dessen Inhalt.

Mancia beendet seinen Brief mit der Erklärung, dass die Debatte über den Nutzen der Neurowissenschaften für die Psychoanalyse mit der Zeit zwangsläufig fruchtbarer werden wird. Wir hoffen, dass die kritische Untersuchung der Art und Weise, wie manche Anhänger der Neuropsychoanalyse diesen Nutzen unterstützen, die wir sowohl in unserem Artikel als auch in diesem Brief darlegten, als ein Beitrag zur Entwicklung dieser Debatte gesehen werden kann.

Aus dem Englischen von Christine Gerstenfeld

Bibliographie

Blass, R. B u. Carmeli, Z. (2007): The case against neuropsychoanalysis: On fallacies underlying psychoanalysis' latest scientific trend and its negative impact on psychoanalytic discourse. Internat. J. Psychoanal. 88, 19–40.

Giovanna Regazzoni Goretti
Projektive Identifizierung:
Kleins »Bemerkungen über einige schizoide
Mechanismen« als Ausgangspunkt einer
theoretischen Untersuchung des Konzepts

Bei einer Diskussion während der IPA-Tagung in Santiago stellte Dale Boesky (2000, S. 260) John Steiner (2000) die Frage, ob er sich eigentlich einer »etwas saloppen Ausdrucksweise« bediene, wenn er sage, seine Patienten deponierten ihre Gefühle in ihm.

Die Frage zeigt, wie viel Unsicherheit es nach wie vor bei diesem theoretischen Konstrukt namens ›projektive Identifizierung‹ gibt und unterstreicht dessen Herkunft aus der Alltagssprache, auch wenn das Konzept seit mittlerweile 60 Jahren in der Fachliteratur präsent ist und unterschiedliche theoretische Schulen es für ihre klinische Arbeit übernommen haben, die sich zum Teil deutlich von der Schulrichtung unterscheiden, in der es ursprünglich entwickelt wurde. In der Überschrift eines Briefes von Massida (1999, S. 365) wird eine ähnliche Unsicherheit angesprochen: »Werden wir je die ganze Wahrheit über die projektive Identifizierung wissen?« Vielleicht ist die »ganze Wahrheit« ehrlich gesagt unerreichbar, doch kommt man um die Feststellung nicht herum, daß die uns bei diesem Thema zugängliche »Wahrheit« immer noch schwer zu definieren ist. Fast jeder Autor, der etwas über projektive Identifizierung veröffentlicht hat, weist darauf hin, dass der Begriff eine Vielzahl von Situationen bezeichnen soll, was den wissenschaftlichen Diskurs nicht gerade erleichtert: »zu viel verschiedene Dinge von zu viel verschiedenen Autoren unter zu unterschiedlichen Bedingungen« (Kernberg 1988, S. 93).

In dieser Arbeit möchte ich versuchen, die »zu vielen verschiedenen Dinge«, die als projektive Identifizierung bezeichnet werden, inhaltlich zu benennen.

Mit diesem Ziel vor Augen meldete sich bei mir der Wunsch, mich mit den ursprünglichen Formulierungen des Konzepts auseinanderzusetzen, auch weil die »Bemerkungen über einige schizoide Mechanismen« (Klein 1952a[1]) – in denen der Begriff ›projektive Identifizie-

---

[1] Ich beziehe mich in dieser Arbeit auf die revidierte Fassung von Klein (1946).

rung‹ zum ersten Mal formuliert wird –, selten in der Bibliographie der wichtigsten Arbeiten zu diesem Thema auftaucht. Kleins ausführliche Arbeit »Über Identifizierung« (1955) wird sogar noch seltener erwähnt, wie Massida (1999, S. 365) festgestellt hat. Deshalb sollen diese beiden Texte hier einer kritischen Lektüre unterzogen werden. Darüber hinaus möchte ich kurz auf zwei Arbeiten Rosenfelds eingehen, die etwa zur selben Zeit wie Kleins Vortrag (1946) entstanden sind, in denen er das Konzept der projektiven Identifizierung auf seine klinische Arbeit anwendet. Wenn wir heute das Phänomen der projektiven Identifizierung auf der Grundlage dieser Texte zu verstehen versuchen, sind wir natürlich stark von einer Vielzahl von Überlegungen zu diesem Thema beeinflusst, die seit der erstmaligen Formulierung des Konzepts in unterschiedlichen Bereichen und von unterschiedlichen Standpunkten aus entstanden sind.

Das Besondere an diesen Texten ist nicht so sehr ihre Klarheit oder theoretische Kohärenz, sondern vor allem die Vielfalt der in ihnen enthaltenen Gedanken. Einige tauchen lediglich implizit auf, während andere möglicherweise zum damaligen Zeitpunkt selbst ihren Autoren nicht ganz klar waren, was daran liegen mag, dass sie nicht mit den damals vorherrschenden theoretischen Ansichten übereinstimmten und vielleicht sogar auf einen Konflikt zwischen verschiedenen Autoren hinwiesen (siehe Massida 1999, S. 366). Aber wir können anhand dieser Texte die theoretischen Prämissen herausarbeiten, die den unterschiedlichen, heute vertretenen Auffassungen von projektiver Identifizierung zugrunde liegen. Sie werden deshalb hier mit dem Verweis auf entscheidende Passagen in den ursprünglichen Texten beschrieben und mit Konzepten aus anderen theoretischen Richtungen verknüpft, die eine ähnliche Bedeutung haben. Es werden auch Ausdrücke aus der Alltagssprache aufgeführt, die auf ein vortheoretisches Wissen um den spezifischen Vorgang namens projektive Identifizierung verweisen

(Anm. d. Ü.: »Notes on some schizoid mechanisms« basieren auf einem Vortrag Melanie Kleins im Dezember 1946 (*IJP* 27, 99–110). In der deutschen Gesamtausgabe der *Gesammelten Schriften Kleins* sind die »Bemerkungen über einige schizoide Mechanismen« entsprechend der englischen Gesamtausgabe *The Writings of Melanie Klein* unter der Jahresangabe 1946 in der revidierten Fassung von 1952 veröffentlicht. In einer Fußnote erscheint der Hinweis: »[in der vorliegenden Version erschien der Beitrag erstmals in *Developments in Psycho-Analysis*, 1952a]«.

und auf die verschiedenen Formen, die er annehmen kann. Die Identifizierung mit dem Objekt – ›ähnlich wie es zu empfinden, sich mit ihm
identisch zu fühlen‹ und besondere Aspekte und Charakteristika von
ihm zu übernehmen – spielt dabei eine entscheidende Rolle und kann
sowohl zu einer unterschiedlich stark verzerrten Wahrnehmung des
Objekts wie zu einer mehr oder weniger ausgeprägten Entfremdung
von der eigenen Identität führen.

Wenn auch nicht explizit ausgeführt, finden sich doch in einzelnen
Abschnitten der erwähnten Texte Vorläufer einer interpsychischen und
intersubjektiven Auffassung und Hinweise auf eine realistische Komponente des Vorgangs, der die Realität des Objekts verzerren kann.
Um diesen theoretischen Bereich, den Joseph mit ihrer Frage nach der
»Wirkungsweise der projektiven Identifizierung« (1987) untersucht
hat, geht es in der vorliegenden Arbeit, wobei ich von einigen Bezie-
hungssequenzen aus dem Roman *Wenn ich du wäre* (Green 1950)
ausgehen möchte, der in Kleins Arbeit »Über Identifizierung« zitiert
und besprochen wird. Man kann aus diesen Sequenzen schließen, dass
projektive Identifizierung oft aus einer komplexen ›Auswahl‹ und aus
›Verhandlungen‹ zwischen Subjekt und Objekt resultiert und keineswegs nur der Logik der einen Seite folgt.

Unter dem Konzept der projektiven Identifizierung werden berech-
tigterweise so viele und höchst unterschiedliche Phänomene zusammengefasst, dass man sich fragen kann, wie sinnvoll es ist, einen für
jedermann verständlichen Begriff beizubehalten, oder ob es für Ver-
öffentlichungen und im Austausch unter Kollegen sinnvoller wäre,
den Begriff durch eine phänomenologische und metapsychologische
Beschreibung des Vorgangs zu ersetzen.

Meines Erachtens würde diese Lösung, die vielleicht eines Tages
unumgänglich wird, zwar den wissenschaftlichen Diskurs erleichtern, aber auch die psychoanalytische Theorie eines Begriffs berauben, dessen semantische Reichhaltigkeit ich in dieser Arbeit aufzeigen
möchte.

Eine Analyse der Texte

Klein (1946 [1952a])

Der Begriff ›projektive Identifizierung‹ taucht in einem Satz von zwölf
Worten auf: »Ich schlage vor, diese Vorgänge mit dem Begriff ›pro-

jektive Identifizierung‹ zu bezeichnen« (Klein (1946 [1952a]), S. 17). Um diesen Satz zu verstehen, muss man zunächst herausfinden, worauf sich »diese Vorgänge« beziehen. Obwohl man nach linguistischen Gepflogenheiten deren Erwähnung im vorausgehenden Satz – »[die] Folge ist eine spezifische Form der Identifizierung, die den Prototyp einer aggressiven Objektbeziehung begründet« –, erwarten könnte, enthält dieser keinen Hinweis auf »diese Vorgänge«. Erst muss der Leser noch herausfinden, wovon dies »die Folge ist« und geht also im Text noch weiter zurück. Mit einem weiteren vorausgehenden Satz – »[ein] Großteil des Hasses, der Teilen des Selbst gilt, wendet sich daraufhin gegen die Mutter« – beginnt ein neuer Abschnitt. Die zeitliche Bezeichnung »daraufhin« verweist auf ein »zuvor«. Also geht es vermutlich im vorausgehenden Abschnitt um etwas zeitlich Früheres, das wie auch immer »daraufhin« die Wendung des Hasses vom Selbst auf die Mutter herbeiführt. Der Leser macht sich daran, sich mit dem Problem auseinanderzusetzen, weiß aber immer noch nicht, um welche Art von Vorgängen es sich handelt, für die Melanie Klein den Begriff ›projektive Identifizierung‹ vorgeschlagen hat.

In diesem langen vorausgehenden Abschnitt wird der phantasmagorische und furchterregende Moment in der Entwicklung beschrieben, in dem libidinöse und aggressive Triebregungen zusammenkommen und sich auf die Brust und den Körper der Mutter richten. Klein schreibt:

»Die phantasierten Angriffe auf die Mutter folgen im wesentlichen zwei Linien: die eine besteht in dem vorwiegend oralen Impuls, die Mutter auszusaugen, sie zu beißen, ihren Körper all seiner guten Inhalte zu entleeren und diese zu rauben. [...] Die zweite Angriffslinie leitet sich aus den analen und urethralen Triebregungen her und ist mit der Phantasie verbunden, gefährliche Substanzen (Exkremente) aus dem Selbst auszustoßen und in der Mutter zu deponieren. Zusammen mit diesen schädlichen, im Haß ausgestoßenen Exkrementen werden auch abgespaltene Teile des Ichs auf, oder – diese Formulierung erscheint mir zutreffender – *in* die Mutter projiziert« (Klein (1946 [1952a]), S. 16f., Hervorh. im Orig.).

Sie war sich im Klaren darüber, wie mühsam es war, diesen Exkrementen und Teilen des Ichs zu folgen, die gemeinsam »in die Mutter« ausgestoßen werden. In einer Fußnote geht sie darauf ein, wie schwer sich Phantasien aus einer präverbalen Zeit beschreiben lassen. Die spezifische Logik dieses Zustands scheint sich in dem Adverb »gemeinsam«

zu spiegeln, mit dem – einer zum Primärprozess gehörenden Klassifizierung folgend –, Teile des Ichs und Exkremente zusammengefügt und dann gemeinsam ausgestoßen werden, vereint durch denselben Hass und dieselbe Schädlichkeit.

Dann führt Klein genauer aus, ›wo‹ diese Ausstoßung stattfindet und nennt zwei Orte: »aus dem Selbst« und »in die Mutter«. Dieses ›wo‹ bezeichnet also einen weniger ›primitiven‹ Mechanismus als üblicherweise theoretisch angenommen wird, wenn es um die Kategorien von Selbst und Objekt geht, um etwas ›innerhalb‹ oder ›außerhalb‹ von Selbst und Objekt und um die komplexen Beziehungen zwischen ›innen‹ und ›außen‹. Die Präposition »in« wird innerhalb weniger Zeilen zweimal wiederholt – und beim zweiten Mal kursiv hervorgehoben, weil es Klein »zutreffender« erscheint, mit dieser Formulierung das vorige »auf« zu korrigieren, um damit das ihr so wichtige Konzept noch genauer darstellen zu können. Die Ausdrucksweise »in jemand deponieren«, mit der im klinischen Jargon von projektiver Identifizierung gesprochen wird, geht wahrscheinlich auf diese Darstellung zurück.

»In« impliziert eine andere Beziehung zum Objekt als sie in dem Wort »auf« zum Ausdruck kommt, das üblicherweise im Zusammenhang mit einer Projektion benutzt wird. Aber wir finden in Kleins Text keine Antwort auf die Frage, ob diese Beziehung nun lediglich in der Phantasie besteht oder sogar bis zu einem gewissen Grad real ist, und dann, könnte man sagen, durch einen Angriff auf die Grenzen des Objekts und eine Beschlagnahme seines inneren Raums charakterisiert ist. Daraus sollte bekanntlich eine der besonders kontrovers diskutierten Fragen bei diesem Thema werden: Ist projektive Identifizierung ein intrapsychischer Vorgang mit Auswirkungen auf die innere Welt desjenigen, der diesen Mechanismus anwendet, oder wird sie bis zu einem gewissen Grad modifiziert, weil das Objekt an der Phantasie beteiligt ist?

Auf die Erwähnung des ›wo‹ folgt eine Beschreibung der Ziele. »Diese Exkremente und bösen Selbstanteile sollen das Objekt nicht nur beschädigen, sondern es auch kontrollieren und in Besitz nehmen« (Klein (1946 [1952a]), S. 17). Obwohl in dieser Formulierung eine phantasierte Ausstoßungskomponente enthalten ist, schreibt Klein dem Vorgang keine Entleerungsfunktion zu, sondern spricht lediglich von aggressiven Tendenzen gegen ein Objekt, um es »zu beschädigen, kontrollieren und in Besitz zu nehmen«. Heute könnten wir annehmen, dass diese Tendenzen ein labiles Gleichgewicht aufrechterhalten sollen, indem ein Objekt in Besitz genommen und kontrolliert wird. Sandler wies darauf hin, dass es sich in Kleins ursprünglicher Formulierung um einen Vorgang »*in der Phantasie*« (1988, S. 16, Hervorh. i. Orig.) handelte. Erst später wurde das Konzept der projektiven Identifizierung im Zusammenhang mit der wachsenden Bedeutung der Gegenübertragung erweitert und schloss Veränderungen im Objekt mit ein. In der Theorie der Gegenübertragung geht es dabei um Veränderungen in der Gegenübertragung des Analytikers, die dem Patienten zugeschrieben werden.

Tatsächlich wurden selbst in der Zeit, als das Interesse vor allem der Gegenübertragung galt, klinische Situationen beschrieben, in denen projektive Identifizierung ausschließlich mit intrapsychischen Auswirkungen in Verbindung gebracht wurde (siehe Segal 1973, worauf ich später noch eingehe). Dass es sich um einen Vorgang mit lediglich intrapsychischer Dynamik handle, kann aber meines Erachtens nicht mit Sicherheit aus Kleins Arbeiten abgeleitet werden.

Zurück zu Klein (1946 [1952a]). Auf die bis jetzt zitierten Sätze folgt: »Insofern nun die Mutter die bösen Selbstanteile in sich enthält [...]« (S. 17). Das verbale Konstrukt »insofern« ermöglicht im Gegensatz zu den zwingenden und absoluten Aspekten des phantasierten Ergebnisses zweierlei, sowohl im Hinblick auf ein tatsächliches Ereignis als auch auf das ›mehr‹ oder ›weniger‹ große Ausmaß seiner Realisierung. Die Mutter, die nun die bösen Selbstanteile enthalten soll, scheint eher Parametern aus der Realität zu gehorchen als dem zu einer Phantasie gehörenden ›immer alles sofort und auf der Stelle‹. Es wird allerdings nichts über die Bedingungen gesagt, die das Zustandekommen eines solchen Ereignisses begünstigen; die klinische Phänomenologie der projektiven Identifizierung bleibt weiterhin rätselhaft.

Klein vervollständigt den Satz mit »sie [wird] nicht als getrenntes Individuum, sondern als *das* böse Selbst empfunden« (S. 17, Hervorh. i. Orig.). Es ist ein Vorgang, der mit einer höchst rudimentären Wahrnehmung des Andersseins beginnt und zu einer irritierenden und verwirrenden Symmetrie von Selbst und Objekt führt, die sicher nicht mit einer durch Projektion hervorgerufenen Symmetrie vereinbar ist, die Getrenntheit und Andersartigkeit zulässt (dank des Gedankens ›es ist er/sie, der/die mich hasst, liebt, kastriert, verführt ...‹). Vielleicht könnten wir in diesem Ergebnis das Ziel oder eines der Ziele dieses

169

Vorgangs sehen: die Getrenntheit und Andersartigkeit des Objekts vorübergehend oder dauernd zu beseitigen.

Nachdem Klein ((1946 [1952a]), S. 17) die resultierende Konfusion mit dem Objekt beschrieben hat, lässt sie uns noch einmal an getrennte Einheiten denken, indem sie auf emotionale Bewegungen hinweist, die ihre Richtung und ihr Ziel ändern. In der Tat lesen wir: »[Ein] Großteil des Hasses, der Teilen des Selbst gilt, wendet sich daraufhin gegen die Mutter« (ebd.). Aber wenn die Mutter nicht länger als getrenntes Individuum erlebt wird, kann der ihr geltende Hass die Grenzen des Selbst gar nicht überschreiten. Wenn die Unterscheidung zwischen Selbst und Objekt zusammengebrochen ist, verbleibt der Hass im Selbst und durchdringt in diesem nicht mehr differenzierten Bereich alles. Selbst und Objekt überlagern sich und gehen ineinander über, was wohl nur durch ein modernes Gemälde annäherungsweise dargestellt werden könnte. In diesen wenigen Zeilen Kleins geht es um ernsthaftere pathologische Auswirkungen der projektiven Identifizierung, eine massive Konfusion von Selbst und Objekt, die sich klinisch außerordentlich schwer handhaben lässt, worauf Rosenfeld wiederholt hingewiesen hat. Im Text heißt es weiter: »[Die] Folge ist eine spezifische Form der Identifizierung, die den Prototyp einer aggressiven Objektbeziehung begründet« (ebd.). Die Mehrdeutigkeit der Kleinschen Prosa legt den Gedanken nahe, dass »die Folge« sich entweder auf den Hass bezieht, der sich nicht mehr auf das Selbst richtet, sondern gegen die Mutter gewendet wurde, oder auf die ganzen vorhergehenden Ausführungen. Der nächste Satz – »Ich schlage vor, diese Vorgänge mit dem Begriff ›projektive Identifizierung‹ zu bezeichnen« (ebd.) – stützt offensichtlich die zweite Annahme. Um diesen Satz verstehen zu können, muss geklärt werden, wie ich bereits weiter oben ausgeführt habe, worauf sich »diese Vorgänge« beziehen. Wenn man den Abschnitt liest, ist es zwar schwierig, aber logisch nicht unmöglich, »diese Vorgänge« auf »die phantasierten Angriffe auf die Mutter« zu beziehen, auch wenn 21 Zeilen dazwischen liegen und man Kleins linguistische und konzeptuelle Ungenauigkeit akzeptieren muss, mit der sie Begriffe austauscht, die nicht austauschbar sind, wie beispielsweise »die phantasierten Angriffe« und »Vorgänge«. Wenn man die Angriffe, die entweder durch orale oder durch anale und urethrale Phantasien beherrscht werden, zusammen betrachtet, lässt sich folgern, dass »diese Vorgänge«, für die sie die Bezeichnung projektive Identifizierung vorschlägt, auf oralen und auf das Objekt gerichteten

Phantasien beruhen und auf Ausstoßungsphantasien in der spezifischen Konnotation, die sie durch das Wort »*in*« in Kleins Text erhalten. Das Objekt wird demnach in der Phantasie oral ausgeraubt und gleichzeitig durch zurückgewiesene, abgelehnte und gehasste Selbstanteile »beschädigt, kontrolliert und in Besitz genommen«. Da das Objekt zweifach beschädigt wird – durch räuberisches Eindringen und durch Aneignung –, ist die projektive Identifizierung, wenn man von den Worten im Text ausgeht, der »Prototyp einer aggressiven Objektbeziehung«.

Überraschenderweise führt Klein später in ihrem Text aus, dass die Projektion guter Selbstanteile in das Objekt für die normale Entwicklung lebenswichtig ist, womit sie eine »benigne« Version der projektiven Identifizierung antizipiert. Diese kann allerdings auch der Ausgangspunkt einer Entwicklungsstörung sein, wenn die projektive Identifizierung zu einer Verarmung des Ichs und einer gesteigerten Abhängigkeit von den Objekten führt, in denen die guten Selbstanteile deponiert sind. Dieser Abschnitt beginnt mit einer Darstellung der paranoiden Ängste, die eine Reaktion sind auf: »[e]inen weiteren Aspekt projektiver Prozesse [...], das gewaltsame Eindringen in das Objekt und seine Kontrolle durch Teile des Selbst« (Klein (1946 [1952a]), S. 21). Zum Teil ist wohl die Literatur für diese von Anfang an polymorphe und widersprüchliche Darstellung verantwortlich zu machen, wenn von einer normalen, pathologischen, exzessiven oder massiven projektiven Identifizierung gesprochen, aber nie genau beschrieben wird, was damit gemeint ist.

Rosenfeld (1947, 1949)

In seiner Arbeit »Über den Zusammenhang von männlicher Homosexualität mit Paranoia, paranoiden Ängsten und Narzißmus« (1949) sieht Rosenfeld den Ausgangspunkt des Vorgangs der projektiven Identifizierung »in den frühen oral-sadistischen Impulsen, das Selbst in ein anderes Objekt hineinzuzwingen« (Rosenfeld 1949, S. 54). Nach seiner Auffassung liegt der Phantasie, sich in einen anderen »hineinzuzwingen«, sadistische Oralität zugrunde, was dem von Klein (1946) beschriebenen »weiteren Aspekt projektiver Prozesse« entspricht. Etwas ausführlicher taucht das Konzept in einer späteren Arbeit Kleins auf, in der »[...] das ganze Selbst – das als ›böses‹ Selbst empfunden wird – in den Körper der Mutter [eindringt und ihn] kontrolliert« (Klein 1952c, S. 119). »Das ›vampirhafte‹ Saugen [...] entwickelt sich zu der Phantasie, [...] in ihren Körper einzudringen« (ebd., S. 120). In diesem Abschnitt scheint das »vampirhafte Saugen« nicht so sehr – oder jedenfalls nicht nur – darauf gerichtet zu sein, sich die »guten Inhalte« des Objekts anzueignen, sondern darauf, sich einen Zugang zum Objekt zu verschaffen. Sollten damit Getrenntheit und Unterschiedlichkeit beseitigt werden? Mir kommen Wilgowiczs (2004) Ausführungen über die vielen Gemälde Munchs in Erinnerung, in denen es immer wieder um den »Kuss« oder den »Vampir« geht. In ihrer verstörenden Wirkung veranschaulichen diese Bilder den Verlust der beiderseitigen Grenzen und die unermessliche Ununterscheidbarkeit von Selbst und Objekt, die Folge und Ziel des aus archaischen Bereichen stammenden »vampirhaften Saugens« zu sein scheinen. Projektive Identifizierung: Weil es unerträglich ist, zwei Personen zu sein? Der amouröse Drang, eins zu werden? Die destruktive Regung, Unterschiede aufzuheben?

In Rosenfelds Arbeit »Analyse einer schizophrenen Psychose mit Depersonalisationserscheinungen« (1947) beziehen sich ähnlich archaische Phantasien auf tatsächliche Trennungen. Er beschreibt eine Patientin, die bei der Abreise ihres Verlobten Phantasien entwickelte, »in denen sie sich in ihn hineindrängte, um ihm ihre Wünsche aufzuzwingen, und gleichzeitig hatte sie den Eindruck, ihm damit alles, was in ihm gut war, wegzunehmen« (Rosenfeld 1947, S. 32). Aus dem Text geht nicht hervor, ob es sich nur um eine Phantasie handelte, oder ob die Patientin tatsächlich versuchte, ihren Freund an der Abreise zu hindern, oder ob sie sich real oder in einem metaphorischen Sinn anzueignen versucht hatte, was gut in ihm war. Wir erfahren auch nicht, ob es sich um eine bewusste oder unbewusste Phantasie handelte. Über wichtige Aspekte der Metapsychologie des Vorgangs und der klinischen Phänomenologie finden sich keine Angaben. Dann beschreibt Rosenfeld die Ängste der Patientin, die sich gezwungen fühlte, darüber nachzudenken, was der Analytiker von ihr wollen könnte, und ihre Befürchtung, der Analytiker dringe jedes Mal in sie ein, wenn er etwas zu ihr sagte. Da auch ein weiterer Patient intensive Ängste hatte, der Analytiker könne in ihn eindringen, lässt sich vermuten, dass aus dieser Symptomatik die ersten Hypothesen über einen Vorgang abgeleitet wurden, dessen Grundlage die Phantasie eines gewaltsam in das Objekt eindringenden Selbst ist (mit dem Ziel, das Objekt auszurauben und zu kontrollieren und den Abstand zwischen dem Selbst und dem anderen aufzuheben), was zu paranoiden Ängsten führen kann. Oder ist die paranoide Angst eine Reaktion auf das Eindringen in das Objekt, mit dem der Unterschied zwischen Selbst und Objekt aufgehoben werden sollte? Diese Hypothese vertrat Rosenfeld (1949), als er die Befürchtung eines homosexuellen Patienten beschrieb, der Analytiker könne sich zu sehr für ihn interessieren, so dass er ihn auf Abstand halten musste. Diese Ängste wurden in einem Traum deutlich, *in dem ein Chirurg intensiv auf seine Arbeit konzentriert schien und plötzlich »das Gleichgewicht [verlor]und [...] direkt in das Innere des Patienten« fiel und sich dort mit ihm »verwickelte«* (Rosenfeld 1949, S. 55). Der Analytiker zeigt, wie der Patient sich zurücknahm und verstummte, »wenn ihm Gedanken kamen, von denen er meinte, daß sie vor allem mich interessieren müßten« (ebd., S. 54). (Oder die der Analytiker für besonders interessant hielt?) Der Gedanke liegt nahe, dass die Zurückhaltung des Patienten den Analytiker neugierig und ungeduldig machte und ›Enactments‹ bei ihm auslöste, um den Patienten zum Sprechen zu bringen. Vermutlich war er aber auch von wissenschaftlichem Interesse getrieben, was höchst verständlich war in einer Zeit, in der es um das Konzept der ›projektiven Identifizierung‹ ging und Hoffnungen aufkeimten, Psychosen mit Hilfe der Psychoanalyse heilen zu können. Aus diesen Gründen wird dann der Analytiker vom Patienten nicht länger »als getrenntes Individuum, sondern als *das* böse Selbst empfunden« (Klein 1946, S. 17), gleichermaßen neugierig wie intrusiv. Dies ist ein Moment unauflöslicher Verwirrung und in hohem Maß pathologisch bei bestimmten Formen der projektiven Identifizierung.

Später beschreibt Rosenfeld in dem Artikel, wie die Mutter des Patienten »sein Leben bis zu seiner Verheiratung vollständig beherrschte und im Grunde genommen ihre eigenen Vorstellungen in ihn seit seiner frühesten Kindheit hineingezwungen hatte« (1949, S. 55). Rosenfelds Ausführungen vermitteln uns, wie die Beherrschung ihres Sohnes, in den »im Grunde genommen die eigenen Vorstellungen hineingezwungen« werden, der Phantasie der Mutter entspricht, das Selbst in das Objekt hineinzuzwingen und so die reale Kontrolle über das Kind zu erreichen. Rosenfeld zeigt, dass projektive Identifizierungen auch von Mutter zu Sohn wirksam sein können, weil die Mutter gleichermaßen unfähig sein kann, die Getrenntheit und Andersartigkeit ihres Sohnes zu tolerieren wie er sie als Gegenüber. Er macht deutlich, dass die Absicht, das Objekt dem Selbst anzugleichen, ihm die eigenen Vorstellungen »einzupflanzen«, von »frühester Kindheit« an wirksam sein kann. Diese Konzepte sind uns heute selbstverständlich, aber damals waren sie noch schwer zu formulieren, vielleicht aus der Angst heraus, interpersonellen Modellen zu weit entgegenzukommen. Und dann zeigt uns Rosenfeld noch, wie »die eigenen Vorstellungen« wieder in jene »Selbstanteile« zurückgelangen können, deren Ziel es aus den unterschiedlichsten Gründen ist, »in« das Objekt einzudringen. Mit der Formulierung, »im Grunde genommen« (im engl. Orig. »virtually«) entzieht Rosenfeld der Sprache der projektiven Identifizierung jegliche ungerechtfertigte Konkretheit und regt den Leser an, über die vielfältigen Wege nachzudenken, auf denen eigene Vorstellungen in andere hineingezwungen werden können.

Klein (1955)

In ihrer Arbeit »Über Identifizierung« zeigt Klein anhand des Romans von Julien Green *Wenn ich du wäre* (1950) »einige der vielschichtigen und nach wie vor ungeklärten Probleme der projektiven Identifizierung« (1955, S. 246) anhand der Verwandlungen, die der Protagonist durchläuft. Beim Lesen wird deutlich, dass in der Formulierung »wenn ich du wäre« der Wunsch des Protagonisten zum Ausdruck kommt, »die Persönlichkeit eines anderen Mannes anzunehmen« (S. 256) und sich gleichzeitig seines eigenen verhassten Zustandes zu entledigen. Der Text macht diese beiden Wünsche in einer Reihe von Beziehungen deutlich, die sich zwischen Fabien, der Hauptperson des Romans, und seinem Chef Poujars entwickeln, einem reichen Mann, der Macht über andere Männer und auch Fabien ausübt, der ihn bewundert, beneidet und hasst. In dieser Sequenz wird das Know-how der projektiven Identifizierung sowie ihre Physiologie und Realisierung mit dem anderen klar (was in vielen psychoanalytischen Texten so schwer zu fassen ist). Wir lesen:

Bevor er Poujars die Formel ins Ohr flüstert, spricht Fabien mit ihm ebenso verächtlich und von oben herab, wie Poujars ihm gegenüber zu sprechen pflegte. Die Verwandlung bewirkt, daß sein Opfer in Fabiens Körper eingeht und zusammenbricht (S. 238).

Fabien verwandelt sich, indem er genauso verächtlich spricht wie sein Arbeitgeber, und diese Verwandlung löst bei seinem Chef eine emotionale Reaktion aus. Im Romantext wird beschrieben, wie Poujars in

Fabiens Körper »eingeht« (ein interessantes Detail, das auf den Körper als den Ort verweist, der die projektive Identifizierung aufnimmt
und als erster unbewusst darauf reagiert). Wenn man in verächtlichem
Ton angesprochen wird, erlebt man sich bekanntlich – im Sinne eines
Anpassungsphänomens – als unterlegen, als stecke man in einem Körper, der sich konfus durch unangenehme Gefühle gestört fühlt, die
als Demütigung und Unterlegenheit alpha-betisiert werden könnten,
wenn sie denn verstanden würden. Fabiens Hass und Verachtung, die
ursprünglich ihm selbst galten, richten sich nun auf einen »zusammen-
gebrochenen« Poujars, der nicht mehr stolz und arrogant auf seinem
Chefsockel thront, sondern gedemütigt unter Fabiens Attacke zusammenbricht.

Die Sequenz zwischen Fabien und Poujars macht klar, dass die
»spezifische Form der Identifizierung« (Klein (1946 [1952a]), S. 17)
darin besteht, sich bestimmte Charakteristika des Objekts anzueignen
(angetrieben durch orale Phantasien, die gleichzeitig aneignend und
intrusiv sind), und gleichzeitig unerwünschte seelische Zustände in das
Objekt auszustoßen. Der ganze Vorgang geht mit einer Umkehrung
der Rollen einher, die im Text als Eingehen in den Körper des anderen samt der dazugehörigen Gefühle beschrieben wird: »Nachdem Fabien mit Poujars getauscht hat und sein früheres, wenig einnehmendes
Selbst voller Verachtung und Mitleid zugleich betrachtet, verrät seine
Haltung, wie sehr er den Rollentausch genießt« (Klein 1955, S. 261).
In einem späteren Abschnitt formuliert Klein »in Parenthese« und in
einen zeitlichen Zusammenhang gestellt ihre wichtige theoretische
Überlegung über die Gleichzeitigkeit der Identifizierungs-, Spaltungs-
und Projektionsvorgänge (die sich auf das Objekt richten) und deren
Auswirkungen. »Wir erfahren auch, daß Fabien, als er sich in Poujars
verwandelt (das heißt unmittelbar, nachdem der Spaltungs- und Pro-
jektionsprozeß stattgefunden hat), sehr besorgt um seine frühere Person ist« (ebd., S. 267).

Die Sequenz zwischen Fabien und Poujars, sei sie nun ein ›großer Tag‹ für den Protagonisten oder eine Art Todeskampfphantasie,
wie Meltzer meint (1992, S. 8), lässt uns wie unter einem Brennglas
die kommunikative Funktion der projektiven Identifizierung begreifen. Wenn Fabien seinem Chef gegenüber die verächtliche und demüti-
gende Sprache benutzt, die dieser ihm gegenüber angewandt hatte,
gibt er ihm zu verstehen, ›wie es sich anfühlt‹, sein Untergebener zu
sein. Anders gesagt *vermittelt* er ihm, was jemand erlebt, der sich

unterlegen fühlt und geringschätzig behandelt wird. Im Kontext des vorangehenden Satzes heißt *vermitteln* hier nicht *informieren*, sondern bezieht sich auf andere metaphorische Synonyme wie *einimpfen, einträufeln, einflößen*. Diese Bedeutung taucht in alltäglichen Redewendungen auf, wenn man *vermittelt, sich wie tot zu fühlen, einen Zweifel vermittelt* (oder *eingibt*) oder *Vertrauen vermittelt* (oder *einflößt*). Wie weiter oben ausgeführt, ist es trotz der Gefahr einer Konkretisierung lohnend, sich daran zu erinnern, dass Ausdrücke wie *Zweifel, sich wie tot fühlen, Vertrauen* oder *Misstrauen* verbale Kodifizierungen sehr komplexer seelischer Verfassungen sind, die dem Individuum, das ihnen ausgesetzt ist, als Benennung für seine beunruhigenden Gefühle angeboten werden. Man muss mit ihnen umgehen, damit sie ausgehalten, verstanden und schließlich benannt und auch anderen vermittelt werden können. Bion hat die Aufgabe der Mutter, diese Funktionen für das Neugeborene zu übernehmen, wiederholt beschrieben.

Über die Emotionen, die die Sequenz zwischen Fabien und Poujars auslösen, schreibt Klein: »Gier, Neid und Haß [...]« drängen Fabien dazu, »sich die [...] Besitztümer anderer Menschen anzueignen; sie treiben ihn unwiderstehlich zu dem, was ich als projektive Identifizierung beschrieben habe« (1955, S. 249). Diese Worte legen nahe, dass der Vorgang »unwiderstehlich« in Gang kommt angesichts eines Objekts, das Neid und Begierde auslöst, so wie die projektive Identifizierung ursprünglich in der Beziehung des Säuglings zur Brust ›angesiedelt‹ wurde. Bei der Schilderung der weiteren Verwandlungen Fabiens, nachdem dieser sich der lästigen ›Rolle‹ Poujars entledigt hat, betont Klein allerdings, dass es zwischen Fabien und der von ihm ausgewählten Person etwas Gemeinsames gibt: »Denn schon während im Individuum das Gefühl auftaucht, mit einem anderen Menschen vieles gemeinsam zu haben, projiziert er sich bereits in jene Person« (Klein 1955, S. 272). Demnach löst alles, was jemand mit einer anderen Person – tatsächlich oder in der Phantasie – ›quantitativ‹ gemeinsam hat, diese »unwiderstehliche« Bewegung auf den anderen zu oder in ihn hinein aus, was allerdings in der Beziehung zwischen Fabien und Poujars durch ihre Unterschiede ausgelöst wurde. Kleins Arbeit wirkt, als folge sie momentanen Intuitionen, aber interessanterweise verwendet auch Freud den Begriff ›Identifizierung‹ in derselben zweifachen Bedeutung wie Klein, wenn sie von projektiver Identifizierung spricht. Er schreibt: »[...] die Identifizierung strebt danach, das eigene Ich ähnlich zu gestalten wie das andere zum ›Vorbild‹ genommene« (Freud 1921,

S. 116). Dieser Vorgang könne eine feindselige orale Färbung haben und dazu führen, dass das »Vorbild« gänzlich ersetzt werde. Freud beschreibt diese Form der Identifizierung am Beispiel der Vater-Sohn-Beziehung. Außerdem stellt er fest, dass »bei jeder neu wahrgenommenen Gemeinsamkeit mit einer Person [...] wir vor dem Vorgang stehen, den die Psychologie ›Einfühlung‹ heißt, und der den größten Anteil an unserem Verständnis für das Ichfremde anderer Personen hat« (Freud 1921, S. 118 f.). Ein Beispiel für diese Form der Identifizierung ist die reziproke Bindung zwischen Individuen, die eine Masse bilden.

In dem Roman *Wenn ich du wäre* erinnert Fabiens Verwandlung in Poujars an seinen Wunsch, der mächtige Vater zu sein (und sich die beneideten Eigenschaften des Vaters zu eigen zu machen, oder besser ausgedrückt, sich anzueignen, was er ist), also an eine väterliche Introjektion, die für Fabien in der Beziehung zu seinem Chef wieder höchst lebendig geworden ist, worauf Klein wiederholt hinweist. Am Schluss identifiziert sich Fabien projektiv mit einem väterlichen Objekt und übernimmt die Position und Rolle seines Chefs. Seine späteren ›Identifizierungen‹ werden dagegen sowohl von negativen wie positiven Ähnlichkeiten in Beziehungen ausgelöst, in denen das Gefühl vorherrscht, ›ähnlich oder identisch‹ zu sein.

Wie vor ihr Freud unterstreicht auch Klein die enge Beziehung zwischen dieser Form der Identifizierung und der Einfühlung: »Der Prozeß, der dem Gefühl zugrunde liegt, mit anderen Personen identifiziert zu sein, weil man ihnen eigene Eigenschaften oder Haltungen zugeschrieben hat« (Klein 1955, S. 233). In dieser Definition gehören die »Eigenschaften oder Haltungen« zum Subjekt, das sie einem anderen zuschreibt, sie aber gleichzeitig weiterhin anders als bei einer Projektion als seine eigenen erleben muss. Unter dieser Bedingung können wir den anderen als uns ähnlich und nicht so unterschiedlich erleben. Einfühlung wird deshalb als ein seelischer Vorgang betrachtet, der viel mit Projektion zu tun hat und keineswegs durch jene Objektivität gekennzeichnet ist, die einige Theorien ihm zuschreiben. Empathisches Verstehen bezieht sich unausweichlich auf die eigene Erfahrung: »*Qual sia la pena sua, so per la mia*« (denn ich, die so gelitten hat, kenne ihren Kummer gut) singt Magdalena in Händels *Oratorio per la Resurrezione*, wenn sie den Schmerz der Mutter Christi beschreibt. Aber offenkundig kann man sich auch irren, wenn man die eigenen Empfindungen einem anderen zuschreibt, wie sich bei manchen Patienten zeigt, die sich mit ihrem Analytiker einig fühlen, weil sie davon ausgehen, seine Werte, Geschmacksvorstellungen, Vorlieben, Befürchtungen und Eigenheiten zu teilen. Wenn sie aus einer teilweisen Identität und latenten Ähnlichkeiten eine vollständige Identität ableiten, scheinen sie manchmal von Allmachtsvorstellungen getragen zu werden und die Realität des anderen und seine grundlegend unerreichbare Andersartigkeit zu übergehen und diese damit regelrecht auszulöschen. Das Gefühl, »mit anderen Personen identifiziert zu sein« (Klein 1955, S. 233), kann deshalb unter sehr unterschiedlichen Bedingungen auftreten. Es kann sich auf einem stabilen Selbstgefühl gründen und hat dann nichts mit Allmachtsvorstellungen zu tun, es kann das Wissen um den anderen und die Vertrautheit mit ihm stärken und die Grundlage für lebendige intime und mit dem anderen geteilte Erfahrungen sein, aber es kann auch Teil einer wahnhaft verkennenden und pathologischen Situation sein, also einen völligen und anhaltenden Selbstverlust bedeuten und die Unterscheidung zum Objekt aufheben.

Wenn sich das Subjekt bei einem Rollentausch zwischen Subjekt und Objekt mit einer anderen Person identifiziert erlebt, beansprucht es in der Phantasie denselben Platz wie das Objekt, um mehr oder weniger vollständig, anhaltend und zerstörerisch und mehr oder weniger im Kontakt mit der Realität eine narzisstische Einheit mit ihm herzustellen. Vielleicht ist dies das nostalgische Element des Ichs, das angesichts des Objekts behaupten möchte: ›Wir sind eins‹, oder weniger extrem: ›Wir sind einander so ähnlich‹. Das Gefühl, ein getrenntes Selbst zu sein, dessen Eigenschaften sich von denen des Objekts unterscheiden, geht in diesen Situationen verloren. Stattdessen stellt sich der Zustand eines bedürftigen und abhängigen Selbst ein, das Rosenfeld anhand der unterschiedlichen Formen der narzisstischen Übertragung in der Beziehung zum Analytiker seit den 1970ern beschrieben hat.

Wenn man von den Ähnlichkeiten oder Unterschieden ausgeht oder davon, wie man nach Freuds Kriterien für eine narzisstische Objektwahl ist oder sein möchte, könnte man sagen, daß projektive Identifizierung durch den Wunsch aufrechterhalten wird, sich mit dem ausgewählten Objekt ›zu identifizieren‹. ›Sich zu identifizieren mit‹ schließt verschiedene Möglichkeiten des Erlebens ein (von einem vorübergehenden Gefühl, wie der andere zu sein, über den Gedanken, ›was wäre, wenn‹ wir eins wären, bis hin zu der Situation, dauerhaft die äußeren Charakteristika, den Lebensstil, die Interessen usw. des anderen anzunehmen).

›Mit anderen Personen identifiziert zu sein‹, kann für das Objekt bedeuten, vorübergehend eine intime ›Gemeinsamkeit‹ zu teilen, oder in eine *folie à deux* eingebunden zu sein oder vielleicht nicht einmal von der Phantasie des anderen zu wissen, wenn es sich um einen Unbekannten, einen Verstorbenen oder jemand aus der Welt der Literatur oder des Entertainments handelt.

»[Z]ur gleichen Zeit geschieht etwas sehr Wichtiges« (Klein 1955, S. 274) bei diesen unterschiedlichen Vorgängen, schreibt Klein. Fabien »stellt nämlich fest, daß seine Erfahrungen es ihm nun ermöglichen, Poujars, Esménard und sogar Fruges besser zu verstehen und sogar Mitleid mit seinen Opfern zu empfinden« (ebd.). Auf diesen Punkt hatte bereits Freud hingewiesen, als er schrieb, dass wir »bei jeder neu wahrgenommenen Gemeinsamkeit mit einer Person [...] vor dem Vorgang stehen, den die Psychologie ›Einfühlung‹ heißt, und der den größten Anteil an unserem Verständnis für das Ichfremde anderer Personen hat« (Freud 1921, S. 118f.) und ihre große »Bedeutung für unser intellektuelles Leben« (ebd., s. 119) hervorhob. Damit Fabiens Tonfall bei seinem ›Chef‹ etwas bewirken konnte, brauchte er geradezu ein tiefes Verständnis für dessen Identität, um sich zu verwandeln. Ausgehend vom »Prototyp einer aggressiven Objektbeziehung« als Quelle des Wissens über einen anderen und sogar der Zuneigung zu ihm, entfaltet in diesem Roman die projektive Identifizierung ihre vielschichtige Vorgehensweise und ihre Auswirkungen.

Klein analysiert detailliert, aus welchen Gründen Fabien die Personen auswählte, mit denen er sich projektiv identifizierte und zeigt dabei genau, dass sich nicht alle Objekte gleichermaßen dafür eignen, einen solchen Vorgang auszulösen. Deshalb findet sich bei ihr eine unerwartete Antwort auf die Frage, die Boesky in Santiago an Steiner richtete: »Liegt nicht bei der Frage, welche Projektionen unbewusst zu einem Enactment mit dem Patienten führen, ein Teil der Verantwortung beim Analytiker? Würde bei diesen beiden Patienten *jeder* Analytiker bei den gleichen projektiven Identifizierungen zum selben Enactment kommen?« (2000, S. 260f., Hervorh. im Orig.). Aus Kleins Position heraus und nicht aus der unserer heutigen intersubjektiven Theorien müssten wir die erste Frage klar bejahen und die zweite verneinen. Daraus ergibt sich aber auch, dass eine den Analytiker einbeziehende projektive Identifizierung ihm oft dazu verhelfen kann, mehr über sich selbst zu erfahren.

Wenn Bion schreibt: »Der Patient hat sogar am Anfang des Lebens ausreichend Kontakt mit der Realität, um in einer Weise handeln zu können, die in der Mutter Gefühle erzeugt, die er selbst nicht haben will oder von denen er wünscht, daß die Mutter sie haben soll« (Bion 1962, S. 77), bezieht er sich auf Kleins Theorie der projektiven Identifizierung. Er postuliert, dass der Phantasieinhalt der projektiven Identifizierung mit einer entsprechenden Haltung einhergeht, um *in* einem Objekt bestimmte Emotionen hervorzurufen. Damit rechtfertigt er Kleins »in« und auch ihr »insofern«, weil diese Phantasie dank der Kombination verschiedener Faktoren nur in der Jetztzeit und nicht absolut realisiert werden kann. Nach Bion ermöglicht der Kontakt mit der Realität die Kontrolle über die Mittel und Wege, die zur Erreichung des Ziels notwendig sind sowie die Tolerierung der Tatsache, dass nicht alles sofort und direkt zu erreichen ist: Ohne diese Voraussetzungen »[bliebe] die Omnipotenzphantasie der projektiven Identifizierung [...] nur eine Omnipotenzphantasie [...]« (Bion 1962, S. 77). Wenn er darauf hinweist, dass die »Gefühle [...], von denen er wünscht, daß die Mutter sie haben soll«, im Objekt hervorgerufen werden können, erweitert Bion das Konzept der projektiven Identifizierung um weitere Aktionen wie Plagiieren und Manipulieren, weil auf diese Weise auch etwas gelernt werden kann (nach dem Prinzip: »Ich will, daß du wütend wirst, damit ich von dir lernen kann, wie man dieses Gefühl kontrolliert«).

Bion lässt uns mit diesen Ausführungen besser verstehen, was Klein mit der etwas unklaren Beschreibung der Szene in dem Roman *Wenn ich du wäre* zwischen Fabien und dem Kellner, der ihm einen Kaffee bringt, zeigen wollte. »Dieser Projektionsversuch führt zu nichts, weil Fabien zu diesem Zeitpunkt noch Rücksicht auf die Gefühle seiner möglichen Opfer nimmt und der Kellner seine Frage, ob er mit ihm tauschen möge, verneint« (Klein 1955, S. 238). Daraus können wir folgern, daß die Art und Weise, in der eine projektive Identifizierung realisiert wird, sowohl bei demjenigen, von dem sie ausgeht wie auch bei demjenigen, der sie empfängt – im Unterschied zur Projektion –, eine bestimmte psychische Disposition erfordert. Der Initiator kann durch eine *Besorgnis* um das Objekt zurückgehalten werden; der potentielle Empfänger kann die projektive Identifizierung zurückweisen. Wie kann er sie zurückweisen? Ausgehend von Bion lässt sich die

Hypothese aufstellen, dass das Objekt auf beschämendes, provozierendes, verwirrendes oder entwertendes Verhalten, das bestimmte emotionale Konstellationen bei ihm hervorrufen soll, mit einer Art ›Undurchlässigkeit‹ oder ›Taubheit‹ reagieren und damit erreichen kann, unbeschädigt aus der Begegnung hervorzugehen. ›Taubheit‹ (aber auch der Versuch, einen bereits induzierten Zustand rückgängig zu machen) kann, wie wir dank Bion wissen, zu einer Intensivierung des Manövers (einer exzessiven projektiven Identifizierung) führen oder dazu, wie im Roman und oft auch im Alltag zu sehen ist, sich ein willigeres Objekt zu suchen, in dem bestimmte seelische Zustände hervorgerufen werden können. Projektive Identifizierung findet keineswegs nur in einer Richtung statt und ohne Rücksicht auf die Komplexität der Beziehung, wie es heutzutage zum Teil vertreten wird, sondern ist, wie sich bereits in der ursprünglichen Formulierung des Konzepts entdecken lässt, das Ergebnis einer intensiven Beziehung – man könnte auch Absprache sagen – zwischen Subjekt und Objekt.

Hanna Segal beschreibt in einer Arbeit, die etwa zur selben Zeit wie die Bions entstanden ist, projektive Identifizierung als eine Phantasie, die sich auf die innere Welt der Person auswirkt, von der sie ausgeht, während die Realität des Objekts durch diesen Vorgang nicht beeinflusst wird. Als Beispiel stellt Segal ein Mädchen vor, das angesichts einer bevorstehenden Behandlungspause einen Fuchs gemalt hatte. Nach Segals Auffassung drückte die kleine Patientin in dieser Zeichnung den »Teil ihrer Persönlichkeit aus, der ein ›glitschiger Fuchs‹ war«, und damit »gelang es ihr, einen Teil ihres Selbst loszuwerden, den sie nicht mochte [...], aber gleichzeitig [in der *Phantasie*][2] Besitz vom Leib der Analytikerin-Mutter« (Segal 1973, S. 48f.) zu nehmen. Wie Segal schreibt, betrat das Kind in der nächsten Stunde »recht ängstlich den Behandlungsraum. [...] Die an der projektiven Identifikation beteiligte *Phantasie* war für sie sehr real« (ebd., Hervorh. durch die Aut.).

Seither sind viele Jahre vergangen und bei der Frage, wie das Objekt in die projektive Identifizierung einbezogen ist und wie sie realisiert wird, werden inzwischen verschiedene theoretische Positionen vertreten. Beispielsweise sprach Ogden von einer intrapsychischen Phantasie, um Teile des Selbst loszuwerden und auf das Objekt Druck

---

[2] Anm. d. Ü.: Dieser von der Autorin hervorgehobene Hinweis auf die Phantasie fehlt in der deutschen Übersetzung der Arbeit Segals.

auszuüben, weil dieses die Phantasie selbst erleben und sich ihr entsprechend verhalten sollte: »Es handelt sich um ganz realen Druck mittels einer Vielzahl von Interaktionen zwischen dem Projizierenden und dem Empfänger« (Ogden 1979, S. 359). Für Kleinianer ist das Containen und Durcharbeiten der projektiven Identifizierungen außerordentlich wichtig, aber sie haben sich nicht ausdrücklich dazu geäußert, wie sie realisiert wird. Selbst in neueren Arbeiten zu diesem Thema ist ihre Position immer noch schwer zu verstehen. Ist es vielleicht (theoretisch) problematisch, reale ›Verhaltensweisen‹ einer psychoanalytischen Untersuchung würdig zu finden? Aber schon Isaacs schrieb, dass unbewusste Phantasien »reale Auswirkungen nicht nur in der inneren Welt des Subjekts haben, sondern auch in der äußeren Welt seiner körperlichen Entwicklung und seines Verhaltens, und daher auch auf Psyche und Körper anderer Menschen« (Isaacs 1948, S. 90).

Feldman weist bereits im Titel seiner Arbeit über projektive Identifizierung auf die Beteiligung des Analytikers hin. Allerdings stellt er als erstes klinisches Beispiel die Phantasien eines Patienten über die innere Verfassung seines Analytikers vor, die dessen Empfindungen nicht entsprachen (der Patient war zur falschen Zeit zu seiner Sitzung gekommen, glaubte aber, der Analytiker habe sich geirrt. Deshalb war er verlegen und wusste nicht, wie er mit der Situation umgehen sollte, während der Analytiker ganz entspannt war, da er sicher war, den richtigen Patienten zur richtigen Zeit vor sich zu haben). Feldman führt aus, dass »die sich in diesen Beispielen manifestierenden projektiven Prozesse [...] nicht davon abhängig waren, daß der Analytiker seine Bereitschaft bewies, die Projektionen des Patienten anzunehmen« (Feldman 1997, S. 230). Dies wäre ein Beispiel für Bions Feststellung, daß »die Omnipotenzphantasie der projektiven Identifizierung [...] nur eine Omnipotenzphantasie [bliebe]« (Bion 1962, S. 77), weil zu fragen wäre, ob eine exzessive Omnipotenzvorstellung nicht mit dem ihr entsprechenden Verhalten in der Realität einhergehen müsste. Könnte es sich um eine ›einfache‹ Projektion handeln? Oder geht es um die durch die projektive Identifizierung hervorgerufene Symmetrie und Verwirrung, wenn der Patient glaubte, es gehe dem Analytiker wie ihm, dass auch er die Zeit verwechselt habe und jetzt nicht wisse, wie er mit der Situation umgehen sollte? Im weiteren Verlauf weist Feldman wiederholt, hervorgehoben durch Anführungszeichen, auf die Auswirkungen dieses Vorgangs in der Realität hin. Durch die Anführungszeichen wird der Leser auf Zusammenhänge hingewiesen, über die er, wie der Autor anscheinend vermutet, nicht genug weiß, weil sie zu einer bestimmten theoretischen Richtung gehören. Damit impliziert der Autor meines Erachtens, dass seine theoretische Position die vorherrschende ist.

Die Anwendung des Begriffs *projektive Identifizierung*

Die hier besprochenen Arbeiten haben das klinische Interesse an projektiver Identifizierung geweckt und den uns bekannten theoretischen Trend ausgelöst, aber auch dazu geführt, dass das Konzept als unzureichend definiert zurückgewiesen oder pleonastisch im Vergleich zu anderen theoretischen Konstruktionen genannt wurde (Meissner 1988).

Bei den Autoren, die mit dem Konzept der projektiven Identifizierung arbeiten, lassen sich in der Literatur verschiedene Anwendungen des Begriffes unterscheiden. Am häufigsten steht der Begriff ›projektive Identifizierung‹ als Synonym für eine Projektion *in* das Objekt. In dieser Bedeutung gibt die Bezeichnung deshalb nicht den ursprünglich mit ihr bezeichneten Vorgang wieder. Denn verglichen mit Kleins Text gibt diese Anwendung den dem Körper der Mutter geltenden Ausstoßungsphantasien den Vorzug und trennt sie von den damit einhergehenden oralen Phantasien. Linguistisch gesehen wird die Funktion des Vorgangs durch den jargonhaft verwendeten Ausdruck ›deponieren‹ bezeichnet (und charakterisiert). Viele Autoren haben implizit oder explizit dieses Konzept übernommen (Bion 1962, 1967; Feldman 1997; Joseph 1987; Ogden 1979; Rosenfeld 1987; Sandler 1988; Segal 1973; J. Steiner 2000).

Damit wird die Untersuchung der Frage eröffnet, »wie projektive Identifizierung funktioniert« (Joseph 1987, S. 91). Die oben zitierten Ausführungen von Bion (1962) stellen den vielleicht wichtigsten Beitrag in dieser Richtung dar.

Ich habe bereits darauf hingewiesen, wie wichtig es ist, dass Fabien mit seinem Chef »verächtlich und von oben herab« (Klein 1955, S. 238) in einem Ton spricht, der zugleich »mit starken physischen Sensationen verbunden ist« (Klein 1955, S. 265). Der Tonfall und nonverbale Zeichen wie Mimik, Körperhaltung und Berührung, verbunden mit Wärme und Rhythmus der Sprache, spielen in den kommunikativen Prozessen zwischen Erwachsenen eine große Rolle. Sie sind auch die Mittel der Wahl in den frühen projektiven Identifizierungen, die zwischen Mutter und Kind – man denke an den *logos* der »toten Mutter« (A. Green 2001) – und Kind und Mutter ablaufen. Nach Rosenfeld (1987) vertrat Bion im Alter die Auffassung, dass diese sogar in der Kommunikation zwischen Mutter und Fötus wirksam sein könnten, weil die Mutter wie durch Osmose ihre völlig unverarbeiteten abnormen psychischen Zustände in den Fötus ›einfließen lassen‹ könne.

Weniger klar wurde die Rolle der Sprache erkannt, einer ›Sprechweise‹, die nach linguistischen Kategorien tatsächlich ›etwas durch Worte bewirkt‹. Sie entwertet, klagt an, löst Mitleid aus, lässt verstummen, macht eifersüchtig, erregt, proviziert schmeichelt, terrorisiert, entmutigt, beunruhigt, beschämt. In den zugrunde liegenden und auf diese Weise hergestellten Beziehungssituationen geht dieses ›Machen‹ damit einher, in einem Objekt oder mehreren die komplexesten emotionalen Konstellationen ›hervorzurufen‹, die einen Kreislauf in Gang halten sollen, der sich wechselseitig induziert und aufrechterhält. Verben, die dieses ›Machen mit Worten‹ bezeichnen, erinnern in ihrem gemeinsamen sprachlichen Erbe an ein vortheoretisches Wissen um psychische Abläufe. Die stark manipulative Komponente wird in der Regel erkannt und zeigt sich in Sätzen wie ›er *möchte* mir die Schuld geben‹, ›er *möchte* mir Angst machen‹, ›er *möchte* mich provozieren‹, weil die Absicht des anderen erkannt wird, eine Form der Kontrolle auszuüben, die einen bestimmten psychischen Zustand hervorrufen, fast aufzwingen will.

Bei derartigen, oft sehr spitzfindigen, verbalen Aktionen fühlt sich der Analytiker zunehmend von einem psychischen Zustand beherrscht, der ihm in gewisser Weise fremd ist, er fühlt sich beschämt, schuldig, voller Mitgefühl, ärgerlich, geängstigt, erregt oder sogar zu entgegenkommend – »zu gut oder zu freundlich oder zu nett« (Joseph 1987, S. 85[3]) – und hört sich selbst mit einer Stimme sprechen, die Ärger oder Angst verrät und sein Bedürfnis, sich zu verteidigen, anzuschuldigen oder zu freundlich zu sein. Um mit diesem in ihm selbst

---

[3] Anm. d. Ü.: In der auf deutsch erschienenen Arbeit von Betty Joseph »Projektive Identifizierung – Klinische Aspekte« sind die in der englischen Ausgabe enthaltenen Diskussionsbemerkungen zu ihrem Vortrag nicht mit aufgenommen.

hervorgerufenen Zustand zurechtzukommen, braucht der Analytiker »einigen Scharfblick« (Bion 1962, S. 78), wenn er herausfinden will, wie der Patient ihn in diesen Zustand versetzt hat.

Diese psychische Verfassung des Analytikers, mit der er sich auseinandersetzen muss, kann ihm einen Zugang zu den inneren Objektbeziehungen des Patienten ermöglichen und ihn merken lassen, wie er selbst zu einem Teilselbst oder Teilobjekt in der Beziehung geworden ist. Er kann dann zu der Hypothese gelangen, dass die »Projektion in das Objekt« durch die verborgene Identifizierung des Patienten mit einem inneren Objekt zustande gekommen ist (womit dieser Vorgang wieder auf das gemeinsame Spiel von Identifizierung und Projektion zurückgeführt wird). Eine Patientin Kernbergs (1988) liefert ein gutes Beispiel. Sie gab in kaum verhüllter Form negative Kommentare über die Stadt ab, in der der Analytiker arbeitete, über sein Aussehen, seine Kleidung und fügte noch die kritischen Bemerkungen ihrer Mutter über den Analytiker hinzu. Diese hatte gemeint, er sei zwar freundlich, »aber es fehle ihm an intellektueller Tiefe und an der ruhigen, festen Selbstgewissheit, die sie an Männern schätze«. Kernberg schreibt, er habe einige Minuten gebraucht, um den »herablassenden Ton« zu erkennen, von dem diese Bemerkung durchdrungen war, während er gleichzeitig »ein Gefühl der Vergeblichkeit und Niedergeschlagenheit« an sich wahrnahm (S. 105), bis er schließlich erfasste, dass die Einstellung seiner Patientin ihm gegenüber »die ruhig überlegene und subtil entwertende Einstellung« der Mutter ihrer Tochter gegenüber wiedergab, über die die Patientin oft gesprochen und sich beklagt hatte (S. 105). In solchen Fällen ist in der Literatur von einer ›Rollenumkehr‹ die Rede (da die Patientin den Analytiker sich wie ein entwertetes und kritisiertes Kind fühlen lässt). Man könnte auch an eine ›Identifikation mit dem Aggressor‹ denken, ein Konzept, das gewisse Ähnlichkeiten mit dem der projektiven Identifizierung aufweist, obwohl es in einem anderen Zusammenhang entstanden ist. Kernberg hebt den ›Tonfall‹ seiner Patientin hervor, der Teil des zuvor beschriebenen ›Machens mit Worten‹ ist, da Worte hier subtil und nachhaltig entwerten, beleidigen, provozieren und beschämen.

In einer zweiten Anwendungsweise wird projektive Identifizierung als eine besondere Form der Identifizierung mit dem Objekt verstanden. Dazu Meltzer: »Klein beschrieb, wie eine omnipotente Phantasie in den Körper und die Psyche einer anderen (äußeren) Person eindringt und damit zu einer narzisstischen Identifizierung und einer entsprechenden Entfremdung von der eigenen wahren Identität führt« (1986, S. 50). Meltzer meint dann weiter, dass die Spaltungs- und Projektionsvorgänge die infantilen Anteile beträfen. Meines Erachtens erwähnt er sie gewissermaßen aus Loyalität zu Kleins Texten, übersieht dabei aber, dass sie mit Identifizierungsprozessen einhergehen. Die theoretische Basis für dieses Konzept findet sich in Kleins Arbeit »Über Identifizierung«. Klein schildert das Treffen zwischen Fabien und dem Kellner, bei dem Fabien zum ersten Mal versuchte, »die Persönlichkeit eines anderen Mannes anzunehmen« (1955, S. 256). Da sie in ihrer Arbeit zeigen möchte, wie die Verwandlungen Fabiens in diesem Roman mittels projektiver Identifizierung zustande kommen, kann dieser Vorgang folgendermaßen beschrieben werden: Projektive Identifizierung ist der Drang, die Persönlichkeit eines anderen Menschen anzunehmen (wobei es sich, wie schon weiter oben ausgeführt, um eine lebende oder tote Person, um eine reale oder auch nur fiktive handeln kann).

Linguistisch wird diese Anwendung des Begriffs durch die Formulierung ›projektiv identifiziert mit‹ angezeigt. Dabei kann es sich um eine dauerhafte Form der Identifizierung mit einem bewunderten oder beneideten Objekt und um eine Entfremdung von der eigenen Identität handeln. Es ist die verzweifelte existentielle Situation von Menschen, deren Leben in der Verkörperung von Rollen besteht. Die Ausführungen Gabbards (2001) zu dem Film *Being John Malkovich* basieren auf dieser Auffassung des Konzepts der projektiven Identifizierung, die sich zum Teil mit den Konzepten des falschen Selbst und der Pseudoreife überschneidet.

Der Begriff der *projektiven Identifizierung* wird auf Situationen angewandt, in denen es vorübergehend oder dauerhaft, teilweise oder völlig kein Getrenntsein geben soll. In Kleins Arbeit habe ich den Satz hervorgehoben: »Insofern nun die Mutter die bösen Selbstanteile in sich enthält, wird sie nicht als getrenntes Individuum, sondern als *das* böse Selbst empfunden« (Klein (1946 [1952a]), S. 17). Demnach lässt sich eine daraus resultierende Konfusion von Selbst und Objekt auf projektive Identifizierung zurückführen. Auch in ihrer Arbeit »Über Identifizierung« beschreibt Klein die Erfahrung, sich dem Objekt ähnlich zu fühlen und darum potentiell in eine Konfusion mit ihm zu geraten. Wie weit es möglich bleibt, sich an ein früheres Selbst zu erinnern, kann ein Kennzeichen für das pathologische Ausmaß des Vorgangs sein (der stärkeren oder geringeren Entfremdung von der eigenen Identität und der leichteren oder schwereren Zugänglichkeit dieser Erinnerung). In diesen Bereich gehören eine ganze Reihe von Phänomenen von normaler Empathie bis hin zu schwereren Konfusionen von Selbst und Objekt. Linguistisch spiegelt sich die Funktion des Vorgangs in Formulierungen wie ›sich in jemand versetzen‹, ›innerlich mit ihm verbunden sein‹. Sich empathisch ›in jemand zu versetzen‹ ist etwas Vorübergehendes; man identifiziert sich mit einem anderen, indem man ›sich in seine Lage versetzt‹, um mehr oder weniger ausgeprägt projektiv zu ›verstehen‹, wie er sich fühlt (daneben bringt die Aufforderung ›versetz dich mal in meine Lage‹ den Wunsch zum Ausdruck, ›versuch mich zu verstehen‹). Wie bereits erwähnt birgt dieser Vorgang die Gefahr, einen unbekannten seelischen Zustand durch den eigenen zu ersetzen, was jeglichen Spielraum beeinträchtigt, Andersartigkeit wahrzunehmen. Der Ausdruck ›versetz dich mal in meine Lage‹ zeigt, dass projektive Identifizierung – ich würde sagen, die ihr zugrunde liegende Phantasie – auch in diesem Sinn zu einem vortheoretischen Wissen gehört, weil dem metaphorischen ›sich in einen anderen zu versetzen‹ eine analog-kognitive Funktion zugeschrieben wird. Es ist interessant, sich in diesem Zusammenhang an die von R. Steiner (1999) herausgearbeitete Beziehung, um nicht zu sagen Überschneidung, zwischen projektiver Identifizierung und Kleins (1930) Theorie der Symbolbildung zu erinnern. Demnach werden eigene Eigenschaften äußeren Objekten zugeschrieben, mit denen man sich dann identifizieren kann (denen man sich ganz oder teilweise ähnlich fühlen kann), so dass sie nicht mehr als so fremd erlebt werden. Im Andersartigen etwas dem Selbst Ähnliches zu suchen, macht die projektive Identifizierung zu einem Instrument, mit dessen Hilfe die Welt verstanden und assimiliert werden kann.

Wenn man klinisch von projektiver Identifizierung spricht, also davon, ›etwas in jemand zu deponieren‹, ist ein höchst invasives und stabiles Beziehungsmuster gemeint, das in extremer Ausprägung die Unterscheidung von Selbst und Objekt aufhebt. Rosenfeld spricht in Situationen dieser Art von einer »totalen projektiven Identifizierung« (1969): einem äußerst schwerwiegenden, unterschwelligen Angriff auf das psychische Leben des Analytikers und des Patienten und darauf, dass beide sich als voneinander getrennt denkende Personen erleben. Diese Situation zeigt sich in lähmendem Schweigen und einer monoton eindringenden, unmodulierten Sprechweise ohne phonetische Signale, auf denen ein Gefühl des Getrenntseins gründen könnte. Sich der vom Patienten ausgehenden ›Gleichmacherei‹ nicht zu entziehen, sie aber auch nicht zu lange oder ausschließlich hinzunehmen, ist eine der anstrengendsten Aufgaben bei der analytischen Arbeit.

Schlussfolgerungen

Die theoretischen Prämissen für die unterschiedlichen, hier beschriebenen Anwendungen des Begriffs der projektiven Identifizierung finden sich in Kleins Texten. In einem Objekt einen psychischen Zustand hervorzurufen, um es nicht nur zu »beschädigen, sondern es auch kontrollieren und in Besitz nehmen« zu können, sich seine Eigenschaften anzueignen (und es gleichzeitig zum Conatiner für unerwünschte eigene Anteile zu machen), sich omnipotent mit dem Objekt zu identifizieren (und ganz von der eigenen Identität zu entfremden), eine intime Erfahrung mit dem Objekt zu teilen, sich in das Objekt zu ›versetzen‹, um es empathisch besser zu erkennen, ›in ein Objekt einzudringen‹, um parasitär in ihm zu existieren, oder ›sich dem Objekt aufzuzwingen‹, um es zu kontrollieren, sind unterschiedliche Formen der Vorgänge, für die Klein in einer Art umfassender Klarifizierung all dieser Phänomene den Begriff projektive Identifizierung vorgeschlagen hat.

Was haben sie gemeinsam?
Sie entstehen alle im Grenzbereich zwischen dem Selbst und dem Anderen: einem Selbst, das sich in unterschiedlichen Entwicklungsstadien befinden und in mehr oder weniger pathologischem Ausmaß leiden kann, sowie einem Anderen, der als ein Anderer dem Selbst die Aufgabe zumutet, mit Andersartigkeit und Getrenntheit zurechtzukommen. Angesichts dieser Andersartigkeit und Getrenntheit treiben unterschiedlich intensive Liebes- und Hassgefühle oder Wissbegierde zu einer mehr oder weniger ausgeprägten Intrusivität dem Objekt gegenüber, zu dessen Aneignung oder Ausstoßung in der Phantasie, zu Vorstellungen, es zu kontrollieren, zu besitzen und zu unterdrücken. Außerdem kann das Objekt als dem Selbst ähnlich ›empfunden‹, empathisch erkannt oder massiv verkannt werden, wenn in schwereren Pathologien eine konfuse Symmetrie zwischen Selbst und Objekt hergestellt wird. Mittels einer total konfusen Identifizierung mit dem Objekt kann dessen Andersartigkeit massiv abgelehnt werden, sie kann

mittels der Entdeckung oder der Illusion übereinstimmender Eigenschaften assimiliert werden, kann heftig unterdrückt oder aus dem Versuch heraus, eine Übereinstimmung zwischen Objekt und Selbst herzustellen, reduziert werden; sie kann omnipotent und wahnhaft ›gewusst‹ werden … Diese psychischen Zustände können das Objekt festlegen und seine Realität unterschiedlich stark *kompromittieren*, was ein wichtiger klinischer Aspekt der Phänomene der projektiven Identifizierung ist. Aber der Andere, der dem Selbst die anstrengende Aufgabe aufbürdet, Getrenntheit und Unterschiedlichkeit zu erkennen und zu akzeptieren, kann je nach seiner eigenen Situation und abhängig von seinen eigenen Fähigkeiten dabei leiden, reagieren, ablehnen, einverstanden sein, transformieren, sich mit dem Selbst überschneiden oder ergänzen und so dazu beitragen, das Phänomen der ›projektiven Identifizierung‹ zu realisieren. Außerdem leistet er seinen Beitrag dazu, wie intensiv diese Realisierung ausfällt und aufrechterhalten wird und wie gravierend ihre Auswirkungen sind. Vom Ausmaß der projektiven Identifizierung (bei aller Unsicherheit, die mit der Vorstellung eines Messens in der Psychoanalyse einhergeht) hängt ab, ob es sich um ein normales oder pathologisches Phänomen handelt, um ein vorübergehendes Verbünden und empathisches Erleben oder um eine Konfusion, um die reversible Identifizierung oder dauerhafte Übernahme der Identität eines anderen, um eine Kommunikation oder einen Angriff, um eine Überwältigung und Unterdrückung oder ein Erkennen, vielleicht auch um eine Projektion oder eine Identifizierung. Zwischen all diesen Gegensatzpaaren und auch innerhalb dieser Paare gibt es eine Vielzahl von Zwischenstadien.

Viele dieser Phänomene werden heutzutage auch in anderen Theoriefeldern untersucht, wobei meist keinerlei Verknüpfung mit der Theorie der projektiven Identifizierung hergestellt wird. Ich denke beispielsweise an Untersuchungen zur Empathie, in denen Klein fast nie erwähnt wird.

Die Vielfalt all der Phänomene, die man dem Konzept der projektiven Identifizierung zuordnen kann, führt zwangsläufig zu der Frage, ob man einen Begriff beibehalten sollte, der all diese Phänomene abdeckt, oder ob man um des wissenschaftlichen Austauschs willen den Begriff ›projektive Identifizierung‹ durch eine phänomenologische und metapsychologische Beschreibung des jeweils zu untersuchenden Phänomens ersetzen sollte.

Das ist eine plausible und vielleicht unumgängliche Lösung, die aber den Korpus der psychoanalytischen Theorie eines Begriffs von großem semantischen Reichtum berauben würde. Er umfasst die sich in der Phantasie abspielenden Bewegungen auf den anderen zu und in ihn hinein, das wechselnde Gleichgewicht zwischen Selbst und Objekt während des ganzen Lebens und von Anfang an, er bekräftigt die Identität oder Ähnlichkeit mit dem Objekt (oder sichert zumindest dessen Kontrolle) bei dem Versuch, mit seiner Andersartigkeit und Getrenntheit auf verschiedene Weise und mit unterschiedlichen Kompromissen zurechtzukommen.

Schließlich: Wie viel kann man eigentlich von der Realität erkennen, ohne auf *projektive Identifizierung* zurückzugreifen?

Aus dem Englischen von Antje Vaihinger[4]

Bibliographie

Bion, W. R (1962b): Learning from Experience. London (Maresfields Reprints, Karnac Books). Dt.: Lernen durch Erfahrung, übers. von E. Krejci. Frankfurt (Suhrkamp) 1990.
– (1967a): Second Thoughts. London (Heinemann).
Boesky, D. (2000): Affect, language and communication. 41st IPA Congress planery session. Internat. J. Psychoanal. 81, 257–61.
Feldman, M. (1997): Projective Identification: The analyst's involvement. Internat. J. Psychoanal. 78, 227–241. Dt.: Projektive Identifizierung: Die Einbeziehung des Analytikers. In: Psyche 53 (1999), 120–138.
Freud, S. (1921c): Massenpsychologie und Ich-Analyse. GW 13, 71–161.
Gabbard, G. O. (2001): Fifteen minutes of fame revisited: Being John Malkovich. Internat. J. Psychoanal. 82, 177–9.
Green, A. (2001): Narcissime de vie. Narcissime de mort. Paris (Minuit).
Green, J. (1947): Si j'étais vous. Dt.: Wenn ich du wäre, übers. von R. v. Janko u. K. Rauch, rev. von E. Edl, München u. Wien (Hanser) 1999.
Isaacs, S. (1952): The nature and function of phantasy. In: M. Klein, P. Heimann, S. Isaacs und J. Riviere (Hg.): Developments in Psycho-Analysis, London (Hogarth Press) 1970.
Joseph, B. (1987): Projective Identification: clinical aspects. In: J. Sandler (Hg.): Projection, Identification, Projective Identification. London

---

[4]   Anm. d. Ü.: Anhand der im IJP veröffentlichten Übersetzung ins Englische durch Harriet Graham. Vergleich der deutschen Übersetzung mit der italienischen Originalfassung durch Susanna Berti.

(Karnac) 1988, 65–76. Dt.: Projektive Identifizierung – Klinische Aspekte. Übers. von E. Vorspohl, in: E. Bott Spillius (Hg.), Melanie Klein Heute, Bd. 1, Stuttgart, 3. Aufl. (Klett-Cotta) 2002, 174–190.

Kernberg, O. (1987): Projection and projective identification: Developmental and clinical aspects. In: Sandler, J. (Hg.): Projection, identification, projective identification. Madison CT (Int. Univ. Press) 1987.

Klein, M. (1930): The importance of symbol-formation in the development of the ego. The Writings of Melanie Klein, vol. II, eds. R. Money-Kyrle, B. Joseph, E. O'Shaughnessy and H. Segal, London (Hogarth Press) 1975. Dt.: Die Bedeutung der Symbolbildung für die Ich-Entwicklung. Internationale Zeitschrift für Psychoanalyse 16, 57–72; auch in dies., Gesammelte Schriften, Bd. I, 1. Hg. von R. Cycon. Stuttgart (frommann-holzboog) 1995.

– (1946): Notes on some schizoid mechanisms. In: Dies.: The Writings of Melanie Klein, vol. III, eds. R. Money-Kyrle, B. Joseph, E. O'Shaughnessy, H. Segal. London (Hogarth Press) 1975. Dt.: Bemerkungen über einige schizoide Mechanismen, neu übers. von E. Vorspohl. In: Dies.: Gesammelte Schriften, Bd. III, hg. von R. Cycon. Stuttgart (frommann-holzboog) 2000, 7–41.

– (1952a): Notes on some schizoid mechanisms. In: Klein, M., Heimann, P., Isaacs, S., Riviere, J. (Hg.): Developments in psycho-analysis. London (Hogarth Press), 292–320.

– (1952b): Some theoretical conclusions regarding the emotional life of the infant. In: The Writings of Melanie Klein, vol. III, eds. R. Money-Kyrle, B. Joseph, E. O'Shaughnessy, H. Segal. London (Hogarth Press) 1975. Dt.: Theoretische Betrachtungen über das Gefühlsleben des Säuglings, übers. von E. Vorspohl. In: Dies.: Gesammelte Schriften, Bd. III, hg. von R. Cycon. Stuttgart (frommann-holzboog) 2000, 105–156.

– (1955): On identification. In: The Writings of Melanie Klein, vol. III, eds. R. Money-Kyrle, B. Joseph, E. O'Shaughnessy, H. Segal. London (Hogarth Press) 1975. Dt.: Über Identifizierung, übers. von E. Vorspohl. In: Dies.: Gesammelte Schriften, Bd. III, hg. von R. Cycon. Stuttgart (frommann-holzboog) 2000, 229–278.

Massidda, G. B. (1999): Shall we ever know the whole truth about projective identification? [Brief] Internat. J. Psychoanal. 80, 365–7.

Meissner, W. W. (1987): Projection and projective identification. In: Sandler, J. (Hg.): Projection, Identification, Projective Identification. London (Karnac).

Meltzer, D. (1986): Studies in extended metapsychology. Clinical implications of Bion's ideas. Strath Tay (Clunie).

– (1992): The claustrum: An investigation of claustrophobic phenomena. Strath Tay (Clunie). Dt.: Das Claustrum. Eine Untersuchung klaustrophobischer Erscheinungen. Übers. von H. Brühmann. Tübingen (edition diskord) 2005.

Ogden, T. (1979): On projective identification. In: Internat. J. Psychoanal. 60, 357–373.

Rosenfeld, H. (1947): Analysis of a schizophrenic state with depersonalization. In ders.: Psychotic States: A Psycho-Analytical Approach. London (Hogarth Press) 1965. Dt.: Analyse einer schizophrenen Psychose mit Depersonalisationserscheinungen. Übers. von C. Kahleys-Neumann. In ders.: Zur Psychoanalyse psychotischer Zustände. Frankfurt/M. (Suhrkamp) 1981, 11–35.

– (1947): Analysis of a schizophrenic state with depersonalization. In ders.: Psychotic States: A Psycho-Analytical Approach. London (Hogarth Press) 1965. Dt.: Analyse einer schizophrenen Psychose mit Depersonalisationserscheinungen. Übers. von C. Kahleys-Neumann. In ders.: Zur Psychoanalyse psychotischer Zustände. Frankfurt/M. (Suhrkamp) 1981, 11–35.

– (1969): Contribution to the psychology of psychotic states. The importance of projective identification in the ego structure and the object relations of the psychotic patient. In: Doucet, P., Laurin, C., (Hg.) Problems of psychosis. Amsterdam (Excerpta Medica).

– (1987): Impasse and Interpretation. London (Routledge). Dt.: Sackgassen und Deutungen. Übers. von M. Looser, München und Wien (Verlag Internationale Psychoanalyse) 1990.

Sandler, J. (1987): The concept of projective identification. In: Projection, Identification, Projective Identification, ed. J. Sandler. Madison, CT (IUP), 13–26. Dt. 1988: Das Konzept der projektiven Identifizierung. Ztschr. f. psychoanal. Theorie und Praxis 3, 147–164.

Segal, H. (1965): Introduction to the Work of Melanie Klein. London (Heinemann). Dt.: In dies.: Melanie Klein. Eine Einführung in ihr Werk. Übers. von G. Vorkamp, München (Kindler) 1974. Unveränderter Nachdruck, Tübingen (edition diskord) 2004.

Steiner, J. (1999): Who influenced whom? And how? [Brief] Internat. J. Psychoanal. 80, 245–55.

– (2000): Containment, enactment and communication. Internat. J. Psychoanal. 81, 367–374.

Wilgowicz, P. (2004): Les baisers de vampyr tel qu'en son art Edvard Munch les sublime. In: Babonneau, M., Varga, K. (Hg.): La sublimation. Paris (im Druck).

Brief an die Herausgeber
zum Artikel »Projektive Identifizierung«

Dear Editors,

Ich möchte Dr. Giovanna Goretti (2007) zu ihrem bewundernswerten und kenntnisreichen Überblick über das Konzept der projektiven Identifizierung und zu ihrer ausgezeichneten Auflistung der unterschiedlichen Anwendungsbereiche dieses Konzepts gratulieren. Sie hat dieses umfassende Thema gründlich untersucht und das Konzept und dessen Spannweite von normalen bis hin zu pathologischen Phänomenen sowie seine Entstehung von den frühesten Anfängen bei Klein, Rosenfeld, Bion und anderen genauestens durchdacht. Dabei hat sie vor allem zwei Fragen aufgeworfen: Ist das Konzept in seiner heutigen Form zu breit angelegt und zu umfassend? Und: »Wie viel kann man eigentlich von der Realität erkennen, ohne auf *projektive Identifizierung* zurückzugreifen?« (S. 190, Hervorh. i. Orig.). Ich möchte versuchen, beide Fragen kurz zu beantworten.

In meinen eigenen Arbeiten zu diesem Thema schlage ich vor, sich bei der Definition der projektiven Identifizierung an Kleins ursprüngliche Auffassung der projektiven Identifizierung als einer intrapsychischen omnipotenten und Teilobjekte einschließenden Phantasie zu halten; für deren intersubjektive (transpersonale, ganzen Objekten geltenden) Manifestationen schlage ich dagegen den Begriff »projektive *Trans*identifizierung« (Grotstein 2005) vor. Als unbewusste Phantasie dient die projektive Identifizierung dem Mechanismus der *intrapsychischen Verschiebung von Teilobjekten in unbewusste Phantasien (also eine ›Scheinwelt‹)*, während ihre Funktion bei ganzen Objekten meines Erachtens noch durch einen weiteren Mechanismus ergänzt werden muss, um der unbewussten Kommunikation zwischen zwei realen menschlichen Individuen (ganzen Objekten) zu dienen. In dieser Arbeit entwickelte ich die Hypothese, dass man zwar davon sprechen könne, im *Erleben* oder in einer *unbewussten Phantasie* in eine andere Person zu projizieren, dass man aber *metapsychologisch* nicht wirklich in einen anderen projizieren kann, sondern nur in dessen *Bild* (ein inneres Objekt) bzw. in den *Repräsentanten* dieser Person – und dann versuchen kann, dieses Bild (Teilobjekt) mittels ›mitfühlender Magie‹ (wobei es zu einer Konfusion von ganzem und Teilobjekt kommt) zu manipulieren, um das ganze Objekt magisch zu kontrollieren. Wenn das Objekt tatsächlich reagiert, könnte noch ein weiterer Faktor beteilig sein: *gestikulieren, in Gang bringen, anstoßen.* Bion (1973, persönliche Mitteilung 1978), der als erster das Konzept der projektiven Identifizierung als intersubjektives Phänomen und als eine Form der unbewussten Kommunikation aufgefasst hat, scheint diese Auffassung später in Frage gestellt zu haben. »Ich hatte den Eindruck, dass ich mich verfolgt fühlen konnte, wenn ein Patient mit einer projektiven Identifizierung beschäftigt war … Wenn dies zutrifft, kann man zwar immer noch *an der Theorie einer omnipotenten Phantasie festhalten, man könnte sich aber auch fragen, ob es nicht noch eine andere Theorie geben könnte,* die erklären würde, was der Patient mit dem Analytiker macht, damit dieser sich fühlt, wie er sich fühlt« (1973, S. 105 f., Hervorh. von mir).

Um Dr. Gorettis zweite Frage zu beantworten, möchte ich wiederum Bion heranziehen, insbesondere seine Arbeiten über das Träumen. Bion (1962) scheint den Mechanismus der Wahrnehmung mit Wachträumen zu verknüpfen, in denen das Subjekt projektive Identifizierung sowohl auf inhärente wie erworbene Präkonzepte anwendet, wenn es auf die vom Objekt ausgehenden Stimuli reagiert. Meines Erachtens erfassen wir die Realität auf diese Weise (Grotstein 2002). Deshalb teile ich Dr. Gorettis Auffassung.

Es hat mich außerdem beeindruckt, wie Dr. Goretti sich mit der Komplexität des Konzepts der *Identifizierung* auseinandergesetzt hat. Für mich geht es bei diesem Thema um die Frage, unter welchen Bedingungen die Identifizierung mit einem Objekt zu einer Konfusion mit diesem führt und wann nicht (Empathie). Bion (1970) sah eine mögliche Antwort darin, dass der Analytiker der Patient »werde« (S. 26, 30). Er implizierte, dass es im Unbewussten des Analytikers zu einer – getrennten – Resonanz auf den emotionalen Zustand des Patienten und damit zu einer Annäherung komme. Vielleicht trägt das neue Konzept der *Spiegelneuronen* dazu bei, eine Antwort auf dieses Dilemma zu finden, da es impliziert, dass die Fähigkeit zur Empathie in unserer neuronalen Struktur angelegt ist.

Abschließend möchte ich Dr. Goretti noch einmal für ihren wichtigen und lobenswerten Beitrag danken. Allein schon ihr genaues Studium der Texte Kleins zu diesem Thema ist ein großes Verdienst.

James S. Grotstein, 5.6.2007

Literatur

Bion, W. R. (1962b): Learning from Experience. London (Maresfields Reprints, Karnac Books) 1984. Dt.: Lernen durch Erfahrung, übers. von E. Krejci. Frankfurt (Suhrkamp) 1990.

- (1970): Attention and Interpretation. London (Tavistock Publications). Dt.: Aufmerksamkeit und Deutung, übers. von E. Vorspohl, Tübingen (edition diskord) 2006.

- (1973): Brazilian Lectures 1. Imago (Rio de Janeiro). Nachdruck London (Karnac Books) 1990.

Goretti, G. R. (2007): Projective identification: A theoretical investigation of the concept starting from ›Notes on some schizoid mechanisms‹. Internat. J. Psychoanal. 88, 387–406.

Grotstein, J. S. (2002): »We are such stuff as dreams are made on«: Annotations on dreams and dreaming in Bion's works. In: Neri, C., Pines, M. und Friedman, R. (Hg.): Dreams in group psychotherapy: Theory and technique. London (Jessica Kingsley), 110–145.

- (2005): ›Projective *Trans*identification‹: An extension of the concept of projective identification. Internat. J. Psychoanal. 86, 1051–69. Dt.: ›Projektive *Trans*identifizierung‹: Eine Erweiterung des Konzepts der projektiven Identifizierung. In: G. Junkers (Hg.): Verkehrte Liebe. Ausgewählte Beiträge aus dem Internat. J. Psychoanal., Bd. 1, 2006, 159–186.

Antwort der Autorin auf Dr. Grotsteins Brief

Dear Editors,

Es freut mich, dass Dr. Grotstein, eine Autorität auf dem Gebiet der projektiven Identifizierung, meine Arbeit schätzt und vielen meiner Ausführungen zustimmt. Insbesondere freut mich sein Interesse an den vielen Formen der Identifizierung, die mit dem Konzept der projektiven Identifizierung erfasst werden sowie an der Beziehung zwischen projektiver Identifizierung und Wissen/Erkenntnis. Gestatten Sie mir, seine eigene Darstellung des Erkenntnisprozesses zu zitieren, die er zum einen von Bion (1962) und zum anderen aus seiner eigenen Erfahrung abgeleitet hat, nach der »das Subjekt projektive Identifizierung sowohl auf inhärente wie erworbene Präkonzepte anwendet, wenn es auf die vom Objekt ausgehenden Stimuli antwortet. Meines Erachtens erfassen wir die Realität auf diese Weise« (Grotstein 2002). Ich denke, diese Beschreibung trifft auch auf die Empathie zu, wie ich in meiner Arbeit dargelegt habe, sowie auf den Vorgang, »zum Patienten zu werden«. Auch wenn Dr. Grotstein sich nicht explizit dazu äußert, geht auch er vermutlich davon aus, dass der Analytiker nur vorübergehend zum Patienten »wird«, um dann anschließend wieder er selbst zu sein statt in eine unentwirrbare Konfusion mit dem Patienten zu geraten.

Ich verstehe Dr. Grotsteins Brief als Einladung, sich erneut mit der projektiven Identifizierung auseinanderzusetzen, aber im begrenzten Rahmen meines Antwortschreibens kann ich nur wiederholen, dass sie meines Erachtens nicht durch »einen weiteren Mechanismus ergänzt werden muss, um der unbewussten Kommunikation zwischen zwei realen menschlichen Individuen zu dienen«. Ich gehe eher davon aus, dass projektive Identifizierung eben durch diese »zusätzlichen Mechanismen« – gestikulieren, in Gang bringen, anstoßen, aber auch einfach durch verbale Äußerungen – funktioniert. Hätten Bion und seine Nachfolger der mütterlichen Funktion (und analog der des Analytikers) des Aufnehmens, Containens und Transformierens der projektiven Identifizierungen des Kindes (und des Patienten) so viel Bedeutung eingeräumt, wenn projektive Identifizierung nicht tatsächlich das Objekt modifizierte? Ich halte projektive Identifizierung für einen sehr wichtigen Mechanismus, da er sich in dem Grenzbereich abspielt, in dem ein äußeres Objekt auf die Psyche (oder eher auf Psyche-Soma) eines anderen einwirkt, und dessen Reaktion wiederum zur Entwicklung psychischer Gesundheit oder Pathologie beiträgt. Vielleicht wird der Abstand zwischen Dr. Grotsteins Auffassung und meiner in den nächsten Jahren ja geringer.

Heute nur so viel, dass ich ihm für seinen Brief danke, über den ich mich sehr gefreut habe.

Mit freundlichen Grüßen

Giovanna Regazzoni Goretti
31.7.2007

Aus dem Englischen von Antje Vaihinger

Literatur

Grotstein, J. S. (2002): »We are such stuff as dreams are made on«: Annotations on dreams and dreaming in Bion's works. In: Neri, C., Pines, M. und Friedman, R. (Hg.): Dreams in group psychotherapy: Theory and technique. London (Jessica Kingsley), 110–145.

Thomas H. Ogden
Träumerisches Sprechen[1]

»Tante, sprich mit mir; ich fürchte mich, weil es so dunkel ist.« Die Tante rief ihn an: »Was hast Du denn davon? Du siehst mich ja nicht.« »Das macht nichts,« antwortete das Kind, »wenn jemand spricht, wird es hell« (Freud 1905, S. 126).

Ich betrachte die Idee, dass jeder Psychoanalytiker die Psychoanalyse mit jedem Patienten neu erfinden muss, als grundlegend für mein Verständnis von Psychoanalyse. Nicht zuletzt wird dies durch ein fortlaufendes Experiment im Rahmen der psychoanalytischen Situation erreicht, in dem der Patient und der Analytiker bestimmte Arten miteinander zu reden erschaffen, die für jedes analytische Paar zu einem bestimmten Zeitpunkt der Analyse einzigartig sind.

In dieser Arbeit werde ich mich hauptsächlich auf Formen des Gesprächs zwischen Patient und Analytiker konzentrieren, die auf den ersten Blick »unanalytisch« erscheinen könnten, weil der Patient und der Analytiker über Dinge reden wie Bücher, Gedichte, Filme, grammatikalische Regeln, Etymologie, Lichtgeschwindigkeit, den Geschmack von Schokolade und so weiter. Auch wenn es anders scheinen mag, kann dieses »unanalytische Gerede« nach meiner Erfahrung dazu führen, dass Patient und Analytiker anfangen können, gemeinsam zu träumen, auch wenn sie zuvor dazu nicht in der Lage waren. Ich werde diese Art von Sprechen als »träumerisches Sprechen« bezeichnen. Wie freies Assoziieren (und anders als eine gewöhnliche Konversation) tendiert träumerisches Sprechen dazu, ein beträchtliches Maß an primärprozesshaftem Denken mit einzuschließen, und außerdem etwas, was (aus dem Blickwinkel des sekundärprozesshaften Denkens) als sprunghaftes unlogisches Denken erscheint.

Wenn eine Analyse ein »Unternehmen im Fluss« (Winnicott 1964, S. 27) ist, können sich der Patient und der Analytiker jeweils für sich allein und auch miteinander auf einen Prozess des Träumens einlassen. Die »Schnittmenge« zwischen dem Träumen des Patienten und dem Träumen des Analytikers ist der Ort, an dem Analyse stattfindet (Winnicott 1971[2006, S. 49]). Das Träumen des Patienten manifestiert

---

[1]   Im Original »talking-as-dreaming« (Anm. d. Ü.).

sich unter diesen Umständen in der Form freier Assoziationen (oder in der Kinderanalyse im Spiel); das Wachträumen des Analytikers zeigt sich oft als Reverie. Wenn ein Patient nicht fähig ist zu träumen, wird diese Schwierigkeit zum drängendsten Aspekt der Analyse. Solche Situationen sind der Fokus dieser Arbeit.

Ich betrachte das Träumen als die wichtigste psychoanalytische Funktion der Seele (mind): Wo es eine unbewusste ›Traum-Arbeit‹ gibt, gibt es auch eine unbewusste ›Verstehens-Arbeit‹ (Sandler 1976, S. 40); wo es einen unbewussten »Träumer gibt, der den Traum träumt« (Grotstein 2000, S. 5), gibt es auch einen unbewussten »Träumer, der den Traum versteht« (S. 9). Wäre dies nicht der Fall, würden nur Träume, die erinnert und im Rahmen einer analytischen Situation oder in der Selbst-Analyse gedeutet werden, seelische Arbeit leisten. Nur wenige Analytiker würden heute noch an der Vorstellung festhalten, dass nur erinnerte und gedeutete Träume seelisches Wachstum fördern.

Die Beteiligung des Analytikers am träumerischen Sprechen des Patienten beinhaltet eine besondere analytische Art und Weise, mit einem Patienten zusammen zu sein. Diese ist immer durch die analytische Aufgabe bestimmt, dem Patienten dabei zu helfen, offener für sein Erleben zu sein, lebendiger, ›ein ganzer Mensch‹. Außerdem unterscheidet sich träumerisches Sprechen von anderen Gesprächsformen, die oberflächlich gesehen ähnlich wirken (wie absichtloses Plaudern oder sogar ein substanzielles Gespräch zwischen Eheleuten, zwischen einem Elternteil und einem Kind oder zwischen Geschwistern). Was träumerisches Sprechen auszeichnet, ist, dass der in dieser Art der Zwiesprache engagierte Analytiker kontinuierlich zwei unauflöslich miteinander verwobene Ebenen dieser emotionalen Erfahrung beobachtet und im Selbstgespräch reflektiert, nämlich: 1) träumerisches Sprechen als eine Erfahrung des Patienten, lebendig zu werden, wenn er sein emotionales Erleben träumt, und 2) das Nachdenken und manchmal auch Reden von Analytiker und Patient über die Erfahrung, einige Bedeutungen der emotionalen Situation zu verstehen, der sie im Prozess des Träumens ausgesetzt sind.

Ich werde zwei klinische Beispiele für träumerisches Sprechen vorstellen. Im ersten Beispiel sprechen eine Patientin und ein Analytiker auf eine Weise miteinander, in der gewisse Aspekte der Erfahrung der Patientin (und in einem gewissen Sinne auch ihres Vaters) geträumt werden, die die Patientin zuvor fast gar nicht träumen konnte. Im zweiten klinischen Beispiel lassen sich Patient und Analytiker auf eine Form von träumerischem Sprechen ein, bei dem der Analytiker an den ersten Versuchen des Patienten teilnimmt, sich selber »zu erträumen«, »sich in sein eigenes Dasein zu träumen«.

Ein theoretischer Kontext

Der theoretische Kontext für diesen Beitrag basiert auf Bions (1962a [2004], 1962b, 1992) radikaler Umgestaltung der psychoanalytischen Konzeption des Träumens und der Unfähigkeit zu träumen. So wie Winnicott den Fokus der psychoanalytischen Theorie und Praxis vom Spiel (als einer symbolischen Repräsentation der inneren Welt des Kindes) auf die Erfahrung des Spielens verlagerte, so verschob Bion den Fokus vom symbolischen Inhalt der Gedanken zum Prozess des Denkens, von der symbolischen Bedeutung der Träume hin zum Prozess des Träumens.

Nach Bion (1962a [2004]) transformiert die »Alpha-Funktion« (ein Bündel noch unbekannter und vielleicht auch nicht erkennbarer geistig-seelischer Fähigkeiten) rohe »Sinnesempfindungen, die mit emotionaler Erfahrung verbunden sind« (S. 63), in Alpha-Elemente, die miteinander verbunden werden können, um affekt-besetzte Traumgedanken zu bilden. Ein Traumgedanke stellt ein emotionales Problem dar, mit dem sich der Träumer auseinandersetzen muss (Bion 1962a, 1962b; Meltzer 1983), und liefert so den Antrieb für die Entwicklung der Fähigkeit zum Träumen (die gleichbedeutend ist mit der Fähigkeit zu unbewusstem Denken). »[Traum-]Gedanken erfordern einen seelischen Apparat, um mit ihnen umgehen zu können ... Denken [Träumen] muss entstehen, um mit [Traum-]Gedanken umgehen zu können« (Bion 1962b, S. 306). Ohne Alpha-Funktion (sei es die eigene oder die von einer anderen Person zur Verfügung gestellte) können wir nicht träumen und deshalb keinen Gebrauch machen von der erlebten vergangenen und gegenwärtigen emotionalen Erfahrung, d. h. wir können mit ihr keine unbewusste seelische Arbeit leisten. Demzufolge ist eine Person, die nicht fähig ist, zu träumen, in einer endlosen, sich nie verändernden Welt gefangen, die einfach so bleibt, wie sie ist.

Eine Erfahrung, die nicht geträumt werden kann, kann ihre Ursprünge in einem Trauma haben – unerträglich schmerzhafter emotionaler Erfahrung wie dem frühen Tod eines Elternteils, dem Tod eines Kindes, Kriegserlebnissen, Vergewaltigung oder Gefangenschaft in einem Todeslager. Unträumbare Erfahrung kann aber auch von einem »intrapsychischen Trauma« herrühren, d. h. von Erfahrungen, durch bewusste und unbewusste Phantasien überwältigt zu werden. Die letztere Form des Traumas kann vom Versagen einer Mutter her stammen, ihr Kind adäquat seelisch zu halten und seine frühen Ängste zu bergen, oder auch von einer konstitutionellen seelischen Zerbrechlichkeit, die das Individuum als Kleinkind und Kind unfähig macht, seine emotionale Erfahrung zu träumen, auch nicht mit der Hilfe einer genügend guten Mutter. Erfahrung, die nicht geträumt werden kann – mag sie nun die Folge vorwiegend äußerer oder innerseelischer Kräfte sein – wirkt im Individuum als ungeträumte Träume in Form von psychosomatischen Erkrankungen, einer abgespaltenen Psychose, »affekt-entleerten« Zuständen (McDougall 1984), autistischen Bereichen (Tustin 1981[1989]), schweren Perversionen (De M'Uzan 2003) und Suchtverhalten fort.

Es ist diese Konzeption des Träumens und der Unfähigkeit zu träumen, die meinem Denken über die Psychoanalyse als einem therapeutischen Prozess zugrunde liegt. Wie ich in früheren Arbeiten ausgeführt habe (Ogden 2004, 2005), betrachte ich die Psychoanalyse als eine Erfahrung, in der Patient und Analytiker sich auf ein Experiment innerhalb des analytischen Rahmens einlassen, das die Bedingungen schaffen soll, unter denen der Analysand (unter Mitwirkung des Analytikers) fähig werden kann, vormals nicht träumbare emotionale Erfahrung (seine »ungeträumten« Träume) zu träumen. Ich betrachte träumerisches Sprechen als eine Improvisation in der Form eines locker strukturierten Gesprächs (das im Prinzip jedes Thema betreffen kann), wobei der Analytiker am Träumen vormals ungeträumter Träume des Patienten beteiligt ist. Dadurch ermöglicht der Analytiker es dem Patienten, sich vollständiger in sein eigenes Dasein zu träumen.

Bruchstücke aus zwei Analysen

Ich stelle nun zwei klinische Beispiele psychoanalytischer Arbeit mit Patienten dar, die in ihrer Fähigkeit, emotionale Erfahrung in der Form freier Assoziationen oder anderer Formen des Träumens zu träumen, stark eingeschränkt waren. In beiden Analysen konnten die Patienten schließlich mit Hilfe des Analytikers damit beginnen, sich auf echtes Träumen in der Form träumerischen Sprechens einzulassen.

I. Träumerisches Sprechen bislang ungeträumter Träume

Frau L., eine hochintelligente und erfolgreiche Frau, begann eine Analyse, weil sie durch intensive Ängste gequält wurde, ihr siebenjähriger Sohn Aaron könnte krank werden und sterben. Sie litt ebenfalls an einer fast unerträglichen Angst, selbst zu sterben, die sie oft wochenlang handlungsunfähig machte. Diese Ängste wurden durch ihr Gefühl verschlimmert, dass ihr Ehemann so egozentrisch sei, dass er – falls er etwas zustieße – unfähig wäre, sich um ihren Sohn zu kümmern. Frau L. war derart mit ihren Ängsten hinsichtlich ihres eigenen Lebens und desjenigen ihres Sohnes beschäftigt, dass sie in den ersten Jahren der Analyse über fast nichts anderes reden konnte. Andere Aspekte ihres Lebens schienen keine emotionale Bedeutung für sie zu haben. Die Vorstellung, dass sie zu mir käme, um über ihr Leben nachzudenken, machte für die Patientin praktisch keinen Sinn – sie kam zu jeder ihrer täglichen Sitzungen in der Hoffnung, dass ich sie von ihren Ängsten befreien könnte. Das Traumleben von Frau L. bestand fast vollständig aus »Träumen«, die keine Träume waren (Bion 1962a [2004]; Ogden 2003, 2004), d. h. die Erfahrung der sich wiederholenden Träume und Albträume, in denen sie hilflos war und Katastrophe um Katastrophe nicht verhindern konnte, brachte keine Veränderung mit sich. Meine eigene Reverie-Erfahrung war karg und für seelische Arbeit nicht brauchbar. (Vgl. Ogden 1997a, 1997b [2001], für eine ausführliche Diskussion des analytischen Gebrauchs der Reverie-Erfahrung).

Von Anbeginn der Analyse war die Sprechweise der Patientin sehr charakteristisch. Sie sprach krampfartig und stieß Wortklumpen heraus, als wollte sie so viele Worte wie nur möglich in einen Atemzug packen. Es kam mir vor, als hätte Frau L. Angst, dass sie jeden Moment keine Luft mehr bekommen oder von mir mit den Worten unterbrochen würde, ich hätte genug gehört und könne kein einziges Wort mehr ertragen.

Zu Beginn des zweiten Analysejahres schien die Patientin jegliche Hoffnung verloren zu haben, dass ich ihr in irgendeiner Weise helfen könnte. Wenn ich etwas sagte, machte sie nur eine kurze Pause und verfolgte dann den Gedankengang weiter, den ich unterbrochen hatte. Sie schien nicht im Geringsten interessiert an dem, was ich zu sagen hatte – vielleicht weil sie an meinem Tonfall und Sprechrhythmus sogleich hören konnte, dass das, was ich ihr sagen würde, ihr nicht die erhoffte Erleichterung brächte. Die Patientin reagierte auf die Mischung aus Angst und Verzweiflung, die sie empfand, indem sie die Sitzungen mit Wortklumpen überflutete, so dass jegliche Gelegenheit für echtes Träumen und Nachdenken (für sie wie für mich) unterging. In einer Sitzung während dieser Analysephase sagte ich zu Frau L., dass ich dächte, für ihr Gefühl gebe es so wenig von ihr selbst, dass sie sich nicht vorstellen könne, genügend Substanz für Veränderung durch Nachdenken und Träumen zu haben. (Ich dachte an ihre Unfähigkeit zu sprechen, ohne ihre Sätze und Abschnitte in Stücke zu zerhacken. Die Erleichterung, die sie sich von mir erhoffte, war der einzige Weg, wie sie sich eine Veränderung ihres Lebens vorstellen konnte). Nachdem ich diese Beobachtung formuliert hatte, schwieg die Patientin ein ganz klein wenig länger als gewöhnlich, bevor sie in ihrer gewohnten Weise weitersprach. Ich sagte, meine Bemerkung eben sei ihr wohl nutzlos vorgekommen.

In den Monaten vor der Sitzung, über die ich nun berichten werde, sprach die Patientin etwas weniger gepresst. Sie war zum ersten Mal in der Lage, mit Gefühl über ihre Kindheitserfahrungen zu sprechen. Bis zu diesem Punkt war es so, als hätte die Patientin das Gefühl, es gäbe nicht genügend »Zeit« (d. h. seelischen Raum), um über etwas anderes nachzudenken und zu reden als über ihre Anstrengungen, mit dem Leben klarzukommen und sich davor zu schützen, den Verstand zu verlieren. Die Angst der Patientin zu sterben und ihre Sorgen über Aaron hatten sich so weit verringert, dass sie zum ersten Mal seit seiner Geburt wieder etwas lesen konnte. Lesen und Literaturstudium waren ihre Leidenschaften im Gymnasium und an der Universität gewesen. Aaron war nur wenige Monate nach der Fertigstellung ihrer Dissertation zur Welt gekommen.

Die Sitzung, die ich diskutieren werde, war eine Montagssitzung, die die Patientin damit begann, dass sie über das Wochenende wieder einmal J. M. Coetzees Erzählung *Schande* (1999 [2003]) gelesen habe. (Frau L. und ich hatten im Verlauf des vergangenen Analysejahres kurz über Coetzees Werk gesprochen. Wie Frau L. bewundere ich Coetzee als Schriftsteller sehr, was sicher in den kurzen Gesprächen über ihn zum Ausdruck gekommen war). Frau L. sagte: »Es gibt da etwas an diesem Buch (welches in Südafrika nach dem Ende der Apartheid-Herrschaft spielt), das mich zu ihm zurückzieht. Der Er-

zähler (ein Universitätsprofessor) versucht sich selbst ins Leben zu-
rückzubringen – falls er überhaupt je lebendig war –, indem er mit
einer seiner Studentinnen Sex hat. Es scheint unvermeidlich, dass sie
ihn anzeigen wird, und als sie es schließlich tut, weigert er sich, sich
zu verteidigen. Er bringt nicht einmal die Floskel über sich, vor dem
Vorstand der Universität seine Reue zu bekunden, wie es ihm seine
Freunde und Kollegen dringend nahelegen. Also wird er gefeuert. Es
ist, als habe er sich sein ganzes Leben lang wie eine Schande gefühlt,
und als sei dieser Zwischenfall nur der letzte Beweis dafür, den er
weder zurückweisen kann noch will.«

Obwohl die Patientin in ihrer typischen Art sprach (Worte platzten
in Klumpen aus ihr heraus), war unübersehbar, dass eine Veränderung geschah: Frau L. sprach mit echter Lebendigkeit in der Stimme
über etwas, das nicht direkt mit ihren Ängsten hinsichtlich Aarons
Sicherheit oder ihrer eigenen Gesundheit zusammenhing. (Man muss
berücksichtigen, dass diese Veränderung sich nicht plötzlich in der
beschriebenen Sitzung ereignete. Vielmehr entwickelte sie sich im
Verlaufe von Jahren, beginnend mit einer witzigen Bemerkung hier,
einem unbeabsichtigten, aber zur Kenntnis genommenen Wortspiel
dort, oder einem gelegentlichen Traum, der ein bisschen Lebendigkeit
enthielt, oder einer unerwartet vitalen Reverie meinerseits. Sehr langsam wurden solche verstreuten Ereignisse Elemente einer unbefange-
nen Art des Miteinanders, die in einer Form lebendig wurde, die ich
hier zu beschreiben unternehme).

Ich teilte der Patientin meinen Gedanken nicht mit, dass sie in
ihren Einfällen über den Erzähler vielleicht auch über einen eigenen
seelischen Konflikt zu sich selbst und zu mir spräche, nämlich dass
ein Teil ihrer selbst (der mit der Weigerung des Erzählers, zu lügen,
identifiziert war), mit einem anderen Teil in Konflikt stand (für den
Todesängste die Möglichkeiten für echtes Denken, Fühlen und Sprechen versperrten). Hätte ich ihr irgendetwas davon gesagt, wäre dies
gleichbedeutend damit gewesen, sie aus einer ihrer vermutlich ersten
Erfahrungen des Träumens in der Analyse aufzuwecken, um ihr mein
Verständnis des Traumes mitzuteilen. Es war dennoch wichtig, dass
ich diese Deutung still für mich selbst formulierte, weil ich – wie wir
noch sehen werden – zu dieser Zeit etwas sehr Ähnliches tat wie Frau
L.: Auch ich vermied es zu denken und zu fühlen.

Ich sagte zu Frau. L.: »Coetzee's Stimme in *Schande* ist eine der
unsentimentalsten Stimmen, die ich je gelesen habe. Er macht in jedem

Satz klar, dass er es verabscheut, die Kanten menschlicher Erfahrung abzuschleifen. Eine Erfahrung ist, was sie ist, nicht mehr und nicht weniger.« Als ich dies sagte, hatte ich das Gefühl, dass ich in eine Form des Denkens und Sprechens mit der Patientin eintrat, die anders war als alles, was bisher in der Analyse stattgefunden hatte.

Ich war ein wenig überrascht, als Frau L. das Gespräch aufgriff, indem sie sagte: »Es geschieht etwas *zwischen* den Personen und *in* den Personen, das auf seltsame Weise stimmt – egal wie schrecklich es ist.«

Dann sagte ich etwas, das sich selbst damals wie ein Gedankensprung anfühlte: »Man kann in Coetzees frühen Büchern einen Schriftsteller hören, der noch nicht wusste, wer er als Schriftsteller oder sogar als Person war. Er ist ungeschickt, versucht dies und jenes. Ich geniere mich manchmal mit ihm.« (Ich spürte, dass die Worte »mit ihm« mehr aussagten über das, was ich in der Sitzung mit Frau L. fühlte, als die Worte »für ihn« ausgedrückt hätten. Ich unterstrich meine eigene Selbstunsicherheit und jene, die ich bei der Patientin zu spüren glaubte angesichts unserer noch ungeschickten Bemühungen, in dieser neuen Weise zu reden, denken und zu träumen.)

Frau. L. sagte dann in einem weiteren unserer Gedankensprünge: »Sogar nachdem seine Tochter vergewaltigt wurde und ihre geliebten Hunde erschossen wurden, fand der Erzähler einen Weg, Bruchstücken seiner Menschlichkeit, die für ihn noch lebendig waren, treu zu bleiben. Nachdem er dem Tierarzt geholfen hatte, den Hunden, die keinen Platz auf dieser Erde hatten und niemanden, zu dem sie gehörten, den Gnadentod zu geben, ersparte er den Hundekadavern, so unwürdig wie Abfall behandelt zu werden. Er machte es sich zur Aufgabe, sehr früh am Morgen dort zu sein, um die Hundeleichen eigenhändig in den Verbrennungsofen zu legen, anstatt sie einfach den Arbeitern zu übergeben, die den Ofen bedienten. Er konnte es nicht ertragen zuzusehen, wie die Arbeiter Schaufeln benutzten, um die im Tode erstarrten und ausgestreckten Läufe der Hunde zu zertrümmern. Wegen der ausgestreckten Läufe war es schwer, die Hunde durch die Tür des Ofens zu zwängen.« Es war Trauer und Wärme in der Stimme von Frau. L., während sie sprach. Noch während sie redete, erinnerte ich mich an ein Gespräch mit einem engen Freund, kurz nachdem er von einem Krankenhausaufenthalt nach Hause gekommen war. Es schien so gut wie sicher, dass er sterben würde. Er erzählte mir, dass er von dieser Erfahrung etwas gelernt habe: »Sterben braucht keinen Mut. Es ist wie auf einem Förderband, das Dich zum Ende bringt.« Er fügte hinzu: »Sterben ist einfach. Du musst nichts tun.« Ich erinnerte mich, dass ich in dieser Situation – während unseres Gesprächs – Demut gefühlt hatte: durch die Würde, mit der er im Krankenhaus dem Tod begegnet war, und durch die Art, wie er seine Fähigkeit zu Ironie und Witz benutzt hatte, um sich trotz der körperlichen und seelischen Erschöpfung davor zu bewahren, von dieser Erfahrung erdrückt zu werden.

Als ich mich wieder Frau L. zuwandte, bezog ich mich auf das, was sie über die Behandlung der Hundeleichen gesagt hatte (und auf ihre mitfühlende Art, in der sie es berichtet hatte), und sagte: »Der Erzähler hielt an dieser Geste (in Verbindung mit dem Verbrennen der Hunde) fest, obwohl er genau wusste, dass sie so unbedeutend war, dass nichts und niemand im Universum sie wahrnehmen würde.« Als ich dies sagte, begann ich in einer Art, die für mich neu war in dieser Analyse, über die Auswirkung der schrecklichen Todesfälle in Frau L.s Leben nachzudenken. Die Patientin hatte mir früher in der Analyse und dann wieder vor einigen Monaten erzählt, dass die erste Frau ihres Vaters mit ihrer dreijährigen Tochter bei einem Autounfall ums Leben gekommen war. (Die Patientin liebte ihren Vater inniglich und fühlte sich von ihm geliebt). Bei den beiden Gelegenheiten, bei denen Frau L. den Tod der ersten Ehefrau ihres Vaters und den seiner Tochter erwähnt hatte, klang es, als würde sie mir eine Information geben, die ich eben wissen müsste, weil Analytiker um solche Dinge nun einmal wegen ihrer klischeehaften Art zu denken ein großes Aufheben machten. An dieser Stelle nun konnte ich eine Deutung verwenden, die ich mir selbst zu einem früheren Zeitpunkt im Stillen gegeben hatte: Ich verstand die Art, wie die Patientin (und auch ich) davor auswichen, den wahren Anteil der gegenwärtigen emotionalen Erfahrung zu denken, zu träumen, zu sprechen und zu erinnern. In meiner Arbeit mit Frau L. war ich mehr als ein Jahr lang nicht in der Lage und vielleicht auch nicht willens gewesen, den enormen und unvorstellbaren Schmerz zu denken, zu träumen, zu erinnern und in mir lebendig zu halten, den der Vater der Patientin und die Patientin in Verbindung mit dem Tod seiner ersten Frau und deren Tochter erlebt hatten. Ich war erstaunt über meine Unfähigkeit, die emotionale Wirkung dieser Todesfälle in mir lebendig zu halten.

Zu diesem Zeitpunkt in der Sitzung konnte ich beginnen, über die ›Schande‹ der Patientin zu träumen (also bewusst und unbewusst damit zu arbeiten), weil sie ›anstelle‹ der ersten Frau des Vaters und seiner Tochter und auch anstelle der mit ihnen gestorbenen Anteile des Vaters am Leben war. Frau L.s Antwort auf meine Bemerkung über die ›unbedeutenden‹, aber wichtigen Gesten des Erzählers war: »In Coetzees Buch ist Sterben nicht das Schlimmste, was jemandem passieren kann. Irgendwie finde ich diese Vorstellung tröstlich. Ich weiß nicht warum, aber mir kommt eine Zeile aus Coetzees Memoiren in den Sinn, die mir wichtig ist. Kurz vor Schluss sagt er so etwas wie: ›Alles, was wir tun können, ist, dumm und hartnäckig unsere immer gleichen Fehler zu wiederholen.‹« Frau L. lachte auf, wie ich sie noch nie zuvor hatte lachen hören und fügte hinzu: »Hunde sind heute überall. Ich mag Hunde sehr. Sie sind die Unschuldigen im Reich der Tiere.« Sie wurde dann nachdenklicher und sagte: »Es ist nichts Glorreiches daran, ständig zu scheitern. Ich fühle mich als Mutter als eine solche Versagerin. Ich kann mir nicht mehr dauernd vormachen, dass Aaron von meiner Zwangsvorstellung, er könnte sterben, nichts merkt. Sie muss ihn zu Tode erschrecken. So wollte ich es nicht ausdrücken – ›ihn zu Tode erschrecken‹ – aber genau das tue ich ihm an. Ich halte es nicht mehr aus, dass ich ihn mit meiner Angst umbringe – ihn zu Tode erschrecke und nicht damit aufhören kann. Das ist meine ›Schande‹.« Frau L. weinte. Mir wurde in diesem Moment klar, dass die Reaktion von Frau L.s Vater auf seine »unvorstellbaren« Verluste sie zu Tode erschreckt hatten.

Ich sagte: »Ich glaube, Sie müssen sich Ihr Leben lang wie eine Schande vorgekommen sein. Der Schmerz Ihres Vaters war nicht nur für ihn unerträglich, sondern auch für Sie. Sie konnten Ihrem Vater bei seinem unvorstellbaren Schmerz nicht helfen. Sein Schmerz war für Sie so schwierig – und ist es noch –, mehr als irgendjemand aushalten kann.« Zum ersten Mal in der Analyse bezog ich mich darauf, dass sie nicht nur nicht in der Lage gewesen war, ihrem Vater zu helfen, sondern auch selber unfähig gewesen war, darüber zu träumen, wie sie ihre eigene Reaktion auf den Schmerz ihres Vaters erlebt hatte. Ich dachte (sagte es aber nicht), dass sie sich dafür schämte, so wütend auf ihren Vater gewesen zu sein, weil er nicht der Vater sein konnte, den sie sich gewünscht hatte. Vielmehr verschob sie diese Wut auf ihren Ehemann und entwertete ihn, weil er in ihren Augen ein so unzulänglicher Vater für ihren Sohn war.

Frau L. antwortete nicht direkt, sie sagte stattdessen: »Ich finde es seltsam, dass ich die Charaktere in Coetzees Buch für mutig halte.

Sie selbst halten sich nämlich nicht für mutig. Aber für mich fühlen sie sich so an. In *Leben und Zeit des Michael K.* (1983 [2003]) baut Michael K. (ein Schwarzer im Südafrika der Apartheid) für seine Mutter einen Karren aus Holz- und Metallschrott, in dem er die Sterbende in ihre Geburtsstadt karrt, damit sie dort sterben kann – diese Karre ist noch am ehesten etwas wie ein Zuhause, das sie nie gehabt hat. Ich glaube nicht, dass sich Michael K. dabei mutig vorkam. Er wusste einfach, dass er das tun musste. Es war zum Scheitern verurteilt. Ich glaube, er wusste das von Anfang an – ich glaube, ich wusste es auch. Aber es musste getan werden. Es war das Richtige. Mir gefällt es, dass Coetzees Charaktere oft Frauen sind. In *Eiserne Zeit* (1990 [2003]) nahm die Ich-Erzählerin (eine Weiße im Südafrika der Apartheid) einen obdachlosen Schwarzen bei sich auf. Sie hatte Schuldgefühle und Mitleid mit ihm. Irgendwie bewunderte sie ihn sogar und ärgerte sich über ihn. Auf ihre Weise liebte sie ihn sogar. Sie nahm niemals ein Blatt vor den Mund, wenn sie mit sich selbst und mit ihm sprach. Sie und ich, wir können manchmal auch so sein. Wir haben heute auch so etwas gemacht – nicht genau so, aber immerhin so viel, dass ich mich jetzt stärker fühle, um nicht zu sagen glücklicher. Aber stärker zu sein ist noch wichtiger für mich, als mich glücklicher zu fühlen.« Ich konnte am Klang ihrer Stimme hören, dass Frau L. für mich Bewunderung und Ärger empfand und mich auf ihre merkwürdige Weise sogar liebte, ohne dies schon sagen zu können (nicht einmal sich selbst), und dass sie hoffte, dass ich eines Tages all dies auch für sie würde fühlen können.

Die Sitzung hatte in Wirklichkeit einen viel gewundeneren Verlauf als der Bericht, den ich hier geben konnte. Die Patientin und ich ließen uns von Thema zu Thema treiben, von Buch zu Buch, von Gefühl zu Gefühl, ohne die Notwendigkeit zu verspüren, das eine mit dem anderen zu verbinden, oder in logischer Weise zu denken oder direkt auf das zu antworten, was der andere gesagt hatte. Wir sprachen über Coetzees Entscheidung, in Adelaide zu leben, John Bergers beißende anti-kapitalistische Rede, als ihm der Booker Prize verliehen wurde, unsere Enttäuschung über Coetzees zwei letzte Romane und so weiter. Ich kann nicht mehr sagen, welche dieser Themen in der hier diskutierten Sitzung besprochen wurden oder in den folgenden. Ich kann auch nicht mit Sicherheit sagen, welche Teile des Dialogs von Frau L. stammten und welche von mir.

Als sich die emotionale Erfahrung dieser Sitzung in den folgenden

Wochen und Monaten weiter entfaltete, erzählte mir die Patientin von den schweren depressiven Phasen ihres Vaters während ihrer Kindheit und wie verantwortlich sie sich gefühlt hatte, ihm zu helfen, sie zu überwinden. Sie sagte, dass sie mit ihm oft lange Zeit dagesessen hatte, während er »unkontrolliert schluchzte und an seinen Tränen erstickte«. Als Frau L. diese Erfahrungen mit ihrem Vater beschrieb, kam mir in den Sinn, dass ihre Art, in Wortklumpen zu reden und so viele Worte wie möglich in einen Atemzug zu packen, etwas damit zu tun haben könnte, dass sie ihren Vater tränenerstickt und unkontrolliert schluchzend erlebt hatte. Vielleicht hatte sie ihre (und seine) ungeträumten Träume in ihrer Art zu sprechen und zu atmen somatisiert, weil sie nicht in der Lage gewesen war, die Erfahrung mit ihrem Vater auf träumende Weise zu verarbeiten.

Alles in allem diente die Art, wie Frau L. und ich in dieser Sitzung miteinander über Bücher sprachen, als eine Form des träumerischen Sprechens. Es war eine Erfahrung, bei der es weder ausschließlich um meinen Traum noch um den der Patientin ging. Frau L. war bisher nur selten in der Analyse in der Lage gewesen, einen Zustand des Wachträumens zu erreichen. Deshalb war sie in einer zeitlosen Welt abgespalten ungeträumter Erfahrungen gefangen gewesen und fürchtete, dass diese nicht nur ihrem Vater und ihr einen großen Teil ihres Lebens geraubt hatten, sondern auch ihr Kind umbrachten. An dem psychologischen Punkt, an dem Frau L. nicht länger in der Lage war, *ihre* Erfahrungen mit der Depression ihres Vaters und ihrer Wut auf ihn träumend zu verarbeiten, hatte sie psychosomatische Symptome sowie intensive Todesängste entwickelt (ihre Art zu reden und zu sprechen). Im Verlauf dieser Analysestunde gelang es der Patientin, über die Erfahrung mit ihrem Vater zu träumen, was ihr bis dahin nicht möglich gewesen war. Dieses träumerische Sprechen ging zwanglos ins Reden über Träume über und wieder zurück. Ich betrachte ein solches Pendeln zwischen träumerischem Sprechen und dem Reden über Träume als ein Kennzeichen für eine Analyse, die ›gut im Fluss‹ ist.

II. Sich träumerisch ins Dasein reden

Ich werde nun ein klinisches Beispiel beschreiben, in dem ein Patient vor allem durch träumerisches Sprechen anfangen konnte, seine eigene rudimentäre Fähigkeit zu entwickeln, sich selbst ins »Dasein zu träumen«.

Herr B. wuchs unter Umständen extremer Vernachlässigung auf. Er war das jüngste von fünf Kindern einer irischen katholischen Familie, die in einem Arbeitervorort von Boston lebte. Der Patient wurde als Kind von seinen drei älteren Brüdern gequält. Sie erniedrigten und ängstigten ihn bei jeder sich bietenden Gelegenheit. Herr B. tat, was er konnte, um sich »unsichtbar zu machen«. Er war so wenig wie möglich zuhause, und wenn er zuhause war, versuchte er so wenig Aufmerksamkeit auf sich zu lenken wie nur möglich. Er lernte früh, dass alles nur schlimmer wurde, wenn er sich mit seinen Problemen an die Eltern wandte: Dann verdoppelten seine Brüder ihre Brutalität ihm gegenüber. Trotzdem klammerte er sich hartnäckig an die Hoffnung, dass seine Eltern, besonders seine Mutter, sehen würden, was geschah, ohne dass er es ihnen zu erzählen brauchte.

Als Sieben- oder Achtjähriger entdeckte Herr B. das Lesen für sich und las buchstäblich Regal um Regal in der öffentlichen Bibliothek. Er erzählte mir, dass ich Lesen auf keinen Fall mit Intelligenz oder dem Erwerb von Wissen verwechseln dürfe: »Mein Lesen war reine Flucht. Ich verlor mich in den Geschichten, und eine Woche später hatte ich keine Ahnung mehr von dem Buch.« (In einem früheren Beitrag (Ogden 1989 [2006]) habe ich diesen Gebrauch des Lesens als eine empfindungs-dominierte Erfahrung diskutiert, die als autistische Abwehr dienen kann).

Obwohl ich Herrn B. mochte, fand ich die ersten vier Jahre der Analyse ziemlich unlebendig. Herr B. sprach langsam und mit bewusster Absicht, als wollte er jedes Wort prüfen, bevor er es aussprach. Nach und nach sahen er und ich darin eine Widerspiegelung seiner Angst, dass ich das, was er sagte, benutzen könnte, um ihn zu erniedrigen (Bruder-Übertragung) oder irgendwie nicht begreifen würde, was das Wichtigste und noch Unsagbare war (Mutterübertragung).

Erst im fünften Jahr dieser Analyse mit fünf Stunden in der Woche war der Patient in der Lage, seine Träume zu erinnern und zu erzählen. In einem dieser frühen Träumen ging es einzig um ein *erschreckendes Bild einer schäbigen Madonna-Wachsfigur mit einem Baby in einem Wachsfigurenkabinett*. Das Verstörendste an diesem Bild war der leere starre Blick, mit dem sich beide ansahen.

Die Sitzung, die ich beschreibe, war kurz nach dem Madonna-und-Baby-Traum. Es war eine Phase der Analyse, in der der Patient und ich allmählich auf eine Weise miteinander sprechen konnten, die etwas Lebendigkeit enthielt. Und doch war diese Art zu sprechen immer noch so neuartig, dass sie sich zerbrechlich und manchmal ein bisschen ungeschickt anfühlte.

Herr B. begann die Sitzung damit, dass er bei der Arbeit eine Frau zu ihrer Kollegin sagen hörte, dass sie es nicht ertragen könne, den Film der Coen-Brüder *Raising Arizona* zu sehen, weil sie nicht erkennen könne, was an der Entführung eines Babys komisch sein sollte.[2] Herr B. fragte mich dann: »Haben Sie diesen Film gesehen?« Dies war erst das zweite oder dritte Mal in der ganzen Analyse, dass mir Herr B. eine direkte Frage dieser Art stellte. Bis dahin war es in der Analyse fast ausschließlich um das Erleben und den psychischen Zustand des Patienten gegangen ohne jegliche Anspielung auf meine Erfahrung, geschweige denn Fragen oder Diskussionen darüber. Es fühlte sich nicht ganz natürlich an, diese Frage zu beantworten, aber ich konnte mir auch nicht vorstellen, sie dem Patienten reflexartig zurückzugeben, etwa mit der Bemerkung, warum er diese Frage denn gestellt hatte, oder indem ich seine Befürchtung ansprach, ich könnte die Bedeutung dessen, was er mir sagen wollte, nicht verstehen. Ich sagte Herrn B., dass ich den Film mehrere Male gesehen hätte. Ich realisierte erst während ich sprach, dass ich dem Patienten mehr mitteilte, als er verlangt hatte. Ich empfand dies nicht als Fehlleistung, sondern als hätte ich einem Squiggle-Spiel noch einen Strich hinzugefügt. Nichtsdestoweniger befürchtete ich ein wenig, dass der Patient mich dabei als zudringlich empfinden könnte, als hätte ich unser Spiel unterbrochen.

Herr. B. bewegte seinen Kopf auf dem Couchkissen so, als signalisiere er seine Überraschung über die Art meiner Antwort. Wir kamen uns wohl beide vor wie in unbekannten Gewässern. Bei dieser gefühlsmäßigen Veränderung hatte ich eine Reihe von Gedanken zur Übertragungs-Gegenübertragungsdynamik im Kopf. Herr B. hatte es mit seiner direkten Frage gewagt, sich weniger ›unsichtbar‹ zu machen, und ich hatte ohne bewusste Absicht entsprechend reagiert. Darüber hinaus lud er mich ein, mit ihm über das Werk von zwei Brüdern, den Coen-Brüdern, zu reden, die außergewöhnliche Dinge zusammen schufen. Etwas mit einem Bruder zu machen (jemand zu werden), war

---

[2] In *Raising Arizona* stiehlt ein Paar, das kein eigenes Baby zeugen kann (gespielt von Nicolas Cage und Holly Hunter), einen der kürzlich geborenen Fünflinge von Nathan Arizona und seiner Frau. Cage und Hunter reden sich ein, dass eine Familie mit so vielen Babys es kaum bemerken würde, wenn eines davon fehlt.

eine Erfahrung, die der Patient mit seinen eigenen Brüdern nicht kennengelernt hatte. Die Coen-Brüder in die Analyse einzuführen, spiegelte vielleicht seinen Wunsch wider, eine solche Erfahrung mit mir zu machen. Ich beschloss, dem Patienten nichts davon zu sagen, weil ich glaubte, dass ich damit von dem vorsichtigen Versuch zu mehr emotionaler Intimität zwischen dem Patienten und mir abgelenkt und ihn unterminiert hätte.

Mit einer Intensität in der Stimme, die für ihn unüblich war, sagte Herr B., wahrscheinlich hätte die Frau, die er über *Raising Arizona* reden hörte, den Film wie einen Dokumentarfilm betrachtet: »Es kommt mir verrückt vor, sich darüber so aufzuregen, aber der Film ist einer meiner Lieblingsfilme. Ich habe ihn so oft gesehen, dass ich die Dialoge auswendig kann. Deshalb hasse ich es, wenn der Film auf gedankenlose Weise verunglimpft wird.«[3]

Ich sagte: »In jeder Einstellung des Films ist Ironie. Manchmal kann Ironie erschreckend sein. Man weiß nie, wann sie gegen einen selbst gewendet wird.« Obwohl der Patient unbewusst kommentiert hatte, was zwischen uns vorging – wir waren sorgloser und nicht mehr so rigide miteinander umgegangen wie bisher –, glaube ich, dass eine Antwort auf dieser Ebene sofort etwas unterbrochen hätte, was sich für mein Gefühl in ein träumerisches Sprechen entwickelte.

Herr B. sagte: »Der Film ist kein Dokumentarfilm, er ist ein Traum. Er fängt damit an, dass Fahndungsfotos von Nicolas Cage gemacht werden, nachdem er wegen wiederholter Gaunereien verhaftet worden ist. Es ist, als würden von Anfang an zwei Ebenen der Realität eingeführt: Die Person und das Foto von ihr. So habe ich noch nie über den Anfang des Films nachgedacht. Und der riesige Kerl auf dem Motorrad – mehr ein Archetypus als eine Person – lebt im Film in einer Parallelwelt, die von der Realität der anderen Teile des Films abgekoppelt ist. Es tut mir leid, dass ich so abschweife.« Die Stimme des Patienten war voll kindlicher Erregung.

Ich fragte: »Warum nicht abschweifen?« (Das war keine rhetorische Frage. Ich sagte gewissermaßen in hoch verdichteter Form, dass es für den Patienten sehr gute Gründe gegeben hatte, als Kind zu glau-

---

[3] Ich bin immer wieder beeindruckt davon, wie Filmbilder und -erzählungen etwas von der bewegenden Kraft von Traumbildern und Traumerzählungen zu haben scheinen (siehe dazu Gabbard 1997a, 1997b; Gabbard und Gabbard 1999).

ben, dass es gefährlich wäre, mit Erregung in der Stimme zu sprechen, aber diese Gründe galten in einer anderen Realität, in der Realität der Vergangenheit, die für ihn oft die Realität der Gegenwart überlagerte.)

Ohne Pause fuhr Herr B. fort: »Mein liebster Teil des Films ist das Gespräch aus dem Off am Schluss des Films (das stattfindet, nachdem Nicolas Cage und Holly Hunter das entführte Baby zurückgegeben haben und Holly Hunter zu Nicolas Cage gesagt hat, dass sie ihn verlassen wird). Während er wach im Bett neben ihr liegt, spricht er auf eine Weise, die irgendwo zwischen einem Nachdenken während des Einschlafens und Träumen ist. In seiner Stimme ist ein Gefühl, dass er alles tun würde, um eine zweite Chance zu bekommen, um es noch einmal hinzukriegen, sich aber gut genug kennt, um zu realisieren, dass er es mit Sicherheit wieder vermasseln würde. Jetzt, wo ich darüber nachdenke, finde ich, dass das Ende eine Wiederholung der Anfangsszene ist, in der die Fahndungsfotos nach jeder seiner Verhaftungen gemacht werden, nur in einer viel reicheren Form. Er kriegt es einfach nie hin. Aber am Ende des Films kennt man ihn, und es tut weh zu sehen, dass er es nie schafft. Er hat ein gutes Herz. Im Monolog aus dem Off am Schluss stellt er sich das Leben des Babys vor, Nathan jr. (das Baby, das sie entführt und dann der Familie wieder zurückgegeben haben). Cage kann sich vage ausmalen, wie er in der Zukunft im Leben des Kindes unsichtbar präsent wird, während es groß wird. Das Kind spürt, dass jemand es liebevoll beobachtet und stolz auf es ist, aber es kann dieses Gefühl nicht mit einer bestimmten Person verknüpfen.« Natürlich verstand ich, dass der Patient mir damit unbewusst mitteilte, dass er das Gefühl hatte, ich würde liebevoll über ihn wachen. Außerdem schien das geliebte Baby, von dem Herr B. und ich träumten und das wir uns vorstellten, die analytische Erfahrung selbst zu »verkörpern«, die in dieser Sitzung im Prozess des gemeinsamen träumerischen Sprechens »zum Leben erweckt« wurde.

Ich sagte zu Herrn B.: »In der letzten Szene phantasiert Nicolas Cage auch noch ein Paar – vielleicht er und Holly Hunter – mit ihren eigenen Kindern und Enkelkindern.«

Herr B. unterbrach mich aufgeregt und sagte: »Ja, sein Traum am Ende hat was von Beidem. Ich glaube fast, dass er in die Zukunft blickt. Nein, es ist etwas Weicheres, ein Gefühl von *vielleicht*. Sogar einem Versager wie Cage kann etwas gelingen, wenn er es sich vorstellen kann. Nein, das klingt so abgedroschen. Ich finde nicht die richtige Art, es auszudrücken. Es ist so frustrierend. Wenn er es träumen kann, ist es im Traum passiert. Nein, ich kann es nicht so sagen, wie ich es meine.«

Ich zog es vor, nicht direkt darauf einzugehen, wie schwierig es für den Patienten war, die richtigen Worte zu finden – vielleicht weil ihm die liebevollen Gefühle für mich Angst machten, aber auch seine Hoffnung, sie könnten von mir erwidert werden. Stattdessen antwortete ich im Rahmen des träumerischen Sprechens, in dem wir uns für mein Gefühl gerade befanden. Ich sagte:»Ich weiß nicht, ob es für Sie passt, aber vielleicht könnte man es so ausdrücken: Für mich klingt Cages Stimme, wenn er am Ende des Films seinen Traum erzählt, ganz anders als an irgendeiner Stelle zuvor. Er tut nicht so, als habe er sich verändert, nur um Holly Hunter dazu zu bewegen, mit ihm zusammenzubleiben. Er hat sich wirklich verändert. Man kann es in seiner Stimme hören.« Erst während ich diese Worte aussprach, realisierte ich, dass ich mich nicht nur auf die Bilder im träumerischen Sprechen des Patienten bezog, sondern implizit auch sagte, dass ich die Veränderung in der Stimme des Patienten und in meiner eigenen genau so hören und würdigen konnte wie in jener von Cage.

Herr B. sagte mit Erleichterung in seiner Stimme:»Genau das ist es.«

Während weder Herr B. noch ich selber in diesem Moment der Analyse direkter darüber sprechen mochten, was in der analytischen Beziehung vorging, so war uns doch beiden klar, dass sich etwas Neues und Bedeutendes zwischen uns abspielte. Einige Wochen später berichtete Herr B., wie er die Sitzung erlebt hatte, in der wir über *Raising Arizona* gesprochen hatten. Er verglich seine Erfahrung während dieser Sitzung mit seiner Erfahrung beim Lesen als Kind:»Die Art, wie ich über *Raising Arizona* sprach, könnte nicht verschiedener sein von der Art, wie ich als Kind las. Beim Lesen wurde ich zu einem Teil der Vorstellungswelt einer anderen Person. Während wir jedoch über den Film auf jene Art sprachen, in der wir es taten, realisierte ich, dass ich mich darin nicht verlor, im Gegenteil, ich wurde mehr ich selbst. Ich redete nicht nur darüber, was Nicolas Cage und die Coen-Brüder getan hatten; ich sprach über mich selbst und was ich über diese Filme dachte.«

Noch etwas später in der Analyse sagte Herr B. über diese Sitzung: »Ich denke, es kommt nicht darauf an, worüber wir sprechen – Filme oder Bücher oder Autos oder Baseball – früher dachte ich, es gäbe

Dinge, über die wir sprechen müssten wie Sex oder Träume und meine Kindheit. Jetzt merke ich, dass das Wichtige ist, *wie* wir über diese Dinge sprechen und nicht, *worüber* wir sprechen.«

Es kann sein, dass der Film *Raising Arizona* die Phantasie des Patienten gepackt hat, weil es eine Geschichte zweier Menschen ist, die vergeblich versuchen, einen Teil des Lebens von jemand anderem zu stehlen, weil sie selbst unfähig sind, sich ein eigenes Leben zu erschaffen (zu träumen). Aber ich bin überzeugt, dass die emotionale Bedeutung der Sitzung nicht primär in der symbolischen Bedeutung des Films steckte; am wichtigsten war die Erfahrung, wie der Patient und ich zusammen sprachen/träumten. Es war eine Erfahrung, in der Herr B. »sich selbst erträumte« in dem Sinne, dass er eine Stimme erfand, die sich wie seine eigene anfühlte. Ich denke, dass er Recht hatte, als er später über die Sitzung sagte, es sei nicht darauf angekommen, worüber wir gesprochen hatten. Bedeutsam war vielmehr die Erfahrung, dass er sich selbst erschuf, indem er mit einer Stimme, die sich wie seine eigene anfühlte, träumte und sprach.

Als ich meine Version des Dialogs las, der sich in der Sitzung zwischen uns entspann, frappierte mich, wie schwierig es ist, die analytische Erfahrung des träumerischen Sprechens in Worte zu fassen. In diesem Dialog und auch den anderen in dieser Arbeit wird eher ›nach Noten gespielt‹ als ›musiziert‹. Es gelingt nicht wirklich, den vielschichtigen intimen Austausch zwischen Patient und Analytiker im träumerischen Sprechen wiederzugeben. Diese ›Musik‹ liegt im Tonfall, im Rhythmus beim Sprechen, in den »Untertönen« (Frost 1942, S. 308) der Wörter und Sätze usw. Das Wesen der Musik des träumerischen Sprechens unterscheidet sich stark von Patient zu Patient und von Übertragungserfahrung zu Übertragungserfahrung. Im einen Fall kann die Musik des träumerischen Sprechens diejenige eines jungen Mädchens sein, das mit seinem Vater am Mittagstisch spricht, nachdem der Rest der Familie die Runde verlassen hat. Der Klang ist der Klang, den der Vater in der Stimme seiner Tochter hört (die in seinen Augen wunderschön ist), wenn sie ihre Gedanken über alles Mögliche in der Welt ausspricht und darüber mit ihm reden möchte. In einer anderen Übertragungs-Gegenübertragungserfahrung ist der Klang des träumerischen Sprechens das Plappern eines dreijährigen Jungen, während seine Mutter das Geschirr spült. Er spricht in einer Art Singsang, fast wie ein Wiegenlied, in kaum zusammenhängenden Sätzen darüber, dass sein Bruder ein Trottel sei und wie schön er es findet, wenn Superman fliegt, und dass es morgen wieder Maiskolben geben soll und so weiter und so weiter. Und in einer weiteren Übertragungs-Gegenübertragungs-Situation hat das träumerische Sprechen den herzzerreißenden Klang eines zwölfjährigen Mädchens, das mitten in der Nacht in Tränen aufgelöst erwacht und seiner Mutter erzählt, wie hässlich und dumm es sich fühle und dass nie irgend ein Junge es mögen und es nie einen Mann finden werde. Diese Art von Zwischentönen sind im Medium des Schreibens so schwer zu fassen.

Abschließende Bemerkungen

Ich will mit drei Betrachtungen über das träumerische Sprechen schließen. Erstens geht es immer um den Traum des Patienten, auch wenn sich, wie ich darzulegen versucht habe, in der Erfahrung des träumerischen Sprechens der Analytiker am Träumen des Patienten beteiligt. Wenn dieses grundlegende Prinzip nicht beachtet wird, kann die Analyse ein Prozess werden, in dem der Analytiker »sich seinen Patienten erträumt«, anstatt dass der Patient sich selbst träumend erschafft.

Zweitens, und ich möchte das betonen, kommt es mir immer so vor, als erfordere der analytische Rahmen mehr und nicht weniger Aufmerksamkeit, wenn ich mich auf träumerisches Sprechen in der hier dargestellten Weise einlasse. Meines Erachtens bedarf es viel analytischer Erfahrung, bevor sich ein Analytiker in verantwortungsvoller Weise auf dieses träumerische Sprechen einlassen kann, das sich deutlich von der Arbeit mit Patienten unterscheidet, die in der Lage sind, die meiste Zeit in Form freier Assoziationen zu träumen. Wenn man sich in der von mir beschriebenen Form des träumerischen Sprechens engagiert, muss die Rollendifferenz zwischen Analytiker und Patient während des ganzen Prozesses klar spürbar aufrechterhalten werden. Andernfalls würde der Patient seines Analytikers und der analytischen Beziehung, die er braucht, beraubt.

Drittens und letztens geht es mir nicht darum, mit analytischen Regeln ›zu brechen‹ oder gar neue Regeln aufzustellen, wenn ich diese Formen des träumerischen Sprechens beschreibe. Vielmehr halte ich mein Vorgehen für Improvisationen, die in meiner analytischen Arbeit mit bestimmten Patienten unter bestimmten Umständen Gestalt angenommen haben. Mit dieser Feststellung komme ich darauf zurück, was mir für die Praxis der Psychoanalyse so grundlegend erscheint:

nämlich als Analytiker die Psychoanalyse mit jedem unserer Patienten
neu zu erfinden.

Aus dem Amerikanischen von Markus Fäh

Bibliographie

Bion, W. R. (1962a): Learning from experience. In: Seven servants: Four
works. New York, NY: Aronson, 1977. Dt.: Lernen durch Erfahrung,
übers. von Erika Krejci. Frankfurt a. M. (Suhrkamp) 2004.

Bion, W. R. (1962b): A theory of thinking. Internat. J. Psychoanal 43,
306–10.

Bion, W. R. (1992): Cogitations. London: Karnac.

Coetzee, J. M .(1983): Life & times of Michael K. New York, NY: Penguin.
Dt.: Leben und Zeit des Michael K., übers. von Wulf Teichmann. Frankfurt a. M. (Fischer-Tb) 2003.

Coetzee, J. M. (1990): Age of iron. New York, NY: Penguin. Dt.: Eiserne Zeit,
übers. von Wulf Teichmann. Frankfurt a. M. (Fischer) 2003.

Coetzee, J. M. (1999): Disgrace. New York, NY: Penguin. Dt.: Schande, übers.
von Reinhild Böhnke. Frankfurt a. M. (Fischer) 2003.

De M'Uzan, M. (2003): Slaves of quantity. Psychoanal. Quart. 72, 711–25.

Freud, S. (1905): Drei Abhandlungen zur Sexualtheorie. GW 5, 28–145.

Frost, R. (1942): Never again would birds' song be the same. In: Poirier, R.,
Richardson, M., editors. Collected poems, prose & plays. New York, NY:
Library of America, 1995.

Gabbard, G. O. (1997a): The psychoanalyst at the movies. Internat. J. Psychoanal. 78, 429–34.

Gabbard, G. O. (1997b): Neil Jordan's The crying game [Review]. Internat. J.
Psychoanal. 78: 825–7.

Gabbard, G. O., Gabbard, K. (1999): Psychiatry and the cinema, 2nd ed.
Washington, DC: American Psychiatric.

Grotstein, J. S. (2000): Who is the dreamer who dreams the dream? A study of
psychic presences. Hillsdale, NJ: Analytic Press.

McDougall, J. (1984): The ›dis-affected‹ patient: Reflections on affect patho-
logy. Psychoanal. Quart. 53, 386–409.

Meltzer, D. (1983): Dream-life: A re-examination of the psycho-analytical
theory and technique. Strath Tay: Clunie. Dt.: Traumleben: Eine Überprü-
fung der psychoanalytischen Theorie und Technik. Stuttgart (Verlag Internationale Psychoanalyse) 1995.

Ogden, T. H. (1989): The schizoid condition. In: The primitive edge of experience, 83–108. Northvale, NJ: Aronson. Dt.: In: Frühe Formen des

Erlebens, übers. von Horst Friessner u. Eva-M. Wolfram. Gießen (Psychosozial) 2006.

Ogden, T. H. (1997a): Reverie and interpretation. Psychoanal. Quart. 66, 567–95.

Ogden, T. H. (1997b): Reverie and interpretation: Sensing something human. Northvale, NJ: Aronson. Dt.: Analytische Träumerei und Deutung: Zur Kunst der Psychoanalyse, übers. von Horst Friessner u. Eva Wolfram. Wien u. London (Springer) 2001.

Ogden, T. H. (2003): On not being able to dream. Internat. J. Psychoanal. 84, 17–30.

Ogden, T. H. (2004): This art of psychoanalysis: Dreaming undreamt dreams and interrupted cries. Internat. J. Psychoanal. 85, 857–77.

Ogden, T. H. (2005): This art of psychoanalysis: Dreaming undreamt dreams and interrupted cries. London: Routledge.

Sandler, J. (1976): Dreams, unconscious fantasies and ›identity of perception‹. Internat. Rev. Psychoanal. 3, 33–42.

Tustin, F. (1981): Autistic states in children. Boston, MA: Routledge & Kegan Paul. Dt.: Autistische Zustände bei Kindern, übers. von Horst Brühmann. Stuttgart (Klett-Cotta) 1989.

Winnicott, D. W. (1964): The child, the family, and the outside world. Baltimore, MD: Pelican.

Winnicott, D. W. (1971): Playing: A theoretical statement. In: Playing and reality, 38–52. New York, NY: Basic Books. Dt.: In: Vom Spiel zur Kreativität, übers. von Michael Ermann. Stuttgart (Klett-Cotta) 2006

III
Aus der Forschung/Kinderperspektiven

Björn Salomonsson
»Talk to me, baby, tell me what's the matter now.« Die Kommunikation in der psychoanalytischen Behandlung von Säuglingen: Semiotische und entwicklungspsychologische Perspektiven

Long gone Blues.
Sprich mit mir, Baby, sag mir, was los ist (*wiederholen*)
Versuchst du, mit mir Schluss zu machen, Baby, aber du weißt nicht wie?

Ich bin deine Sklavin gewesen, seit ich dein Liebling bin (*wiederholen*)
Aber ehe ich zusehe, dass du weggehst, sehe ich dich in deinem Grab.

Ich bin ein braves Mädchen, aber meine Liebe ist völlig falsch (*wiederholen*)
Ich bin ein wirklich braves Mädchen, aber meine Liebe ist verschwunden.
Billie Holiday

»Sprich mit mir, Baby, sag mir, was los ist.« Die flehenden Worte fassen zusammen, wie sich die Mutter der acht Monate alten Karen[1] fühlte, als ihr Baby unablässig schrie und nach der Brust verlangte. Wie die beiden Liebenden in dem Blues schienen sie die Sklavin der jeweils anderen zu sein und versuchten verzweifelt zu verstehen, was denn zwischen ihnen falsch gelaufen war. Heutzutage suchen viele Mütter mit ihren Babys eine Psychotherapie auf. Alle therapeutischen Methoden beziehen die Störung des Babys auf eine entgleiste Interaktion mit der Mutter (Baradon 2002; Baradon et al. 2005; Barrows 2003; Berlin 2002; Cramer und Palacio Espasa 1993; Dolto 1982, 1985, 1994; Fraiberg 1987; Lieberman et al. 2000; Manzano et al. 1999; Stern 2998; Watillon 1993). Eine einzige Methode hebt sich davon ab, indem sie das Baby ins Zentrum der Aufmerksamkeit rückt. Hier fungiert der Analytiker als *container*[2] für die Ängste des Kindes, indem er *dem Baby* sein Verhalten und dessen unbewusste Wurzeln

---

[1] Die Namen und biographischen Angaben über das Baby und seine Mutter wurden verändert, um die Anonymität zu wahren.
[2] Die englischen Begriffe sind dort in Kursivschrift beibehalten worden, wo sie sich in den deutschen wissenschaftlichen Sprachgebrauch eingebürgert haben (Anm. d. Übers.).

beschreibt. Diese Methode der psychoanalytischen Arbeit mit Säuglingen (Norman 2001, 2004), in der der Analytiker dem Baby seine Deutungen verbal mitteilt, habe ich in der Behandlung von Karen und ihrer Mutter angewandt.

Ich behaupte, dass mir Karen viele ihrer ungelösten intrapsychischen und interpersonalen Konflikte mitteilen konnte, etwa ihren Zorn und ihre Schwierigkeiten, hierüber mit ihrer Mutter zu ›sprechen‹. Meine Deutungen hat sie allerdings nicht so beantwortet, dass sie etwa gesagt hätte, »was gerade los ist.« Aber ihre Fähigkeit, sich mir gegenüber auszudrücken und meine Mitteilungen zu verstehen, war so weit entwickelt, dass mir plötzlich der Titel des Blues als passende Metapher für diese Form analytischer Arbeit in den Sinn kam. »Sprich mit mir, Baby«, weist also auf die beständige Bemühung des Analytikers oder der Analytikerin hin, zum Baby über dessen innere Welt zu sprechen.

Es gibt allerdings viele Fragen dazu, wie denn das Baby dem Analytiker erzählt, »was los ist« und wie sie oder er das »Sprechen« des Kindes versteht. Diese Fragen lassen sich wie folgt bündeln:

- »Nach Ihrer Methode spricht der Analytiker oder die Analytikerin in der Deutungsarbeit zum Kind. Woher wollen Sie wissen, ob das Kind versteht, was Sie ihm sagen?«
- »Wenn es Sie versteht, *was* versteht es dann?«
- »Gesetzt den Fall, das Baby versteht andere Aspekte Ihrer Mitteilung als die verbalen, um welche Aspekte handelt es sich dabei und woher wollen Sie wissen, dass Sie beide dasselbe verstehen?«
- »Könnte das Verhalten des Kindes nicht einfach eine unspezifische und undeutbare Reaktion auf Ihre Anwesenheit sein?«
- Kurz gesagt: »Versteht das Baby wirklich, was Sie ihm vermitteln und verstehen Sie, was es Ihnen vermittelt?«

Um auf diese Fragen einzugehen, müssen wir zwei Aufgaben in Angriff nehmen. Erstens müssen wir einen theoretischen Rahmen für die Kommunikation zwischen Analytiker und Säugling finden. Ich werde zeigen, dass der Begriff des Symbols in der psychoanalytischen Theorie unklar verwendet wird und dass er uns für die Kommunikation in der Arbeit mit sehr kleinen Kindern schwerlich als Erklärungsmuster dienen kann. Stattdessen werde ich den wechselseitigen Austausch zwischen Kind, Analytiker und Mutter anhand semiotischer Begriffe erläutern und die unterschiedlichen Bestandteile dieses Rahmens benennen.

Zweitens müssen wir berücksichtigen, wie und wann das Baby seine perzeptiven und kognitiven Fähigkeiten zur Kommunikation entwickelt. Das werde ich in der Terminologie der Ergebnisse aus der entwicklungspsychologischen Forschung beschreiben.

Ich verwende die Semiotik und die entwicklungspsychologische Forschung als Hilfsdisziplinen, um die genannten Fragen zu klären. Man könnte einwenden, dass diese Disziplinen für einen Analytiker nicht von Belang sind, weil er oder sie sich in der klinischen Praxis auf Erfahrungen der Gegenübertragung stützt. Sicherlich ist die Gegenübertragung für das Verständnis des Analytikers von zentraler Bedeutung. In der Arbeit mit Babys sind überdies unsere Gefühlsreaktionen häufig sehr intensiv. Aber da Analytiker und Baby auf so unterschiedliche Weise miteinander kommunizieren, sind die Hinweise, die das Kind dem Analytiker gibt, selten leicht zu verstehen. Der Analytiker braucht mehr Information, als die Gegenübertragung zum Verständnis der klinischen Situation hergibt. Das Wissen über die Forschungen auf dem Gebiet frühkindlicher kommunikativer Fähigkeiten wird uns helfen, der Kritik zu begegnen, dass wir überbewerten, was gedeutet werden kann und was das Baby davon versteht. In dieser Arbeit habe ich mir vorgenommen, diesen Forschungen Rechnung zu tragen und sie mit dem theoretischen Rahmen einer Analytiker-Baby-Mutter-Kommunikation zu verknüpfen. Die beiden Vignetten mit Karen werden vorgestellt, um die theoretische Diskussion zu veranschaulichen.

Eine Bemerkung zu den Definitionen: der Begriff ›Kommunikation‹ soll all das bezeichnen, was an Bedeutung von einer Person zur anderen vermittelt wird. Mit ›Sprache‹ bezeichne ich das »bemerkenswert komplexe, flexible, mächtige *System* der Kommunikation, das den kreativen Gebrauch von Worten nach den Regeln einer systematischen Grammatik« (Bear et al. 2001, S. 638) umfasst. Eine sprachliche Äußerung wird parallel begleitet von Geste, Ton, Rhythmus usw., und ich werde detailliert angeben, wann ich mich auf deren verbalen oder nonverbalen Inhalt beziehe.

Psychoanalytische Arbeit mit Babys und Müttern

Die klinische Methode wurde von Johan Norman (2001, 2004) entwickelt und wird zurzeit im Psychoanalytic Infant Reception Service in Stockholm angewandt. Sie geht von vier Voraussetzungen aus:

»1. dass eine Beziehung zwischen dem Säugling und dem Analytiker hergestellt werden kann; 2. dass das Baby uranfänglich über eine Subjektivität und ein Selbst verfügt als Basis für Intersubjektivität und die Suche nach *containment*; 3. dass das Baby eine einzigartige Flexibilität besitzt, Repräsentanzen von sich selbst und anderen zu verändern, die mit der Entwicklung des Ich aufhört und 4. dass das Baby imstande ist, Aspekte der Sprache zu verarbeiten« (2001, S. 83).

Die Behandlung hat zum Ziel, »die Störung beim Baby in den emotionalen Austausch im Hier und Jetzt der Stunde hineinzubringen und sie damit für das *containment* in der Baby-Mutter-Beziehung zugänglich zu machen« (ebenda). Mutter *und* Baby werden als aktiv Beteiligte verstanden, die beide eine Beziehung zum Analytiker haben. In dieser Hinsicht bezieht sich die Methode auf Winnicott, der den »Umstand, daß die Entwicklung der Persönlichkeit des Kleinkindes noch völlig im Fluß ist, und die Tatsache, daß die Gefühle und die unbewußten Prozesse den Frühstadien des Säuglingsalters noch so nahe stehen«, für therapeutisch verwendbar hielt (1976, S. 36). Dennoch meinte Winnicott, wir könnten im Wesentlichen aus dem Studium der Übertragung im Rahmen der Analyse Erwachsener »ein klares Bild dessen bekommen, was im Säuglingsalter stattfindet« (1974, S. 70). Norman radikalisiert Winnicotts Vorstellung von den infantilen Phantasien als »reich an Inhalten und Gefühlen« (1976, S. 43) zu einer Technik, in der der Analytiker *zum Baby* spricht, um seinen unbewussten seelischen Inhalt verarbeitend aufzufangen (*contain*) und zu deuten.

Das Problem ist, dass Säuglinge nicht sprechen können und die Worte des Analytikers nur sehr vage, wenn überhaupt, verstehen. Erst vom 12. Monat an verstehen sie etwa 10 Worte und sie beginnen ihre »ersten erkennbaren Worte ungefähr zwischen dem 12. und dem 20. Monat zu bilden« (Karmiloff und Karmiloff-Smith 2001, S. 62). Mit dieser Asymmetrie in der Entwicklung von Sprachverständnis und Sprechen erklärte Balkányi (1964), weshalb Kinder angesichts eines Traumas, das sie nicht verbalisieren können, dennoch in seelischen Aufruhr geraten. Für Norman besteht das Problem des Babys nicht so sehr darin, dass es das Trauma nicht verbalisieren kann, sondern dass es nicht *contained* worden ist. Die Mutter mag vielleicht beruhigende Worte gesprochen, aber zugleich unbewusste Botschaften mit anderen Bedeutungen ausgesandt haben. Da das Kind »die unbewusste Botschaft versteht, die ihm vermittelt wird« (Dolto 2002)[3], ist es mit einer verwirrenden Situation konfrontiert. Die Deutungen des Analytikers haben zum Ziel, diese traumatische Situation emotional aufzufangen und bearbeitet zurückzugeben (*contain*). Die Frage ist, was das Baby davon versteht. Ich werde auf diesen Punkt gleich noch einmal zu sprechen kommen.

Was die infantilen Abwehrmechanismen angeht, so spricht Norman von zwei Typen: infantile Verdrängung und Spaltung + projektive Identifizierung (2004, S. 1118). Wenn eine Mutter vermittels intrusiver projektiver Identifizierung kommuniziert, werden ihre verbalen und nonverbalen Äußerungen auseinander fallen, so etwa, wenn eine depressive Mutter ihre düstere Lebensanschauung projiziert, schwach lächelt, aber zu abwesend oder zu feindselig ist, um den Kummer, den ihre Projektionen hervorrufen, in einem *containment* aufzufangen.[4] Entweder wird das Baby seine negativen Affekte auf ein konkretes Ding wie etwa die Bluse oder den Körper der Mutter verschieben (infantile Verdrängung), oder es wird die schmerzhafte Situation ganz und gar ablehnen und jede Verbindung zur Mutter zurückweisen (spalten + projektive Identifizierung).

Die Behandlungen werden möglichst mit einer Stundenfrequenz von viermal pro Woche durchgeführt. Sie dauern ein paar Monate mit Babys unter einem Jahr bis hin zu längeren Analysen mit Kindern, die rund 1½ Jahre alt sind, wo sie viele Merkmale einer klassischen Kinderanalyse annehmen. Die Babys leiden in der Hauptsache an Schlafstörungen, unter Problemen beim Stillen, in der Gemütsverfassung und im Kontakt. Sie können nicht einschlafen oder sie wachen wie von Alpträumen auf. Sie lehnen die Brust ab oder sie klammern sich verzweifelt daran. Sie vermeiden den Kontakt zur Mutter oder sie können sie nicht loslassen. Manche Babys haben zusätzliche Störungen: Koliken, Allergien und Ekzeme. Bei manchen hat eine diagnos-

---

[3] Es gibt einen entscheidenden Unterschied zwischen Norman und Dolto, was die Fähigkeit des Babys angeht, unbewusste Mitteilungen zu verstehen; Dolto schrieb dem Säugling eine Fähigkeit zu, Worte wortwörtlich zu verstehen (vgl. z. B. 1985, S. 211). Norman und unsere Gruppe teilen diese Ansicht nicht, wie im weiteren Verlauf anhand des Sprachverständnisses beim Baby dargelegt wird.

[4] In Forschungsexperimenten haben Tronick und Weinberg (1997) und Field mit ihren Kollegen (1998) ähnlich intensive Reaktionen bei Kleinkindern während der Interaktion mit ihren depressiven Müttern aufgezeigt.

tizierte somatische Erkrankung dazu beigetragen, dass das emotionale Band zwischen Mutter und Kind zerrissen ist. Es ist so, als ob keiner von beiden es wagte, sich an den anderen zu binden. Beide Partner leiden enorm, und ihre Qual mit ansehen zu müssen, zerreißt dem Analytiker oft das Herz.

Die Feststellung, dass ein Baby reagiert, wenn die bewussten und die unbewussten Botschaften der Mutter auseinander fallen, ist für einen Analytiker unstrittig. Umstritten aber ist die umgekehrte Behauptung, das Baby übermittle inkongruente Botschaften und der Analytiker tue gut daran, mit ihm über diese Situationen zu sprechen. Ich stelle nun die theoretische Berechtigung einer solchen Technik vor und beziehe Forschungsbefunde über die Fähigkeit des Babys mit ein, jeweils verbale und emotionale Kommunikation zu verstehen. Dafür verwende ich zwei kurze Vignetten.

Fallvignette 1

Karen ist 8 Monate alt. Sie besteht darauf, ständig gestillt zu werden, und sie hat schwere Schlafstörungen. Es ist nicht möglich, sie zum Schlafen zu bringen, es sei denn, die Mutter gibt ihrer Forderung nach der Brust nach. Jedes Missgeschick bringt Karen zum Weinen, und ihre Mutter ist erschöpft und hilflos. Wir drei haben in einer zwei Monate dauernden Psychoanalyse mit 4 Wochenstunden zusammen gearbeitet.

In der ersten Sitzung erzählt die Mutter von früher und ihren damaligen Sorgen um Karens Gesundheit. Sie weiß, dass es sich aus medizinischer Sicht um nichts Ernsthaftes handelte. Dennoch ist sie besorgt, aber ihre Gefühle stehen im Widerspruch zum leichten Ton ihrer Stimme. Offensichtlich will sie meine Bemerkung, dass es auch für sie schwer gewesen sein muss und nicht nur für Karen, nicht aufgreifen. Ich denke, sie verwischt die persönliche Identität beider, indem sie von ›wir‹ spricht, wenn sie eine von beiden meint. Wenn meine Annahme stimmt, dass sie ihre eigenen Affekte hinsichtlich Karens Gesundheit fürchtet, dann kann sie Karens Affekte nicht verarbeitend aufnehmen (*contain*). Ich überlege, ob Karens Jammern nach der Brust damit zu tun hat, wie die Mutter mit dieser affektiven Situation umgeht. Während die Mutter spricht und ich über meine Gegenübertragungsgefühle angesichts unseres etwas gekünstelten Kontakts nachdenke, quengelt Karen und fängt an zu krabbeln. Sie purzelt gegen einen kleinen Hocker in meinem Zimmer und fängt an zu weinen. Ich sage: »Jetzt bist du hingefallen.«

Die Mutter sagt: »Oh je! Du bist hingefallen und hast dir am Kopf wehgetan.«

Ich sage zu Karen: »Na ja, eigentlich siehst du eher *wütend*[5] aus, wenn du mich anschaust. Du fragst dich vielleicht, was das wohl für ein Mann ist, bei dem du da gelandet bist, mit so einem blöden Hocker … ja? … Aber so gefährlich war es gar nicht.«

Karen beruhigt sich, aber quengelt noch immer. Unterdessen beschreibt die Mutter, wie Karen in der Nacht aufwacht, und dass nur die Brust sie dann beruhigen kann. Sie fährt fort, als ob sie das zu Karen sagt: »Wenn du nachts aufwachst, dann hilft *einzig und allein*, dass du *sofort* die Brust bekommst, sonst wirst du *SO TRAURIG*.«

Ich gewinne jedoch den Eindruck, dass Karen ärgerlich ist. Ich sage zu ihr: »Man könnte sich fragen, wirst du *traurig*, weil du die Brust nicht bekommst? Oder wirst du *wütend*?!«

Karen brüllt, und ich kommentiere: »Na, *das* klingt aber ziemlich *wütend*, finde ich!«

Karen hört auf zu weinen.

Das ist eine alltägliche Situation in der psychoanalytischen Arbeit mit Säuglingen. Das emotionale Klima zwischen Mutter und Kind erhitzt sich. Ich werde über meine Gegenübertragung und die Art, wie die beiden die Beziehung zu mir gestalten, in den Prozess hineingezogen; Karen, indem sie mich anstarrt, und die Mutter, indem sie ihr Bedürfnis nach Hilfe zu erkennen gibt und es zugleich zudeckt. Ich beschreibe, was ich erlebe, und schließlich deute ich Karen, dass sie anscheinend wütend auf mich ist.

Was gibt mir das Recht, Karens Mitteilung eine solche Bedeutung zuzuschreiben? Erinnern wir uns an unsere Eingangsfragen. Um sie anders zu formulieren: Karen sagt nicht, dass sie wütend auf mich ist. Sie brüllt. Wie vermittelt sie mir ihren Affekt? Welche Konzepte erklären ihre Mitteilung am besten? Wenn wir Psychoanalytiker das Gefühl haben, der Patient vermittele eine Bedeutung jenseits des Offensichtlichen, dann sagen wir üblicherweise, er *symbolisiere* diese andere Bedeutung. Karens Gebrüll würde also ihren Ärger auf mich symbo-

---

[5]   In dieser Vignette sollen Kursivschrift und Großbuchstaben die Betonung der Worte hervorheben.

lisieren. Bei näherem Hinsehen allerdings merken wir, dass der Begriff ›Symbol‹, wenn es um die Vermittlung von Bedeutung geht, sehr unterschiedlich verwendet wird. Wir könnten zum Beispiel den Begriff ›Symbol‹ für das Gebrüll eines Säuglings, einen manifesten Trauminhalt, ein Symptom oder ein Kunstwerk nehmen. Wir müssten dann in jedem einzelnen Fall klären, wie wir ›Symbol‹ und ›Symbolisierung‹ meinen. Das wird in der psychoanalytischen Theoriebildung nicht immer in der gebotenen Klarheit getan. Also müssen wir uns in die Probleme mit den Begriffen ›Symbol‹ und ›Symbolisierung‹ vertiefen.

Probleme mit den Begriffen ›Symbol‹ und ›Symbolisierung‹

Nach Silver sind Symbole sowohl »Instrumente, um einander unsere Gefühle mitzuteilen, als auch Instrumente, um Sinn und Verstehen zu schaffen« (1981, S. 271). Die psychoanalytische Situation ist in der Tat aufgeladen mit solchen Gefühlsäußerungen und unseren Bemühungen, sie zu verstehen. Dementsprechend ist ›Symbol‹ ein Begriff, der in der psychoanalytischen Theorie allgemein verwendet wird. Wir machen aber nicht immer deutlich, was wir damit meinen. Das ist umso bedauerlicher in der Arbeit mit Babys, denn die Kommunikation der kleinen Patienten ist so schwer verständlich und so schwer zu deuten. Wir brauchen einen besseren begrifflichen Apparat, um zu verstehen, wie Analytiker und Analysand bewusste oder unbewusste Bedeutungen mitteilen.

Umgangssprachlich beinhaltet das psychoanalytisch verstandene Symbol »die Konstanz des Zusammenhangs zwischen dem Symbol und dem unbewussten Symbolisierten« (Laplanche und Pontalis 1973, S. 481). Der Jargon besagt, eine Zigarre bedeute immer einen Penis. Das Symbol ist in Analogie zum Symbolisierten gebildet (Gibello 1989, S. 37), es dreht sich um Körperfunktionen und existentielle Fragen und ruft keine Assoziationen hervor (Jones 1916). Das steht im Gegensatz zu Freuds weiter gefassten ursprünglichen Definition. Hier ist *jede* Ersatzbildung symbolisch. Die Bedingung einer konstanten Verbindung Bw-Ubw ist fallengelassen worden und das Symbol ist jetzt eine allgemeine semiotische Entität. Das lässt sich als Freuds semiotische Definition der Symbolisierung bezeichnen, wonach die »Entzifferung des Unbewussten analog zu der einer Fremdsprache« vonstatten geht (Anzieu 1989, S. 10).

Während die beiden Definitionen austauschbar verwendet wurden, hat sich eine dritte in die klinischen Diskussionen eingeschlichen. Äußerungen wie »die Patientin kann schwer symbolisieren« unterstellen, dass ihre Worte stumpf und unverständlich sind, ihre Affekte nur vage vermitteln oder dass sie die Deutungen konkretistisch auffasst. Diese Definition richtet sich auf die formalen Qualitäten eines Ausdrucks, den Grad seiner Verständlichkeit und die kommunikative Absicht des Subjekts.

Eine vierte Definition hat Lacan (1966) eingeführt, der Freuds semiotische Definition der Symbolisierung radikalisierte. Er sagte, dass das Unbewusste wie eine Sprache strukturiert sei, da es linguistische Mechanismen benutzt, um sich auszudrücken; Verdichtung ist der Metapher und Verschiebung der Metonymie analog. Seine Gewichtung von Worten als dem wichtigsten Instrument zur Symbolisierung unbewusster Bedeutung hat andere Ausdrucksmodalitäten tendenziell in den Hintergrund gedrängt. Aber in seinen späteren Schriften führte er das Konzept von *la lalangue* ein, dem Babybrabbeln. *Lalangue* unterstützt die Sprachstruktur des Unbewussten, indem es Affekte artikuliert, die dem Individuum rätselhaft bleiben. Es »artikuliert Dinge, die weit über das hinausgehen, was das sprechende Individuum von seinen Äußerungen weiß« (1975, S. 175). Setzt man es als Instrument ein, um Phänomene in der Arbeit mit Säuglingen zu erklären, besteht das Problem darin, dass Lacan *la lalangue* eher als metapsychologisches Konzept verwendete und es nicht in der klinischen Praxis oder Forschung mit Babys untersucht hat.

Wenn Lacan Sprache als Teil des *Symbolischen*, eine der drei Ordnungen neben dem Imaginären und dem Realen, definiert, »[steht] die Struktur des symbolischen Systems an erster Stelle ...; die Verbindung mit dem Symbolisierten ... ist zweitrangig« (Laplanche und Pontalis 1973, S. 487). Das *symbolische* System wird von linguistischen Prinzipien beherrscht, die »die Äußerungen von Affekten, die Besetzung ästhetischer Objekte, die Repräsentanz und Organisation von Bildern« von ihm fernhalten (Arfouilloux 2000, S. 25). Da affektive Äußerungen für den Säugling typisch sind, ist *le symbolique* allzu sehr von einer linguistischen Definition bestimmt, um das Weinen und Grimassieren des Säuglings genügend erfassen zu können.

Wenden wir uns nun der Frage zu, ob eine dieser vier Definitionen von ›Symbol‹ uns dabei helfen kann, Karens Gebrüll zu erklären. Nach der zuerst genannten, klassischen Definition würde das Brüllen konstant ein unbewusstes X bezeichnen. Das widerspricht offenkundig dem spontanen Eindruck; ein Gebrüll kann vieles bedeuten und Karen scheint sich ihres Ärgers bewusst zu sein. Nach der zweiten, der semiotischen Definition, würde das Brüllen Karens Abwehrkonflikt symbolisieren. Aber da ihr Brüllen einen Affekt offen zum Ausdruck bringt, bleibt unklar, was daran abwehrbedingt sein soll. Karens Brüllen der dritten Definition zuzuordnen, dass sie »schwer symbolisieren kann,« versteht sich von selbst, aber die Frage bleibt offen: wann ist ein Brüllen komplex genug, dass man es als Symbol bezeichnen kann? Schließlich wäre die Feststellung unrichtig, das Brüllen gehöre zur Ordnung *des Symbolischen (le symbolique)*, denn diese Ordnung gehorcht linguistischen Gesetzen und ein Gebrüll ist kein linguistischer Ausdruck.

Wenn wir die Definition von *le symbolique* von ihrer Bindung an die Linguistik befreien, dann könnten wir ein Instrumentarium finden, um Karens Brüllen zu bestimmen. Guy Rosolato (1978, 1985), der sich dieser Aufgabe widmet, teilt Sprache in zwei Dimensionen ein: die digitale und die analoge.[6] Während Lacan sich auf die erstere konzentrierte, wonach Sprechen aus separaten Einheiten besteht, die sich nach linguistischen Gesetzen zusammenfügen, führte Rosolato die analoge Dimension ein: nonverbale Aspekte von Ton, Intensität und anderen Nuancen parallel zum Wortstrom. Ich kann Karens Gebrüll in seiner analogen Dimension begreifen; es »kopiert« ihren Ärger und die Kopie entspricht meiner Repräsentanz von Ärger, weil sie bestimmte Charakteristika hat, zum Beispiel einen Klang oder eine Grimasse. Beebe und Lachmann folgern: »Da Mutter und Baby zeitliche und affektive Muster einander angleichen, erschafft jede in sich selbst einen psychophysischen Zustand ähnlich dem des Partners und hat auf diese Weise teil am subjektiven Zustand des Anderen« (2002, S. 109). So haben Karen und ich teil am subjektiven Zustand des jeweils anderen. Unsere Teilhabe geht in zwei Richtungen. Ich habe bei mir spontane mimische Äußerungen festgestellt, die zu meinen eigenen Gefühlen und zugleich zu den Gefühlen analog sind, die ich mir bei dem Kind vorstelle.

Offensichtlich ist die Bedeutung einer analogen Äußerung dem Empfänger nicht unmittelbar zugänglich. Wie verstehen Baby und

---

[6] Die Unterscheidung digitale/analoge Semiotik wird auch von Eco benutzt (1968).

Mutter die emotionale Mitteilung des jeweils anderen? Jemand muss einen Code bereitstellen, der den Inhalt mit seiner Ausdrucksform verbindet. Der Säugling braucht ein Objekt, das die Bedeutung klärt. Und an dieser Stelle wird die Arbeit Melanie Kleins unentbehrlich, da sie sich auf die Rolle des Objekts im Symbolisierungsprozess konzentriert hat. Nach ihrem Verständnis drückt das Spiel der Kinder symbolisch deren Kampf mit inneren und äußeren Objekten aus und sie bot sich selbst als ihr deutendes Objekt in der Übertragung an (Klein 1924, 1930, 1931). Segal (1957, 1991) führte Kleins Werk weiter, indem sie einen theoretischen Bezugsrahmen für die Rolle des Objekts bei der Symbolisierung bereitstellte. Nach ihrer Auffassung bestimmt die Beziehung des Subjekts zu seinem inneren Objekt, wie das Subjekt Symbolisierung gebraucht und versteht. Auf der reifsten Ebene, jener der symbolischen Repräsentanz, die typisch ist für die depressive Position, wird die Getrenntheit des Objekts anerkannt. Die Symbolbildung besteht aus einer »dreifachen Beziehung: aus dem Symbol, dem Objekt, das es symbolisiert und dem Menschen, für den das Symbol das Objekt symbolisiert« (1996, S. 58). In einer symbolischen Gleichsetzung jedoch ist ein Teil des Ich mit dem Objekt identifiziert und wird mit ihm verwechselt. Das Symbol bleibt eher roh und unbearbeitet und schwerer zu verstehen.

Da aber die innere Objektbeziehung des Babys so schwierig zu ermitteln ist, und da Segal Beispiele anführt, die höher entwickelten symbolischen Formen entsprechen als es die Äußerungen eines Babys sind, ist es nicht leicht, ihre Konzepte auf Karens Gebrüll anzuwenden. Es wird sich wohl kaum um eine symbolische Gleichsetzung handeln, da Karen alles andere als eine unklare Grenze zwischen uns zu erkennen gibt. Symbol käme da schon eher in Frage, aber es unterscheidet das Brüllen nicht von einer verbalen Aufzählung meiner Missetaten.

Um Probleme mit dem Konzept der Symbolisierung zu umgehen, schlage ich vor, dass wir infantile Ausdrucksformen, angefangen vom Strampeln, Lächeln, Weinen, Gurren bis hin zu Worten, mit einem einzigen allgemeinen Begriff konzeptualisieren. Er sollte unbelastet sein von Dichotomien wie bewusster/unbewusster Inhalt, verbaler/nonverbaler Ausdruck und separiertes/fusioniertes Objekt. Aus diesem Begriff sollte dann eine Terminologie hervorgehen, die Bedeutungszuschreibungen auf verschiedenen Ebenen des Bewusstseins, der Komplexität und des Objektstatus abdeckt. Ich schlage vor, den Terminus *Zeichen* zu verwenden. Karens Gebrüll ist ein Zeichen ihres Affekts, auf welcher Ebene auch immer es Bedeutung hat. Diese Ebene zu bestimmen ist ein zweiter Schritt. Wir müssen zunächst definieren, was ein Zeichen ist.

»Was ist ein Zeichen?«

»Das ist eine außerordentlich notwendige Frage, denn alles logische Denken ist eine Interpretation von Zeichen irgendwelcher Art« (Peirce 1998, S. 4). C. S. Peirce hat einen allgemeinen Begriff für das Geltendmachen von Bedeutung reserviert, ungeachtet der Ebene der Signifikation: das Zeichen. Aus diesem Begriff erwächst eine Vielzahl an Zeichentypen, von denen ›Symbol‹ nur einer ist.

»Ein *Zeichen* ist ein Ding, das dazu dient, die Kenntnis von einem anderen Ding zu transportieren, für *das es steht* oder *das es repräsentiert*, wie man sagt. Dieses Ding heißt das *Objekt* des Zeichens; die Vorstellung in dem vom Zeichen stimulierten denkenden Gegenüber (mind), die ein mentales Zeichen desselben Objekts ist, wird ein *Interpretant* des Zeichens genannt« (S. 13).

Um etwas als ein Zeichen wahrnehmen zu können, sortiert das Denken die Erfahrung in eine von drei allgemeinen Kategorien ein: erste Ordnung, zweite Ordnung, dritte Ordnung. Erster Ordnung ist eine unmittelbare Erfahrung, die zu anderen Erfahrungen keinen Bezug hat. »Sobald du sie bewusst zur Kenntnis genommen hast, hat sie bereits ihre charakteristische Unschuld verloren« (Peirce 1992, S. 248). Die Erfahrung zweiter Ordnung hat immer einen Bezug zu anderen Erfahrungen. Eine Erfahrung steht einer anderen entgegen oder wird mit ihr verglichen. Die dritte Ordnung bezieht sich auf die Kenntnisnahme von Gesetzen, Konventionen und Regularien. Die Theorie von Peirce bietet also allen menschlichen Erfahrungen Raum, angefangen von ihren rohesten bis hin zu ihren höchst entwickelten Formen.

Diese Erfahrungskategorien können im Wesentlichen auf dreierlei Weise gekennzeichnet werden: als Piktogramme (*icons*), als Hinweise (*indices*) und als Symbole.[7] Wenn mein Eindruck von Karens Ärger eine Erfahrung Erster Ordnung eines ›wütenden Gesichts‹ war, dann

---

[7] Peirce hat diese Terminologie später mit einer Vielzahl an Zeichentypen ausgeweitet, auf die ich an dieser Stelle nicht eingehen will.

habe ich es als ein Piktogramm (*icon*) von Ärger erlebt. Icons »vermitteln Vorstellungen von Dingen, die sie repräsentieren, indem sie sie schlicht imitieren« (Peirce 1998, S. 5). Ein Icon ist geeignet, zu einer Abbildung seines Objekts zu werden« (S. 273). Wenn ich Karens Gesicht mit Gesichtern in anderen Situationen vergleichen würde, dann wäre ihres ein Hinweis (*index*) auf Wut. Ich habe meine Erfahrung in einen Kontext dynamischer Interaktion versetzt; ihr Gesicht hat mich aufgefordert zu reagieren. Ein Index »steht für sein Objekt kraft einer realen Verbindung zu ihm oder weil es das denkende Gegenüber (mind) dazu zwingt, sich mit jenem Objekt zu befassen (S. 14). Schließlich handelte es sich bei meinen Worten an Karen – »Na, *das klingt aber ziemlich wütend!*« – um *Symbole*. Sie waren »durch den Sprachgebrauch mit ihrer jeweiligen Bedeutung verknüpft. So ist es bei den meisten Wörtern und Phrasen …« (S. 5). »Ein Symbol ist ein Zeichen, das auf das Objekt verweist, das es kraft eines Gesetzes bezeichnet … das wirksam wird, damit das Symbol in Referenz zu jenem Objekt gedeutet wird« (S. 292).

Zeichen sind Bausteine für unser Denken; »wir denken nur in Zeichen« (S. 10). Da es »fast unmöglich ist, eine Zeitspanne auszumachen, in der Kinder nicht bereits eine deutliche intellektuelle Aktivität zu erkennen geben« (Peirce 1992, S. 19), sind wir berechtigt, die Peirce'schen Zeichen auf frühkindliches Denken anzuwenden. Das belegen auch seine Beispiele, in denen er darlegt, worauf Zeichen verweisen: auf alles, von Farbflecken über bildliche Vorstellungen bis hin zu komplizierten Wortverbindungen.

Zeichen vertreten ihre Referenzobjekte nicht auf fixierte Weise; es ist nicht immer so, dass X = Icon oder Y = Index ist. Ein Zeichen verweist nicht beständig auf einen einzigen unbewussten Inhalt. Karens Schreien ist nicht automatisch ein Zeichen für Traurigkeit. Jedes Zeichen kann auf allen drei Ebenen gedeutet werden: als Icon, als Index und als Symbol. Gedeutet als Wortsymbole beschreibt »Das klingt wütend!« einen Gefühlszustand bei Karen. Das schließt jedoch nicht aus, dass Karen sie auf einer Icon-Ebene deutet, z. B. als ›Freundlicher Mann.‹

Semiotik, das Zuschreiben von Bedeutung, ist ein endloser Vorgang. Mein unmittelbarer Interpretant, d. h. meine Gedanken darüber, was Karens Gebrüll bedeutete, war gefühlt. Ich spürte, dass sie wütend war. Als mir ihre Wut klar war, dachte ich, sie richte sich keineswegs gegen eine freundliche Person, und ich fühlte mich von

ihrer Wut betroffen. Schließlich konnte ich mich fragen, was ich unter ›wütend‹ verstehe und damit einen logischen Interpretanten schaffen. Dieser Einfall wiederum konnte als emotionaler Interpretant einer
neuen Gedankenkette dienen. Der semiotische Prozess könnte als unendliche Serie von Dreiecken beschrieben werden, wo sich eine Ecke
des Dreiecks aus Interpretant, Objekt und Zeichen an eine Ecke des
nächsten Dreiecks anschließt. Abbildung 1 ist Sheriff (1994, S. 35)
entnommen.

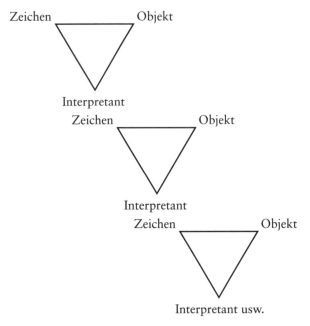

Abbildung 1

   Das Dreieck setzt das Zeichen in eine unendliche Kette von Bedeutungen. Auf Icon, Index und Symbol bezogene Bedeutungen vermischen sich in einer kontinuierlichen Assoziationskette, die nirgends
fest verankert ist. Nicht einmal Icons, die primitivste Form eines Zeichens, können als semiotischer Fixpunkt herhalten. Sie mögen vielleicht identisch erscheinen mit dem, was sie repräsentieren, aber in
Wirklichkeit»besitzen sie keines der Charakteristika des abgebildeten
Objekts, sondern transkribieren nach einem *Code* einige der Gegebenheiten der Erfahrung« (Eco 1971, S. 208. Ich benutzte meinen eigenen

Code, als ich Karens wütendes Gesicht erlebte. Sie sah aus wie andere wütende Personen, denen ich begegnet bin. Für Karens Mutter aber war es das Icon eines traurigen Babys.

»Versteht das Baby wirklich, was Sie ihm vermitteln und verstehen Sie, was es Ihnen vermittelt?« Wenn ich einen Code brauche, um Karen zu deuten, dann fällt die Antwort auf diese Frage wohl negativ aus, denn ich weiß sehr wenig von dem, was sie versteht und von ihrem Vermögen, meine Worte zu erkennen. Frühkindliche Kommunikation wäre dann geradezu unmöglich zu verstehen! Wir finden jedoch einen Ausweg, wenn wir die Rolle des Objekts untersuchen, das mit dem Kind interagiert. Es gibt einige Modelle für den intersubjektiven Prozess der Schaffung von Bedeutung (z. B. Beebe und Lachmann 2002, Stern 1985, Trevarthen und Aitken 2001, Tronick 2005). Mullers (1996) Darstellung, wie das Baby seine semiotischen Fähigkeiten mit der Mutter entwickelt, hat den Vorteil, dass sie psychoanalytische Theorie mit der Forschung über die Interaktion zwischen Mutter und Säugling und mit den Peirce'schen Konzepten der Signifikation zusammenführt.

Der semiotische Prozess – Mutter und Kind, Analytiker und Analysand

»Der forschende Blick des Säuglings ist auch eine Äußerung. Seine freudige oder unmutige Erregung beim Auskleiden ist auch eine Information. Der Schrei mit seinen Modalitäten von Herbeirufen oder Leiden ist ein Zeichen, das zur Mutter spricht« (Lebovici und Stoléru 2003, S. 254). Muller (1996) beschreibt, wie Säugling und Mutter allmählich die Äußerungen und Rufe des anderen verstehen und ihre semiotischen Fähigkeiten entwickeln. Über wechselseitiges Spiegeln mit der Mutter formt das Baby Repräsentanzen von Icons und antwortet; Mama runzelt die Stirn und Baby runzelt die Stirn. Später treten Indexzeichen in den Vordergrund. Mama runzelt die Stirn und das Baby versteht, dass sie ihm gegenüber etwas empfindet. Es fühlt sich gemeint und antwortet. Schließlich verkehren beide, Mutter und Kind mit Hilfe von Wortsymbolen.

Wie kann der Säugling sich einen Reim machen aus all den Äußerungen einschließlich der verbalen Äußerungen, denen er begegnet? Wie werden sie zu »bedeutungsvollen Akten« (Bruner 1990)? Bruner vertritt die Ansicht, dass wir uns die Sprache erobern auf dem Wege

»prälinguistischer ›Offenheit für Bedeutung‹ ... also bestimmter Kategorien von Bedeutung, auf die menschliche Wesen von Geburt an eingestimmt sind und nach denen sie aktiv suchen« (1990, S. 72). Sie existieren als »protolinguistische Repräsentanzen« (ebenda), die wie Erzählungen strukturiert sind. Er behauptet, dass sie »als frühe Interpretanten ›logischer‹ Aussagen dienen, ehe das Kind die geistige Voraussetzung besitzt, sie durch derartige, sich erst später entwickelnde Denkoperationen zu bewältigen, die erwachsene Menschen aufbieten können« (S. 80). Unsere Dialoge in den Sitzungen sind daher kleine sich entfaltende Geschichten. »Es war einmal ein kleines Mädchen. Da stieß sie gegen einen Hocker und brüllte ...«

Aber ist es sinnvoll, ein derart infantiles Verhalten mit dem Etikett ›narrativ‹ zu versehen? Sollten wir nicht viel eher ›Narration‹ für die Sprache reservieren? Langer hat die Auffassung bestritten, dass »nichts, was nicht Sprache [...] ist, [...] den Charakter symbolischer Expressivität besitzen« könne (1942, S. 92). Der Gedanke, dass wir nur verstehen können, was in diskursiver, d. h. linguistischer Form ausgedrückt wird, fußt auf zwei Missverständnissen: »1. dass die Sprache das einzige Mittel sei, um artikuliert zu denken und 2. dass alles, was nicht aussprechbarer Gedanke ist, Gefühl sei« (S. 93). Es gibt »Dinge, die in das grammatische Ausdrucksschema nicht hineinpassen. [...] Dinge, die durch ein anderes symbolisches Schema als die diskursive Sprache begriffen werden müssen« (S. 95). Langer veranschaulicht diese andere Symbolik durch Bilder, Rituale, Magie, Tanz und Musik (1942, 1972). Ich meine, dass Karens Mutter und ich deren Äußerungen als Formen einer »präsentativen Symbolik« verstehen, um einen Begriff Langers zu verwenden. Wir verstehen Karen ähnlich wie wir ein Bild oder einen Tanz verstehen würden. Unsere Eindrücke bilden ein totales, unmittelbares Erlebnis eines »wortlosen Symbolismus, der nicht diskursiv und unübersetzbar ist, keine Definitionen innerhalb seines eigenen Systems zuläßt und das Allgemeine direkt nicht vermitteln kann« (1942, S. 103).

Bei jedem Schritt dieses interaktiven Verständnisses von Bedeutung muss ein Objekt dem Baby dabei helfen, die semiotische Leiter zu erklimmen. Dieses Objekt ist zunächst außen, wird aber kontinuierlich internalisiert. Ein Baby hört seine Mutter, die »eine Gemütsverfassung bei ihrem Kind [erkennt], bevor es sich selbst dieser Verfassung bewußt sein kann, wie beispielsweise dann, wenn das Kind Zeichen gibt, daß es Nahrung braucht, bevor es das eigentlich weiß« (Bion

1962, S. 81), etwa so ausgesprochen: »Was ist los, mein Schatz, bist du hungrig?« Das Kind beruhigt sich, wenn es die Botschaft der Mutter als Icon oder als Index eines *containing object* versteht. *Containing* ist somit ein semiotischer Prozess, in dem die Mutter oder der Analytiker die Mitteilungen des Säuglings übersetzt. Die Mutter deutet ein Icon »Hungriges Baby« und einen Index »füttere mich!« Ihre Gefühle und ihr Verständnis der Mitteilungen des Babys werden umgekehrt dem Baby als Zeichen übermittelt. Bedeutung wird nicht auf eindeutige und zweifelsfreie Art und Weise klargestellt. Vielmehr »entsteht Bedeutung aus Unordnung« (Tronick 2005, S. 311), weil die »Sinn gebenden Systeme« (S. 308) bei Babys und Erwachsenen so unterschiedlich sind. Wir brauchen Säuglingsforschung und klinische Psychoanalyse, um zu erfassen, wie *containment* zustandekommt. Es findet nicht statt in einem »ätherischen Medium,« wie Stern (1998, S. 42) ironisch bemerkt angesichts von Formulierungen, die nicht klarstellen, durch welche Art interaktiven Verhaltens ein *containment* zustandekommt.

In einer Psychoanalyse kann eine entgleiste semiotische Entwicklung zwischen Mutter und Baby eine neue Richtung einschlagen, weil der Analytiker neue Übersetzungen hinzufügt, so etwa, wenn ich sage, »Karen, das klingt wirklich ziemlich wütend.« Das semiotische Modell ermuntert den Analytiker, aufmerksam zu überprüfen, was für ein semiotischer Partner er oder sie für das Baby und die Mutter gerade ist. Ich möchte das anhand einer zweiten Vignette erläutern.

Fallvignette 2

In der zweiten Sitzung kritisiert die Mutter Karens Vater in klagender Weise.

Karen weint und gibt einmal ein kehliges »MAEH-MAEH« von sich. [Unklares Icon: TRAURIGES GESICHT + Index Aufforderung: BEHANDLE MICH WIE EIN ARMSELIGES GESCHÖPF + möglicherweise ein Versuch, ein Wortsymbol »Mama« zu bilden.]

Analytiker: Ja …? [Symbol-Frage: Was meinst du? + ermutigender Index: WEITER, MACH DICH VERSTÄNDLICH, KAREN! + Icon: AUFMERKSAMES GESICHT.]

Karen brüllt. [Eindeutiger Index: ICH BIN BÖSE AUF DICH! FÜHL ES!]

A.: Ja … Jetzt klingst du *wütend*, glaube ich. [Symbol-Deutung:

Du bist zornig + Index: Mach weiter, ich bin interessiert und ich habe keine Angst vor deinem Zorn.]

Karen quengelt wieder. [nimmt die Icon- und Index-Signifikation wieder auf, um dem Analytiker eine Reaktion zu entlocken: Bedaure mich! Ich bin traurig!]

A.: Vielleicht gibt es hier zwei verflixt ärgerliche Personen! [Symbol-Deutung: Ihr beide seid zornig + Index Mitteilung: Ich habe keine Angst vor eurem Zorn.]

Mutter: Mmmm. [Symbol-Kommentar: Ich stimme zu + Index-Kommentar: Ich denke darüber nach, was hier geschieht.]

A.: Eine Mutter, die böse auf den *Vater* ist ... [Symbol-Deutung + Index: Ich überlege.]

Karen blickt finster drein und brüllt vernehmlich. [Icon und Index stimmen jetzt überein: Wütendes Gesicht und Stimme + Ich will euch beiden sagen, dass ich wütend bin.]

A.: ... und eine Karen, die böse ist auf *mich* und *Mama*, weil wir so viel reden. [usw.]

Karen schreit wütend.

A.: Ist das so eine Situation, in der Karen die Brust will?

Mutter: Ja, es wird allmählich Zeit für die Brust ...

Karen weint wieder.

A.: (zu Karen): ich glaube ... ich glaube, du bist *wütend*.

Karen schreit noch aufgebrachter.

Mutter: Ja, jetzt ist sie *nicht* traurig, jetzt ist sie *wütend*!

A.: (zu Karen): Sollen wir versuchen, das herauszukriegen: *worüber bist du wütend?*

Die Mutter deutet Karens Zeichen anders als in der ersten Vignette. Karen produziert mehr unmissverständliche Zeichen, zum Beispiel, wenn Mama und ich sprechen, was mich dazu berechtigt, ihren Zorn zu deuten. Versuchen wir, ihr Schreien und ihre Gier nach der Brust in semiotische Begriffe zu fassen. Es sind verzerrte Icon- und Index-Äußerungen, hauptsächlich von Wut. Diese Verzerrungen tauchen auf, wenn ihre Affekte den Kontakt zu expliziten Erinnerungen an jene Situationen verloren haben, in denen sie auftraten. Stattdessen verbinden sich die Affekte mit dem unabweisbaren Verlangen nach der Brust. Ein Teil ihrer Psyche bringt Symptome und Affektstürme hervor. Ein anderer ist ein abgewehrter und affektiv stiller Teil, wo der Zorn ausgelöscht ist. Nach dieser Aufspaltung sind Symptome und Persönlichkeit fixiert und die infantile Verdrängung tritt in Kraft. Je fester gefügt sie ist, desto mehr ist Karen festgefahren in monotonem Quengeln und ihre Mutter in stereotypen Interpretationen ihres Zustands (»sie ist traurig«).

Die Antworten auf einige der Fragen zeichnen sich nun ab. »Woher wollen Sie wissen, dass der Säugling versteht, was Sie zu ihm sagen?« Er oder sie versteht es in einer sich entwickelnden semiotischen Beziehung zu mir und zur Mutter. »Was versteht das Kind?« Es versteht mich auf zunehmend komplexer werdenden Zeichenebenen, angefangen vom Icon über den Index bis hin, bei älteren Kindern, zum Symbol. »Woher wollen Sie wissen, ob Sie beide dieselben Aspekte der Kommunikation verstehen?« Ich beurteile das je nach meiner Gegenübertragung, die ich mit dem augenblicklichen Modus unserer semiotischen Interaktion vergleiche.

Wir müssen nun Karens kognitive Fähigkeiten einbeziehen, Kommunikation auf unterschiedlichen Ebenen zu verstehen. Wie und auf welchen Ebenen ist es ihr möglich, meinen Satz zu verstehen »Ich glaube, du bist wütend«?

Das Sprachverständnis des Kleinkindes – Ergebnisse aus der Entwicklungsforschung

Techniken in der Entwicklungsforschung zeichnen auf, was der Fötus und das Neugeborene an sprachlicher Kommunikation verstehen. In den letzten drei Monaten der Schwangerschaft verarbeitet der Fötus die Sprachlaute seiner Mutter und entnimmt »invariante Muster aus den komplexen auditiv einströmenden Reizen, die durch das Fruchtwasser gefiltert werden« (Karmiloff und Karmiloff-Smith 2001, S. 43). Er kann zwischen Sprache und anderen Lauten unterscheiden. Bei der Geburt erkennt er die Stimme seiner Mutter (S. 44) und zieht sie der einer Fremden vor (DeCasper und Fifer 1980).

Das Erkennen der mütterlichen Stimme beginnt also *in utero*. Erkennen ist allerdings noch nicht dasselbe wie verstehen. »Für das Neugeborene … ist die Stimme der Mutter ein akustischer Reiz, der ihm in mancher Hinsicht vertraut, aber noch nicht mit irgendeinem anderen Aspekt ihrer Person im postnatalen Erleben verknüpft ist« (Fernald 2004, S. 57). Das Baby erkennt prosodische und rhythmische Muster in der Art, wie seine Mutter eine Geschichte vorliest, die sie vor der Geburt laut gelesen hatte. Das Baby wird beim Vorlesen seine Mutter jeder anderen Frau vorziehen (DeCasper und Spence 1986). Das Neugeborene benutzt auch pränatale Eindrücke, um das Sprechen seiner Mutter von jeder anderen rhythmischen Kategorie zu unterscheiden (Nazzi et al. 1998, S. 756).

Die Mutter und andere Nahestehende helfen dem Baby, eine Sprachkompetenz zu entwickeln, indem sie gekünstelt ›nach Mutterart‹ sprechen, wobei die »Betonungsmuster innerhalb der Worte und Sätze übertrieben werden, ebenso wie Intonationskonturen um Redewendungen herum« (Karmiloff und Karmiloff-Smith 2001, S. 47). Das hilft dem Säugling, »linguistische Einheiten im kontinuierlichen Sprachfluss zu erkennen« (Fernald 2004, S. 58) und sie mit lustvoller Begegnung zu assoziieren.

»Zwischen Geburt und zweitem Monat verarbeiten Babys grundlegende rhythmische Charakteristika von Sprachen. Vom fünften Monat an beginnen sie sich auf die Besonderheiten ihrer Muttersprache zu konzentrieren« (Karmiloff und Karmiloff-Smith 2001, S. 46). Das bedeutet nicht, dass ein fünf Monate altes Kind Sprecheinheiten als Sprache erlebt. Sie werden vielmehr »unabhängig von Bedeutung und Grammatik als Klanggruppen erlebt« (S. 49). Ein paar Monate später kann ein Kind wie Karen »ein Wort heraushören, das in verschiedenen Satzzusammenhängen wiederkehrt« (S. 51). Wenn ich »wütend« wiederhole, wird Karen allmählich seinen Klang wiedererkennen, aber dennoch seinen Symbolgehalt nicht verstehen.

Erst am Ende des ersten Lebensjahres fangen Worte an, im Dienste einer »referentiellen Funktion« (Fernald 2004, S. 62) zu stehen. Um diesen Mechanismus zu verstehen, muss das Baby begreifen, dass Mamas Zeigefinger auf etwas anderes ›dort‹ verweist. Das ist eine Voraussetzung für das Verständnis, dass ein Wort auf etwas anderes als das unmittelbar Vorhandene verweist. Diese Fähigkeit setzt um den 12. Monat herum ein (Messer 2004, S. 295).

Das Baby muss noch eine weitere Fähigkeit entwickeln, um verstehen zu können, was Worte bedeuten. Sehr junge Kinder verknüpfen Objekte, die sie sehen und hören nur dann, wenn sie gleichzeitig dargeboten werden. Mütter »setzen intuitiv synchrone Gebärden ein, um ihren kleinen Babys neue Bezeichnungen für Objekte beizubringen« (Bahrick 2000, S. 132). Die Mutter zeigt auf den Löffel und sagt dabei »Löffel!« Dem kleinen Kind muss ein Objekt gleichzeitig visuell und auditiv dargeboten werden. Um mit Peirce zu sprechen, solange das Indexzeichen und sein Objekt zusammen dargeboten werden müssen, kann das Baby den Riesenschritt noch nicht tun, das Objekt mit dem Wortsymbol zu verbinden.

Zusammenfassend lässt sich sagen: ein einjähriges Kind versteht, dass Worte sich auf Dinge beziehen und wenn es die Dinge sieht, müssen die Worte nicht ausgesprochen werden, um deren Bezug zu vermitteln. Es versteht die Bedeutung von etwa zehn Worten, und vielleicht hat es schon begonnen, eines oder zwei auszusprechen. Also stellt uns Karen, die erst acht Monate alt ist, vor eine höchst berechtigte Frage: warum benutze ich Worte, deren symbolische (Peirce), digitale (Rosolato) oder lexikalische (Norman) Bedeutung sie nicht verstehen kann? Ich tue das, weil ich Karen eine Fähigkeit zuschreibe, *emotionale* Kommunikation zu verstehen. Befunde aus der entwicklungspsychologischen Forschung stützen eine solche Hypothese.

Das emotionale Verständnis des Kleinkindes – Ergebnisse aus der entwicklungspsychologischen Forschung

Das Experiment mit dem unbewegten Gesicht der Mutter (»Still-Face Experiment«) ist von Tronick und Mitarbeitern (1978) entwickelt worden. Wenn eine Mutter, die mit ihrem Kind spielt, plötzlich auf Anweisung des Untersuchers ihr Gesicht bewegungslos hält, ist die Wirkung dramatisch. Das Baby hört auf zu lächeln und seine Mutter anzuschauen und wird unglücklich. Das unbewegte Gesicht hindert Mutter und Baby daran, einen »dyadischen Bewusstseinszustand« (Tronick 2005) zu bilden. Der wechselseitige Austausch und das Erschaffen von Bedeutung werden unterbrochen. Stattdessen beschäftigen sich diese Säuglinge »mit selbst gestaltetem, regulativem Verhalten, um ihre Kohärenz und Komplexität aufrecht zu erhalten, und den Abbau ihres Bewusstseinszustandes zu verhindern« (2005, S. 303).[8]

[8]   Ein Bewusstseinszustand (SOC = state of consciousness) ist »ein psychobiologischer Zustand mit einer eindeutigen komplexen Organisation von Körper, Gehirn, Verhalten und Erleben. Er ist eine ausgeprägte Ansammlung impliziter und expliziter Bedeutungen, Absichten und Abläufen. ... SsOC sind zielgerichtet und ordnen innere und äußere Aktivitäten auf ein Ende hin« (Tronick 2005, S. 295). »Von einem gewissen Punkt in der Entwicklung an setzen SsOC Bedeutungen von psychodynamischen Prozessen einschließlich eines psychodynamischen Unbewussten zusammen« (S. 297).

Muir und Mitarbeiter (2005) haben die Beobachtungsmethoden beim Still-Face verfeinert. Sie haben nicht nur den Blick des Babys zur Mutter oder von ihr weg erfasst, sondern auch dessen emotionale Reaktionen. Durch Messung von Blick und Lächeln des Babys in Richtung auf das Gesicht der Mutter, wenn sich dessen Ausdruck von ›glücklich‹ zu ›traurig‹ verändert, »konnte D'Entremont (1995) mit Zuordnungen anhand eines Lächelindex zeigen, dass Säuglinge zwischen einer Vielzahl emotionaler Veränderungen zwischen glücklich und traurig im Gesicht eines Erwachsenen unterscheiden können, und das bereits einige Monate früher als es Messungen visueller Aufmerksamkeit vermuten lassen« (Muir et al. 2005, S. 216). Drei Monate alte Säuglinge hören auf zu lächeln und »lassen auf diese Weise die Sensibilität eines Säuglings für die Veränderung emotionaler Ausdrucksweisen von glücklich zu traurig erkennen« (S. 214). Diese kleinen Babys können unterschiedliche emotionale Veränderungen im Gesicht ›lesen‹ und einsortieren. Mit acht Monaten ist Karen bereits Spezialistin im Lesen von Emotionen im Gesicht der Mutter oder in meinem. Ihr Problem besteht nicht darin, dass Mutters Gesicht bewegungslos wäre, sondern dass sie nicht zusammenbringen kann, was Mama bewusst und unbewusst vermittelt oder, in einen anderen Bezugsrahmen gestellt, was ihre voneinander abweichenden Zeichentypen bedeuten.

Was die auditive Kommunikation angeht, bewirkt die Stimme des Erwachsenen »in erster Linie, die visuelle Aufmerksamkeit des Babys aufrecht zu erhalten, obwohl auch die Stimme für sich einen positiven Affekt hervorrufen kann, wenn der Gesichtsausdruck schwer zu entziffern ist« (Muir et al. 2005, S. 224). Um solche schwer entzifferbaren Situationen zu schaffen, wurde die Stimme eines im Fernsehen gezeigten Erwachsenen von einer synthetischen Stimme mit einer anderen emotionalen Botschaft ersetzt. Die Ergebnisse machten deutlich, dass Babys Zeichen der Verzweiflung an den Tag legen können, wenn sie mit einer Botschaft konfrontiert sind, in der das Gesehene und das Gehörte nicht zusammenpassen. In anderen Experimenten aber sind Babys gefesselt vom Anblick des glücklichen Gesichts, ignorieren die dazu widersprüchliche traurige Stimme und bleiben ruhig. Karen scheint zur ersten Gruppe zu gehören. Sie erfasst jene Veränderungen in der Stimme ihrer Mutter, die ich als unaufrichtig empfand, wenn Wortlaut und mitschwingender Affekt nicht zusammenpassten. Andererseits ließ genau diese Sensibilität Karen aufhorchen, wenn ich mich auf eine leicht zu entziffernde und ernsthafte Weise ausdrückte, das heißt, wenn Wortlaut und Klang meiner Stimme mit meiner visuellen Erscheinung übereinstimmten. Ich werde gleich auf diesen Punkt zurückkommen.

Auch die Experimente des Musikwissenschaftlers Stephen Malloch liefern Belege für die Sensibilität des Babys für auditive Kommunikation. Die Elemente der Begegnung zwischen Mutter und Kind bündeln sich zu einer »kommunikativen Musikalität« (1999, S. 31), die Malloch spektrometrisch untersucht. Analysen von ›Gesprächen‹ zeigen, dass eine Mutter und ihr wenige Monate altes Baby spontan einen gemeinsamen Takt finden. Mamas »Nun komm schon!« oder »Das ist aber schlau!« werden vom Baby mit Gurren in einem gemeinsamen, basalen Rhythmus aufgegriffen. Die Mutter passt sich spontan an Veränderungen in der Tonlage des Babys an und die Klangfarbe ihrer Stimme verändert sich, sodass Botschaften mit unterschiedlichen Bedeutungen verschieden klingen. Wenn die Mutter depressiv ist, dann kommt diese kommunikative Musikalität zum Erliegen (Robb 1999).

Die Experimente zeigen, dass Babys sichtbare emotionale und hörbare präverbale Mitteilungen besser verstehen als Worte. Für den klinischen Umgang bedeutet ihre Sensibilität, dass mich das Baby emotional nicht verstehen kann, wenn meine bildhaften [Icon] und hinweisenden [Index] Äußerungen nicht mit meinem symbolischen Ausdruck übereinstimmen. Übereinstimmung kommt dann zustande, wenn »sowohl der Klang der Stimme und die Gesten der Analytikerin/des Analytikers, als auch die lexikalische Bedeutung ihrer/seiner Worte dieselbe Bedeutung zum Ausdruck bringen« (Norman 2001, S. 96). Wenn ich zu Karen spreche, ist der wortsymbolische Gehalt insofern ohne Bedeutung, als sie ihn nicht versteht. Aber er ist insofern von höchster Bedeutung, als er mit meinen emotionalen bildhaften [Icon] und hinweisenden [Index] Äußerungen übereinstimmt. Wenn meine Äußerungen eine Einheit bilden, wenn ich aussehe und mich anhöre wie die Worte, die ich ihr sage, dann bin ich aufrichtig. Das hilft ihr dabei, sich aus Mutters Kommunikation mit ihren widersprüchlichen Botschaften zu lösen. Deshalb rede ich nicht gekünstelt ›nach Mutterart‹ mit Karen. Ich verwende eine leicht verständliche und einfache Sprache und ich mache sie nicht schmackhaft mit irgendeiner kindischen Intonation.

Für den Analytiker gibt es viele Stolpersteine, die aufrichtigen Gefühlsäußerungen im Wege sind. Wenn ich befürchte, dass Karen oder die Mutter keinerlei Hinweis auf ihre Wut ertragen, dann werde ich das möglicherweise bildlich [Icon] zeigen, selbst wenn ich schweige. Wenn ich mit der Mutter, ihrem logischen Interpretanten folgend, dass Karen traurig ist, darüber spreche und dabei zugleich meine emotionalen und energetischen Interpretanten ihrer Wut übergehe, dann bin auch ich unaufrichtig. Wenn ich ermutigend dreinblicke, aber Trauer empfinde über ihre Kommunikation, dann wiederhole ich das Experiment ›glückliches Gesicht, traurige Stimme‹. Um aufrichtig zu sein, muss man beständig seine Gegenübertragung überprüfen.

Kommunikation und therapeutische Aktivität

Die beiden zusammenfassenden Fragen lauteten: »Versteht der Säugling wirklich, was Sie ihm vermitteln und verstehen Sie, was er Ihnen vermittelt?« Ich hoffe, ich habe meine Gründe und Vorbehalte klargestellt, wenn ich beide Fragen bejahe. Karen versteht meine Kommunikation auf der Bild- und der Hinweis-Ebene, die meine verbalen Deutungen begleiten. Sie ist berührt von meinen aufmerksamen Bemühungen, sie zu verstehen und aufrichtig zum Ausdruck zu bringen, was meiner Wahrnehmung nach in ihr vor sich geht. Mein Verstehen basiert auf meiner Gegenübertragung und ich habe diese Position genauer bestimmt, indem ich mein Instrumentarium, Karen zu verstehen, kritisch überprüft habe. Ich habe auch dem infantilen Wahrnehmungs- und Kognitionsapparat Rechnung getragen, mit Hilfe dessen linguistische und emotionale Kommunikation verstanden wird.

Manchmal werde ich gefragt, ob diese Methode nicht so sehr wegen meiner Deutungen wirkt, sondern vielmehr, weil die Mutter meinem Dialog mit ihrem Baby zuhört und sich mit mir identifiziert. Zweifellos beweisen die nachdenkliche Haltung von Karens Mutter und ihre zunehmende Festigkeit, wenn Karen schreit und Panik aufzukommen droht, dass sie sich mit mir identifiziert hat. Ich denke, ihre Identifizierung speist sich aus einer zweifachen Quelle. Sie nimmt aus erster Hand daran teil, wenn ich die Arbeit mit Karen als den wichtigsten Zugang für therapeutische Veränderung nutze. Darüber hinaus deute ich auch ihrer beider Interaktion. Ihre Identifizierung mit mir fußt daher einerseits darauf, dass sie Zeugin ist, wie sich der innere Kampf des kleinen Mädchens in der Beziehung zu mir entfaltet und andererseits darauf, dass sie versteht, wie sie selbst zum emotionalen Klima zwischen ihnen beiträgt. Das verleiht ihrer Erfahrung eine Qualität, die unter die Haut geht und die ihre Identifizierung begünstigt. Ich werde das gleich zeigen.

Eine andere Frage, die manchmal gestellt wird, lautet, ob der Säugling sich verändert, weil es der normalen Entwicklung entspricht oder aufgrund der Deutungsarbeit. Diese Frage kann man unmöglich mit Gewissheit beantworten, aber zwei Argumente unterstützen die Annahme, dass das Baby Deutungsarbeit braucht, um mit der normalen Entwicklung Schritt zu halten. Die Mütter bringen ihre Babys zu uns, weil die normale Entwicklung stagniert. Die Babys erscheinen hilflos und unreif, als ob ihre Psyche den Versuch machte, strukturbildende Verdrängungen hinauszuzögern. Warum sollte eine Entwicklung plötzlich ihren normalen Verlauf wieder aufnehmen, als hätte analytische Arbeit keinen Einfluss auf sie? Zum anderen, Karen hatte fast ihr ganzes, acht Monate während des Leben über geweint und flehentlich geschrieen. Das hat sich im Verlauf der Behandlung radikal geändert. Die Erklärung, das sei allein der normalen Entwicklung zu verdanken, erfordert eine Darlegung, welche Prozesse eine solche Macht haben sollten, alarmierende Symptome zum Verschwinden zu bringen.

Versteht Karen wirklich, was ich ihr mitteile? Betrachten Sie die folgende letzte Momentaufnahme. Karen kommt zur 12. Stunde, gerade wach geworden und ein bisschen hungrig. Sie ist ein wenig unmutig, hält sich aber im Zaum. Sie sieht mich ernst an und ich warte. Unvermutet krabbelt sie zu einem Schrank und streckt sich nach einem Türknauf. Sie klopft dagegen und bewegt ihre Hand zum Mund, als trinke sie etwas. Sie lacht auf, die Mutter stimmt mit ein. Die Mutter sagt zu Karen: »Du nimmst dir gerade an der Milchbar etwas zu trinken, nicht wahr?« Karens Spiel zeigt, dass sie meine Deutungen ihrer Wut auf Mamas Brust und ihrer Angst davor integriert hat. Mutters Wortspiel »Milchbar« zeigt, dass sie sich von Karens Forderungen nicht einwickeln lässt. Es ist auch ein Zeichen für die Identifizierung mit mir, denn ich spreche manchmal in so einer spielerischen Sprache.

»Talk to me baby, tell me what's the matter now.« Oder: »Gib mir ein Zeichen, Baby, und ich will deine Icons und Indizes in verständlichere Zeichen übersetzen und sie dir vermitteln. Deine protolinguistischen Repräsentanzen von Emotionen werden ein Narrativ bilden, das wir gemeinsam untersuchen können. Unser Dialog wird zu einem Tanz, dessen präsentative Symbolik wir deuten werden.« Die zuletzt genannte Formulierung beschreibt die Kommunikation in der psychoanalytischen Arbeit mit Säuglingen eigentlich besser. Andererseits würde sie sicherlich einen lausigen Bluestitel abgeben. Aber das ist eine andere Geschichte.

Danksagungen

Ich möchte Johan Norman würdigen, der mir ein halbes Jahr vor seinem Tod im Jahre 2005 wertvolle Gesichtspunkte vermittelt hat. Ich danke auch Dr. Alexandra Harrison und Prof. Edward Tronick für eine interessante Diskussion. Diese Arbeit ist Teil eines Forschungsprojekts am Karolinska Institut für Entwicklungsstörungen bei Säuglingen. Es vergleicht die psychoanalytische Behandlung von Babys und ihren Müttern mit üblichen Behandlungen. Ich möchte folgenden Stiftungen für ihre großzügigen Zuwendungen danken: die Ahrén, Ax:son Johnson, Engkvist, Groschinsky, Golden Wedding Memorial von Oscar II. und Königin Sophia; Jerring, Kempe-Carlgren, Majblomman und Wennborg sowie dem Forschungsbeirat der IPA.

Aus dem Englischen von Barbara Strehlow

Bibliographie

Anzieu, D. (Hg.) (1989): Psychanalyse et language. Du corps à la parole. Paris (Dunod). Dt.: Psychoanalyse und Sprache. Vom Körper zum Sprechen, übers. von Brigitte Schellander. Paderborn (Junfermann) 1982.

Arfouilloux, J.-C. (2000): Guy Rosolato. Paris (PUF).

Bahrick, L. (2000): Increasing specificity in the development of intermodal perception. In: Muir, D. u. Slater, A. (Hg.). Infant development: Essential readings, 119–36. London (Blackwell).

Balkányi, C. (1964): On verbalization. Internat. J. Psychoanal. 45, 64–74.

Baradon, T. (2002): Psychotherapeutic work with infants – Psychoanalytic and attachment perspectives. Attach. Hum. Dev. 4, 25–38.

– u. Broughton, C. u. Gibbs, I. u. James, J. u. Joyce, A. u. Woodhead, J. (2005): The practice of psychoanalytic parent-infant psychotherapy – Claiming the baby. London (Routledge).

Barrows, P. (2003): Change in parent-infant psychotherapy. J. Child Psychother. 29, 283–300.

Bear, M. u. Connors, B. u. Paradiso, M. (2001): Neuroscience: Exploring the brain. Baltimore, MD (Lippincott William & Wilkins).

Berlin, N. (2002): Parent-child therapy and maternal projections: tripartite psychotherapy – a new look. Amer. J. Orthopsychiatry 72, 204–16.

Beebe, B. u. Lachmann, F. (2002): Infant research and adult treatment: Co-constructing interactions. Hillsdale, NJ (Analytic Press). Dt.: Säuglings-forschung und die Psychotherapie Erwachsener: wie interaktive Prozesse entstehen und zu Veränderungen führen, übers. von Helga Haase. Stutt-gart (Klett-Cotta) 2004.

Bion, W. (1962): Learning from experience. London (Karnac). Dt.: Lernen durch Erfahrung, übers. von Erika Krejci. Frankfurt a. M. (Suhrkamp) 1990.

Bruner, J. (1990): Acts of meaning: Four lectures on mind and culture. Cam-bridge, MA (Harvard Univ. Press). Dt.: Sinn, Kultur und Ich-Identität: [zur Kulturpsychologie des Sinns], übers. von Wolfram Karl Köck. Heidelberg (Auer) 1997.

Cramer, B. u. Palacio Espasa, F. (1993): La pratique des psychothérapies mères-bébés. Études cliniques et techniques. Paris (PUF).

DeCasper, A. J. u. Fifer, W. P. (1980): Of human bonding: Newborns prefer their mothers' voices. Science 6 June. 208, 1174–6.

– u. Spence, M. (1986): Prenatal maternal speech influences newborns' per-ception of speech sounds. Infant Behav. Dev. 9, 133–50.

D'Entremont, B. (1995): One- to six-months-olds' attention and affective res-ponding to adults' happy and sad expressions: The role of face and voice. Unpublished doctoral dissertation, Queen's U., Kingston, Ontario.

Dolto, F. (1982): Séminaires de psychanalyse d'enfant, vol. 1. Paris (Seuil). Dt.: Praxis der Kinderanalyse. Ein Seminar, übers. von Bettina Runge u. Werner Damson. Stuttgart (Klett-Cotta) 1985.

– (1985): Séminaires de psychanalyse d'enfant, vol. 2. Paris (Seuil). Dt.: Fall-studien zur Kinderanalyse, übers. von Werner Damson. Stuttgart (Klett-Cotta) 1989.

– (1994): Les étapes majeures de l'enfance. Paris (Gallimard). Dt.: Kinder stark machen: die ersten Lebensjahre. Weinheim (Beltz) 2002.

Eco, U. (1971): Den frånvarande strukturen [1968] [The absent structure]. Lund (Cavefors).

Fernald, A. (2004): Hearing, listening and understanding: Auditory develop-ment in infancy. In: Bremner, J. G. u. Fogel, A. (Hg.). Blackwell handbook of infant development, 35–70. London (Blackwell).

Field, T. u. Healy, B. u. Goldstein, S. u. Perry, S. u. Bendell, D. u. Schanberg, S. et al. (Hg.) (1988): Infants of depressed mothers show ›depressed‹ be-havior even with non-depressed adults. Child Dev. 59, 1569–79.

Fraiberg, S. (1987): Selected writings of Selma Fraiberg, Fraiberg, L. (Hg.). Columbus (Ohio State Univ. Press).

Gibello, B. (1989): Fantasme, langage, nature, trois ordres de réalité. In: Anzieu, D. (Hg.). Psychanalyse et langage, 25–70. Paris (Dunod). In: Dt.:

Psychoanalyse und Sprache. Vom Körper zum Sprechen, übers. von Brigitte Schellander. Paderborn (Junfermann) 1982.

Jones, E. (1916): The theory of symbolism. In: Papers on psychoanalysis, 5th edition, 87–144. London (Baillière, Tindall & Cox) 1948. Dt.: Theorie der Symbolik. Intern. Zschr. Psychoanal. (1919) 273 ff.

Karmiloff, K. u. Karmiloff-Smith, A. (2001): Pathways to language. Cambridge, MA (Harvard Univ. Press).

Klein, M. (1923): Die Rolle der Schule in der libidinösen Entwicklung des Kindes. In: Cycon, R. (Hg.) Melanie Klein Ges. Schriften, Bd. 1, T. 1; 139. Stuttgart (frommann-holzboog) 1995.

– (1930): Die Bedeutung der Symbolbildung für die Ich-Entwicklung. Ebd., 347

– (1931): Beitrag zur Theorie intellektueller Hemmungen. Ebd., 375

Lacan, J. (1966): Écrits, vol. 1. Paris (Seuil) 1999. [(2005). Écrits, Fink, B. (Übers.). New York, NY (Norton). Dt.: Schriften, Bd. 1, Haas, N. (Hg.), übers. von Rodolphe Gasché. Berlin (Quadriga) 1996.

– (1975): Encore: Séminaires [On feminine sexuality, the limits of love and knowledge: The Seminar of Jacques Lacan, Book XX, Encore], vol. 20. Paris (Seuil). Dt.: Das Seminar, Bd. 20, Encore. Weinheim (Quadriga) 1991.

Laplanche, J. u. Pontalis, J. B. (1967): Das Vokabular der Psychoanalyse, übers. von E. Moersch. Frankfurt (Suhrkamp) 1973.

Langer, S. (1942): Philosophy in a new key: A study in the symbolism of reason, rite and art. Cambridge, MA (Harvard Univ. Press). Dt.: Philosophie auf neuem Wege: das Symbol im Denken, im Ritus und in der Kunst, übers. von A. Löwith. Frankfurt a. M. (Fischer-Tb) 1992.

– (1972): Mind: An essay on human feeling, vol. 2. Baltimore, MD (Johns Hopkins Univ. Press).

Lebovici, S. u. Stoléru, S. (2003): Le nourisson, sa mère et le psychanalyste. Paris (Bayard). Dt.: Der Säugling, die Mutter und der Psychoanalytiker: die frühen Formen der Kommunikation, übers. von Dietmar Friehold. Stuttgart (Klett-Cotta) 1990.

Lieberman, A. u. Silverman, R. u. Pawl, J. (2000): Infant-parent psychotherapy: Core concepts and current approaches. In: Zeanah, C. (Hg.). Handbook of infant mental health, 2nd ed., 472–84. New York, NY (Guilford).

Malloch, S. (1999): Mothers and infants and communicative musicality. Musicae Scientiae, special issue, 29–58.

Manzano, J. u. Palacio Espasa, F. u. Zilkha, N. (1999): Les scénarios narcissiques de la parentalité. Clinique de la consultation thérapeutique. Paris (PUF). (Le Fil Rouge series.)

Messer, D. (2004): Processes of early communication. In: Bremner, J. G. u. Slater, A. (Hg.). Theories of infant development, 284–316. Oxford (Blackwell).

Muir, D. u. Lee, K. u. Hains, C. u. Hains, S. (2005): Infant perception and pro-
duction of emotions during face-to-face interactions with live and ›virtual‹
adults. In: Nadel, J. u. Muir, D. (Hg.). Emotional development, 207–34.
Oxford (Oxford Univ. Press).

Muller, J. (1996): Beyond the psychoanalytic dyad. London (Routledge).

Nazzi, T. u. Bertoncini, J. u. Mehler, J. (1998): Language discrimination by
newborns: Towards an understanding of the role of rhythm. J. Exp. Psychol. Hum. Percept Perf. 24, 756–66.

Norman, J. (2001): The psychoanalyst and the baby: A new look at work with
infants. Internat. J. Psychoanal. 82, 83–100.

– (2004): Transformations of early experiences. Internat. J. Psychoanal. 85,
1103–22.

Peirce, C. S. (1992): The essential Peirce, vol. 1: 1867–1893. Kloesel, C. u.
Houser, N. (Hg). Bloomington, IN (Indiana Univ. Press).

– (1998): The essential Peirce, vol. 2: 1893–1913. Houser, N. (Hg.). Bloomington, IN (Indiana Univ. Press).

Robb, L. (1999): Emotional musicality in mother-infant vocal affect and an
acoustic study of postnatal depression. Musicae Scientiae, special issue,
123–54.

Rosolato, G. (1978): Symbol formation. Internat. J. Psychoanal. 59, 303–13.

– (1985): Éléments de l'interprétation. Paris (Gallimard).

Segal, H. (1957): Notes on symbol formation. Internat. J. Psychoanal. 38,
391–7.

– (1991): Dream, phantasy and art. London (Routledge). (New Library of
Psychoanal., vol. 12.). Dt.: Traum, Phantasie und Kunst, übers. von Ursula
von Goldacker. Stuttgart (Klett-Cotta) 1996.

Sheriff, J. (1994): Charles Peirce's guess at the riddle: Grounds for human
significance. Bloomington, IN (Indiana Univ. Press).

Silver, A. (1981): A psychosemiotic model: An interdisciplinary search for a
common structural basis for psychoanalysis, symbol-formation, and the
semiotic of Charles S. Peirce. In: Grotstein J. S. (Hg.). Do I dare disturb
the universe? A memorial to W. R. Bion, 270–315. London (Karnac).

Stern, D. (1985): The interpersonal world of the infant: A view from psychoanalysis and developmental psychology. New York, NY (Basic Books). Dt.:
Die Lebenserfahrung des Säuglings, übers. von Wolfgang Krege, bearb.
von E. Vorspohl. Stuttgart (Klett-Cotta) 2007.

– (1998): The motherhood constellation – A unified view of parent-infant
psychotherapy. London (Karnac). Dt.: Die Mutterschaftskonstellation:
eine vergleichende Darstellung verschiedener Formen der Mutter-Kind-
Psychotherapie, übers. von E. Vorspohl. Stuttgart (Klett-Cotta) 1998.

Trevarthen, C. u. Aitken, K. (2001): Infant intersubjectivity: Research, theory
and clinical applications. J. Child Psychol. Psychiatry 42, 3–48.

Tronick, E. (2005): Why is connection with others so critical? The formation of dyadic states of consciousness and the expansion of individuals' states of consciousness: Coherence governed selection and the co-creation of meaning out of messy meaning making. In: Nadel, J. u. Muir, D. (Hg.). Emotional development, 293–315 Oxford (Oxford Univ. Press).

– u. Weinberg, K. (1997): Depressed mothers and infants: Failure to form dyadic states of consciousness. In: Murray, L. u. Cooper, P. (Hg.). Postpartum depression and child development, 54–82. New York, NY (Guilford).

– u. Als, H. u. Adamson, L. u. Wise, S. u. Brazelton, B. (1978): The infant's response to entrapment between contradictory messages in face-to-face interaction. J. Amer. Acad. Child Psychiatr. 17, 1–13.

Watillon, A. (1993): The dynamics of psychoanalytic therapies of the early parent-child relationship. Internat. J. Psychoanal. 74, 1037–48.

Winnicott, D. W. (1941): The observation of infants in a set situation. Internat. J. Psychoanal. 22, 229–49. Dt.: Die Beobachtung von Säuglingen in einer vorgegebenen Situation. In: Von der Kinderheilkunde zur Psychoanalyse. München (Kindler) 1976.

– (1960): The theory of the parent-infant relationship. Internat. J. Psychoanal. 41, 585–95. Dt.: Die Theorie von der Beziehung zwischen Mutter und Kind. In: Reifungsprozesse und fördernde Umwelt. München (Kindler) 1974.

Gabriele Junkers (Hg.)
Verkehrte Liebe
Ausgewählte Beiträge aus dem International Journal of Psychoanalysis
Band 1

2006. 272 Seiten · fadengeheftete Broschur · € 25,–
ISBN 978-3-89295-773-7

Inhalt

Gabriele Junkers (Hg.)
Schweigen
Ausgewählte Beiträge aus dem International Journal of Psychoanalysis
Band 2

2007. 267 Seiten · fadengeheftete Broschur · € 25,–
ISBN 978-3-89295-779-9

Inhalt

I Themenschwerpunkt: Klinische Herausforderungen

II Psychoanalytische Kontroversen und theoretische Beiträge

III Aus der Forschung

edition diskord · Schwärzlocher Str. 104 B · 72070 Tübingen
Tel. 07071/40102 · Fax 07071/44710
E-mail: ed.diskord@t-online.de
www.edition-diskord.de

VERÖFFENTLICHUNGEN DES KLEIN SEMINARS SALZBURG
Herausgegeben von Karl und Ruth Mätzler

Band 1:
Karl und Ruth Mätzler (Hg.)
Sexualität in der kleinianischen Psycho-
analyse
2005. 191 Seiten · € 18,00
ISBN 3-89295-753-3

Band 2:
Frances Tustin
Autistische Barrieren bei Neurotikern
Mit einem Vorwort von Maria Rhode
Übersetzung aus dem Englischen von Kevin
O'Keeffe, revidiert von Elisabeth Vorspohl
2005. 347 Seiten · € 24,00
ISBN 3-89295-755-X

Band 3:
Donald Meltzer
Das Claustrum
Eine Untersuchung klaustrophobischer
Erscheinungen
Mit einem Essay von Meg Harris Williams
Aus dem Englischen von Horst Brühmann
2005. 223 Seiten · € 20,00
ISBN 3-89295-761-4

Band 4:
Silvia Fano Cassese
Einführung in das Werk
von Donald Meltzer
Mit einem Vorwort von Donald Meltzer
Aus dem Englischen von Horst Brühmann
2005. 140 Seiten · € 16,00
ISBN 3-89295-756-8

Band 5:
Donald Meltzer und Meg Harris Williams
Die Wahrnehmung von Schönheit
Der ästhetische Konflikt in Entwicklung
und Kunst
Aus dem Englischen von Elisabeth Vorspohl
2006. 316 Seiten · € 22,00
ISBN 3-89295-767-3

Band 6:
Wilfred R. Bion
Aufmerksamkeit und Deutung
Aus dem Englischen von Elisabeth Vorspohl
2006. 159 Seiten · € 18,00
ISBN 3-89295-765-7

Band 7:
Donald Meltzer
Sexualität und psychische Struktur
Aus dem Englischen von Elisabeth Vorspohl
2007. 252 Seiten · € 22,00
ISBN 978-3-89295-774-4

Band 8:
Wilfred R. Bion
Die Tavistock-Seminare
Aus dem Englischen von Elisabeth Vorspohl
2007. 144 Seiten · € 14,00
ISBN 978-3-89295-777-5

Band 9:
Wilfred R. Bion
Die italienischen Seminare
Aus dem Englischen von Elisabeth Vorspohl
2007. 143 Seiten · € 14,00
ISBN 978-3-89295-778-2

Band 10:
Frances Tustin
Der autistische Rückzug
Die schützende Schale bei Kindern und
Erwachsenen
Aus dem Englischen von Elisabeth Vorspohl
2008. 253 Seiten · € 22,00
ISBN 978-3-89295-776-8

edition diskord · Schwärzlocher Str. 104 B · 72070 Tübingen
Tel. 07071/40102 · Fax 07071/44710
E-mail: ed.diskord@t-online.de · www.edition-diskord.de